CONHECIMENTO
em construção

Conselho Editorial

Alex Primo – UFRGS
Álvaro Nunes Larangeira – UFES
André Lemos – UFBA
André Parente – UFRJ
Carla Rodrigues – PUC-Rio
Cíntia Sanmartin Fernandes – UERJ
Cristiane Finger – PUCRS
Cristiane Freitas Gutfreind – PUCRS
Erick Felinto – UERJ
Francisco Rüdiger – PUCRS
Giovana Scareli – UFSJ
Jaqueline Moll – UFRGS
João Freire Filho – UFRJ
Juremir Machado da Silva – PUCRS
Luiz Mauricio Azevedo – USP
Maria Immacolata Vassallo de Lopes – USP
Maura Penna – UFPB
Micael Herschmann – UFRJ
Michel Maffesoli – Paris V
Moisés de Lemos Martins – Universidade do Minho
Muniz Sodré – UFRJ
Philippe Joron – Montpellier III
Renato Janine Ribeiro – USP
Rose de Melo Rocha – ESPM
Simone Mainieri Paulon – UFRGS
Vicente Molina Neto – UFRGS

CONHECIMENTO
em construção

Orgs.
André Pase e Antonio Hohlfeldt

Editora Sulina

Copyright © Autores, 2022

Capa: Like Conteúdo
Projeto gráfico e editoração: Niura Fernanda
Revisão: Tânia Meinerz

Editor: Luis Antonio Paim Gomes

Dados Internacionais de Catalogação na Publicação (CIP)
Bibliotecária Responsável: Denise Mari de Andrade Souza – CRB 10/960

C741
       Conhecimento em construção / organizado por André Pase e
       Antonio Hohlfeldt. – Porto Alegre: Sulina, 2022.
       272 p.; 16x23cm.

       ISBN: 978-65-5759-070-6

       1. Meios de Comunicação. 2. Jornalismo. 3. Comunicação
       Social – Pesquisas. 4. Sociedade da Informação. 5. Mídia. I.
       Pase, André. II. Hohlfeldt, Antonio.

                                    CDU: 070
                                  316.77
                                  CDD: 070
                                  302.23

Todos os direitos desta edição reservados à
EDITORA MERIDIONAL LTDA.

Rua Leopoldo Bier, 644, 4º andar – Santana
Cep: 90620-100 – Porto Alegre/RS
Fone: (0xx51) 3110.9801
www.editorasulina.com.br
e-mail: sulina@editorasulina.com.br

Junho/2022
IMPRESSO NO BRASIL/PRINTED IN BRAZIL

Sumário

Prefácio 7
   André Pase e Antonio Hohlfeldt

1ª parte
Narrativas midiáticas

**O curso universitário de jornalismo visto pelos
profissionais da área: incompleto, mas essencial** 11
   Alícia da Silva Cabral Porto e Antonio Hohlfeldt

**Imaginário como excedente de significação: a morte
do estudante Edson Luís em *O Globo***....................................33
   Luana Chinazzo Müller e Juremir Machado da Silva

A narração de futebol no contexto de rádio expandido...............53
   Ciro Augusto Francisconi Götz e Cristiane Finger

**Medo e persuasão: o poder das narrativas
no conflito ucraniano** 69
   Angelo C. Müller e Jacques A. Wainberg

**Mudança de paradigma no jornalismo brasileiro:
de Paris a Nova York com sinais de Pindorama** 85
   Otávio Daros e Francisco Rüdiger

**Estudo folkcomunicacional dos primórdios da formação
da cultura gaúcha aos anos 80 do século XX**...........................109
   Ana Paula Almeida Miranda e Beatriz Dornelles

O trabalho em publicidade: organização,
arranjos econômicos e futuros possíveis 131
Tais Valente e Cristiane Mafacioli Carvalho

2ª parte
Produção e consumo midiáticos

Liderança política e a pandemia de Covid-19: as estratégias
discursivas de Jair Bolsonaro no Twitter 149
Bianca Garrido e Cleusa Maria Andrade Scroferneker

A casa que virou um estúdio: mesclas entre o público
e o privado durante a pandemia...165
Roberto Tietzmann, Carlos Roberto Gaspar Teixeira,
Samara Kalil e Patrícia Cristiane da Silva

O purposeful game como ferramenta
de combate à desinformação 189
Ana Paula Bourscheid e André Fagundes Pase

Cinema e audiovisual. Entre interseções tecnológicas,
econômicas e sociais, imaginários da violência
e a espectatorialidade feminina 213
Carina Schröder Waschburger e João Guilherme Barone

Consumo televisivo e novas configurações de "ver juntos":
as dinâmicas contemporâneas da audiência..............................239
Vanessa Scalei e Mágda Rodrigues da Cunha

Imagens e nostalgia no documentário
De longe, ninguém vê o presidente...259
Márcio Zanetti Negrini e Cristiane Freitas Gutfreind

Prefácio

Mais uma vez, o Programa de Pós-Graduação em Comunicação Social da Escola de Comunicação (PPGCOM), Artes e Design da Pontifícia Universidade Católica do Rio Grande do Sul tem a oportunidade de vir a público para apresentar, com a mais absoluta transparência, o resultado dos estudos nele desenvolvidos. Desta feita, mais dois volumes foram organizados sob duplo critério tão criativo quanto objetivo: um destes, que o leitor tem agora em mãos, intitula-se *Conhecimento em construção*, porque contém textos produzidos por alunos do PPGCOM em parceria com seus professores e orientadores de pesquisa, tanto em nível de mestrado quanto de doutorado. Aliás, muitos destes textos resumem ou resultam de dissertações e teses defendidas. Em outros casos, são pesquisas realizadas pelos professores, de que participam os alunos, evidenciando, assim, um trabalho colegiado em que as funções diferenciadas entre alunos e professores, enquanto pesquisadores, deixam de existir: são apenas colegas que estudam e discutem determinados temas vinculados à área da Comunicação Social. Por isso, os artigos vêm assinados, primeiramente, pelo aluno e, depois, pelo professor.

Todos os professores do PPGCOM foram convidados a colaborar com os dois volumes organizados, já que a outra coletânea reúne artigos produzidos por estes mesmos pesquisadores, porém com parceiros de outras universidades, notadamente instituições estrangeiras. Chama-se *Conhecimento em rede*. Os artigos apresentados evidenciam trabalhos colaborativos realizados muitas vezes à distância, sobretudo nestes dois últimos anos, marcados pela pandemia da Covid-19.

O presente livro está organizado em duas partes. A primeira é identificada por *Narrativas midiáticas* e reúne estudos em torno de práticas profissionais mais tradicionais e clássicas do jornalismo à publicidade. Na segunda, *Produção e consumo midiáticos*, são mostradas reflexões a respeito de tecnologias recentes, ora evidenciando os modos pelos quais tais produtos são pensados, ora discutindo os efeitos e resultados que os mesmos promovem.

Ambos volumes são complementares e constituem-se num espelho fiel do que somos e fazemos: alunos e professores, todos pesquisadores, neste Programa de Pós-Graduação em Comunicação Social. Cada professor em sua área específica e cada aluno com seu tema de interesse promovem a aproximação, a reunião e a produção articulada e coletiva de tais estudos.

Espera-se que o leitor viaje através destas páginas, mergulhe nestas milhares de linhas e emerja, ao final dos textos, identificando-se ou reafirmando seus conceitos e convicções. Quiçá, descobrindo ou confirmando a magnitude da função social que a comunicação social desenvolve na sociedade humana, considerando que quanto mais informação se produz e se intercambia, maiores são as responsabilidades de quem emite todas estas mensagens, mas não menor é, igualmente, o discernimento de quem as consome.

Porto Alegre, março de 2022

André Pase e Antonio Hohlfeldt (Organizadores)

1ª parte
Narrativas midiáticas

O curso universitário de jornalismo visto pelos profissionais da área: incompleto, mas essencial

Alícia da Silva Cabral Porto[1]
Antonio Hohlfeldt[2]

O jornalismo enfrenta uma crise de identidade que deixa evidente fissuras em sua consolidação enquanto campo científico e profissional. O aumento de *soft news* e *clickbait*, nos veículos de imprensa on-line, além de diluir fronteiras entre os campos da comunicação e a precarização da mão-de-obra jornalística é uma das expressões atuais dessas fissuras.

Introdução

Exercemos uma profissão com falhas em sua regulamentação[3], uma excessiva influência mercadológica e certa indefinição sobre a atuação jornalística e de outras áreas da comunicação, que sofreram "um conjunto de evoluções pelas quais a busca de uma rentabilidade máxima vem redefinir a prática" (NEVEU, 2006, p. 158). Tais pontos aparecem historicamente, não apenas no mercado de trabalho, mas também nos cursos universitários, principalmente, no que diz respeito à valorização da capacidade técnica em detrimento da capacidade intelectual.

---

[1] Jornalista, mestranda no Programa de Pós-Graduação em Comunicação Social da Escola de Comunicação, Artes e Design, PUCRS.
[2] Pós-doutor em Jornalismo pela Universidade Fernando Pessoa, Pesquisador em Produtividade do CNPq, Professor do PPGCOM da FAMECOS.
[3] Entre elas, encontramos polêmicas de longa data como a não obrigatoriedade do diploma, falta de reconhecimento e riscos à liberdade de imprensa (ameaçada em contextos menos democráticos, como o do atual governo do país).

A partir de reflexões individuais e de classe, acerca das problemáticas que envolvem a formação acadêmica e profissional na área da Comunicação, mais especificamente do Jornalismo, buscamos investigar: como é percebida a contribuição do curso universitário de jornalismo para a atuação profissional. O artigo resulta da dissertação de mestrado intitulada *O que aprendem os jornalistas? Uma análise das percepções de jornalistas sobre a relação entre formação acadêmica e práticas profissionais*, apresentada em março de 2022.

Para responder a tal questionamento, utilizamos pesquisa bibliográfica, entrevistas semiestruturadas em profundidade e análise discursiva de imaginários (ADI), como recursos metodológicos.

Consideramos o ensino dessa profissão um espaço de construção de identidade jornalística, materializada nos currículos e projetos pedagógicos, determinados por seu respectivo contexto histórico. Neste campo, estabeleceram-se diversas disputas na definição dos modelos de formação que marcam os momentos históricos e os avanços do ensino do Jornalismo e/ou Comunicação Social no país. As definições curriculares e as diretrizes refletem diferentes interesses na formação dos jornalistas que impactaram seus egressos.

O ensino do jornalismo no Brasil e seu desenvolvimento

Apesar dos mais de 500 anos de jornalismo no mundo, a profissão só se estabelece formalmente no Brasil, no século XX[4]. Inicialmente, as empresas jornalísticas buscavam jovens intelectuais das faculdades de Direito para exercerem o papel de comunicadores. Somente em 1935, tivemos a experiência pioneira de um curso de jornalismo na Universidade do Distrito Federal (UDF), localizada no Rio de Janeiro, na época. Contudo, durante o processo de fundação, a Universidade já apresentava forte oposição de vereadores da capital e, mais tarde, do próprio Ministério da Educação (DIAS, 2018). Por conta dessas dificuldades, a tentativa não vingou e foi desativada no ano de 1939.

---

[4] https://periodicos.ufsc.br/index.php/jornalismo/article/view/2074/1816.

Em 1947, foi estabelecido outro curso, criando-se a Escola Cásper Líbero, de São Paulo. Com a iniciativa do empresário Cásper Líbero, deslocava-se, finalmente, a educação do jornalista para instituições especializadas, não mais treinando os profissionais somente na prática diária das empresas privadas.

Nesse período, temos a primeira fase do ensino da profissão. Entre os anos 1940 e 1960, os cursos de jornalismo estavam subordinados a faculdades de outras áreas, sendo elas principalmente as de Filosofia e Letras. Tal modelo, inspirado nos Estados Unidos, apresentava uma formação profissional (buscando o ensino da prática e ética da profissão) e uma formação extraprofissional (humanística, proporcionada pelo ambiente acadêmico por natureza) (MELO, 1979).

Entre os anos de 1961 e 1969, temos a segunda fase do ensino de jornalismo, em que ocorre o fortalecimento da indústria cultural. Esse segundo período também é marcado pela criação do Centro Internacional de Estudos Superiores de Jornalismo para a América Latina (CIESPAL), sediado na Universidade Central de Quito, Equador. O Centro, inspirado pela criação de Centros de Formação de Professores de Jornalismo no Terceiro Mundo, da UNESCO, tinha como objetivo direcionar a formação dos jornalistas, pois tinha receio de movimentos em efervescência na América Latina e entendia um potencial de influência do jornalismo – tanto positiva, quanto negativamente.

Nesse contexto, o sistema educacional brasileiro estava se tornando cada vez mais próximo do modelo profissionalizante, valorizando o conhecimento técnico, em detrimento da capacidade intelectual. Nesse contexto, há uma crescente influência estrangeira, sobretudo França, Estados Unidos e do CIESPAL, buscando uma formação mais pragmática, dirigida ao mercado de trabalho.

Entre os anos 1970 e a década de 1980, podemos identificar o terceiro momento do ensino da área, a fase crítico-reflexiva. A partir daí, temos um período em que os estudos teóricos da área da Comunicação se aprofundam, começando a dar maior visibilidade para a realidade latino-americana (MOURA, 2002). Torquato (1979, p.161) define esse período como um ciclo misto, entendendo que, nessa fase, se "tentava equilibrar o tecnicismo com a necessidade de formação cultural mais ampla ou, ainda, tentava contrabalançar teoria e prática".

Na perspectiva do ensino, ganham espaço as discussões sobre o papel do comunicador como agente de transformações na sociedade, ressaltando a importância da formação para além do conhecimento prático, mas também do desenvolvimento intelectual e reflexivo do indivíduo. Também é buscada uma estrutura curricular que poderia ajudar a alinhar teoria e prática, ultrapassando entraves históricos dos cursos.

Com a implementação das Diretrizes Curriculares Nacionais para o Curso de Comunicação Social, vinculadas à Lei de Diretrizes e Bases da Educação Nacional (LDB), em 2001, apresenta-se uma renovação para a formação profissional dos jornalistas, trazendo-nos para a fase mais recente do ensino da área.

Nesse modelo, as Diretrizes orientam as instituições, através de competências e habilidades, mantendo-se o ensino de cada universidade alinhado ao projeto nacional. Essa flexibilização torna o currículo mais dinâmico para os diferentes espaços geográficos e momentos históricos do país (TORQUATO, 1979), além de "combater certa cultura pedagógica retrógrada, historicamente ligada à nossa sociedade" (FONSECA, 2005, p. 2).

O distanciamento entre teoria e prática

Durante toda a trajetória do ensino do Jornalismo, fica evidente a influência do mercado de trabalho na discussão da formação profissional, na tentativa de moldar o egresso ideal para as empresas. Mesmo que essas reivindicações venham sendo entendidas, o mercado parece não se satisfazer plenamente com o ensino proposto.

Para Bernardo (2010, p.112), o setor patronal não parece ser capaz de exprimir, de fato, o profissional pretendido, pois aspiram "que esse acadêmico venha preparado dos cursos de graduação tanto do ponto de vista técnico como tenha capacidade analítica (logicamente esta apenas voltada para a sua linha editorial, resultando em uma sujeição do profissional)".

Ao montar essa equação, muitas vezes a relação entre teoria e prática, na trajetória dos estudantes e dos profissionais do jornalismo, não se demonstrou, de fato, balanceada. Podemos ver a expressão disso nas propostas de currículos mínimos do curso que, historicamente, põem em divergência a formação prática, técnico-profissionalizante, e, quase que exclusivamente, ligada às demandas do mercado – e a formação teórica – buscada no campo das humanidades, sem compreender a realidade da profissão (OLIVEIRA, 2011).

Essa ruptura tem raízes antigas, quando as escolas de jornalismo ainda estavam vinculadas às faculdades de filosofia, evidenciando um estudo demasiadamente teórico e desconectado da realidade profissional da área. A carência técnica dos cursos era predominante e o estudantes acabavam limitando seu contato com a prática nos ambientes de trabalho. Não apenas no Brasil, isso ajudou a fixar a ideia das redações como as verdadeiras escolas. O argumento de que a profissão era aprendida na prática, nas redações e no mercado de trabalho, acabou dificultando o avanço do ensino de jornalismo.

Metodologia

Nosso trabalho se propôs a compreender como é percebida a contribuição do curso de Jornalismo pelos profissionais da área. Para isso, utilizamos a entrevista semiaberta, que nos possibilita acessar narrativas subjetivas que, somadas à interpretação do pesquisador, abordam as problemáticas sociais de uma forma rica e única. Em pesquisas que fazem uso dessa técnica, o valor da subjetividade vai se objetivar nas complexidades do sujeito, traduzidas no discurso do entrevistado que, através de suas próprias palavras, irá se descrever e descrever à realidade social que o cerca. Poupart (2012, p. 217) afirma que:

> [...] a entrevista, seria, assim, indispensável não somente como método para aprender a experiência dos outros, mas, igualmente, como instrumento que permite elucidar suas condutas, na medida em que estas só podem ser interpretadas, considerando-se a própria perspectiva dos autores, ou seja, o sentido que eles mesmos conferem as suas ações.

Destacamos que o papel reflexivo do pesquisador, em relação aos procedimentos metodológicos, é característico da pesquisa social. Esse sentido reflexivo envolve todo o processo da entrevista, ou seja, engloba a capacidade de observar, escutar, falar e interpretar. Alonso (2003) soma a essa ideia a importância da reflexividade da negociação para que o diálogo produza sentido, pois nessa interação existe uma renegociação constante do contrato comunicativo[5] estabelecido entre as partes. Essa renegociação vai, justamente, repensar as regras implícitas deste contrato.

Por compreendermos a importância da subjetividade e da reflexividade, buscamos uma análise que incluísse estes princípios na nossa investigação. Portanto, utilizamos a análise discursiva de imaginários para examinar o conteúdo dos discursos que compõem as entrevistas realizadas.

> Toda análise é uma desconstrução. Um processo arqueológico de remoção de camadas que recobrem o objeto e o seu discurso. A pesquisa toma objeto e o desmonta para ver de que partes ele é composto. A pergunta fundamental é esta: o que um discurso quer dizer? Os discursos falam. Mas não necessariamente gritam o que dizem. Com frequência, sussurram suas verdadeiras intenções, cobrindo com ruídos teatrais as mensagens que, de fato, desejam compartilhar (SILVA, 2019, p. 95).

O objetivo é, através do desvelamento desses discursos, compreender o que eles revelam sobre a contribuição da formação acadêmica na prática profissional. Para isso, a análise seguiu as seguintes etapas: I. Organização do material levantado. II. Definição de tópicos temáticos para guiar a análise. III. Organização dos discursos, considerando os tópicos estabelecidos. IV. Compreensão do que os discursos explicitam.

---

[5] "Operativamente, la entrevista de investigación se construye como un discurso principalmente enunciado por el entrevistado; pero que comprende también las intervenciones del investigador, cada uno con un sentido y un proyecto de sentido determinado (generalmente distintos), relacionados a partir de lo que se ha llamado un contrato de comunicación" (ALONSO, 2003, p. 13).

Realizamos as entrevistas levando em consideração três delimitações dos perfis dos profissionais: o período em que foi realizada a formação acadêmica; a área de atuação no mercado de trabalho; o sexo desses profissionais.

Cruzando esses critérios, totalizamos 18 entrevistados[6]. As entrevistas foram efetuadas via on-line, devido à pandemia da Covid-19, que impossibilitou encontros presenciais com segurança, no momento da realização deste trabalho.

Quadro 1 – Nomes dos entrevistados

		Veículos de imprensa (Redações Tv, rádio e jornal)	Assessorias de imprensa e Agências de conteúdo	Academia
1ª GERAÇÃO (1962-1964)	Mulheres	Esther	Vânia	Clarissa
	Homens	Nasson	Fernando*	Manuel*
2ª GERAÇÃO (1984-2001)	Mulheres	Renata*	Luana	Tamara
	Homens	Clóvis	Régis	Luciano
3ª GERAÇÃO (2013 - Hoje)	Mulheres	Nina	Nathália	Alice
	Homens	Lorenzo	André	Alex

Fonte: a autora (2022).

Fonte: Alícia da Silva Cabral Porto (2022).

Em relação aos tópicos temáticos definidos para a análise, estes englobam os aspectos diretamente ligados à trajetória acadêmica dos sujeitos entrevistados: a qualidade do ensino, ingresso na universidade, os diferentes espaços de aprendizado, o ensino prático e teórico, o distanciamento entre eles e o papel do curso de Jornalismo.

---

[6] Apesar de termos determinado os recortes geracionais pelas datas dos Currículos Mínimos e Diretrizes Curriculares, destacamos que alguns sujeitos (Fernando, Manuel e Renata), identificados acima pelo *, não realizaram sua formação exatamente no período determinado, porém, próximo dele.

Quadro 2 – Tópicos abordados

Fonte: Alícia da Silva Cabral Porto (2022).

O que pensam os profissionais

Ao pensarmos no ingresso na universidade e nos primeiros contatos com o curso de graduação, já era esperado que as impressões iniciais dos sujeitos fossem, de certa maneira, deslumbradas e entusiasmadas. Tal ponto confirmou-se nos relatos de uma grande maioria dos jornalistas. Ainda que movidos por uma euforia de cursar Jornalismo, as primeiras gerações não sabiam o que esperar da graduação, em função do curso superior ainda ser recente no país:

> Vânia: Olha, era tão novo o curso de Jornalismo que eu não tinha como comparar com outras coisas, com outros cursos. [O curso] só tinha na UFRGS [universidade]. Não tinha parâmetros, a gente ia indo, "vamos lá!" (VÂNIA, 2021).
> Esther: Eu sempre fui muito interessada e sempre me dei bem com as coisas, viu? Com as matérias... eu acho que eu fui encontrando as coisas, não tive decepção... apesar de não existir a tecnologia de hoje, mesmo assim, foi fascinante. Eu não me arrependi (ESTHER, 2021).
> Clarissa: Era muito gratificante. Nós saíamos da escola secundária direto para universidade, isso era um marco dos anos 60, porque o curso saiu nos anos 50, uma década antes, mas era frequentado basicamente por profissionais que iam para a universidade para adquirir um verniz. Já eram profissionais e iam em busca de um certo status. Nós, não. A minha geração, que entrou depois, [...] com a universidade se abria um leque por dois ramos do conhecimento: o conhecimento prático (dos laboratórios) e o conhe-

cimento teórico e o das ciências humanas (CLARISSA, 2021).

Renata: Assim, minha expectativa era de que eu iria aprender tudo, porque eu vinha super crua lá do interior. Eu não sabia, assim... quando eu passei, quando eu fiz a matrícula, eu olhava a grade curricular e tinha coisas que eu não sabia nem o que eram (RENATA,2021).

São frequentes as falas que compartilham dificuldades no curso e na atuação profissional do Jornalismo. Está presente a relação da profissão com uma ânsia por mudança e transformação social, com o protagonismo do Jornalismo nesse processo.

É relatada, também, a necessidade da resiliência e da emoção pelo que é feito no Jornalismo, que apareceram como primordiais para o exercício da profissão. O enfrentamento dos obstáculos apresentados no mercado da profissão tem que se justificar, de alguma forma. Nas entrevistas, isso aparece majoritariamente pela vocação e pela paixão:

Clarissa: Certamente, é uma coisa obsessiva até hoje, eu sofro muito até hoje... era essa ideia de estar na rua. Estar na rua em busca da experiência do outro. E poder trazer para devolver para o coletivo, o significado da experiência humana, da experiência do outro (CLARISSA, 2021).

Manuel: Tu vai lá [no curso de Jornalismo] porque tu quer ser repórter. Porque tu vai sair de lá e vai tentar mudar o mundo. Tu vai ser útil. Tu vai ser importante pra sociedade (MANUEL, 2021).

Vânia: Eu esperava mudar o mundo. Realmente, a gente sonhava com uma outra vida para o Brasil e para os brasileiros, e eu achava que, com o Jornalismo, alguma coisa a gente podia mudar minimamente (VÂNIA, 2021).

Esther: Ele [o jornalista] precisa ter essa formação e ter essa coisa inata, essa curiosidade, essa coisa de estar dentro da notícia do acontecimento, de relatar o que tu vê, descobrir coisas novas. Tem que ter essa paixão. Se a gente não se envolve no Jornalismo... tu tem que aguentar os plantões, tem que estar disposto no feriado, porque a notícia não para. Tinha um cara do jornal que dizia: " Quer moleza? Vai para o banco"(ESTHER, 2021).

> Nasson: a nossa profissão tem alguns atrativos diferenciados que nos fazem apaixonados pela profissão. Então, aqueles jovens que quiserem escolher o Jornalismo, têm que entender que eles vão trabalhar numa profissão de paixão, não é numa profissão só de suor e trabalho. Também é uma profissão de paixão (NASSON, 2021).
>
> Tamara: Eu acho muito encantador, no Jornalismo, a gente poder conhecer pessoas e coisas, situações e lugares tão diferentes. Às vezes uma pessoa abre a porta da casa dela para ti e te conta alguma coisa que tu nem sabia que existia. Eu acho que isso é a coisa mais interessante no Jornalismo (TAMARA, 2021).
>
> Nina: Se tu entrou no curso, pensa se tu quer mesmo. Pensa se tu tem empatia, porque o Jornalismo, ele sobrevive muito à base do amor. Não é uma profissão que vai te pagar rios de dinheiros, ninguém entra no Jornalismo pensando em ganhar dinheiro. Se a gente entra no Jornalismo é porque a gente é apaixonado pela comunicação, entende o quanto a comunicação transforma. (NINA, 2021).

É importante salientarmos que a defesa e a valorização do curso de Jornalismo são, praticamente, unânimes entre os entrevistados. Eles reconhecem que o ensino, sim, foi importante para sua formação e que este vem avançando, ao longo dos anos.

> Alex: A educação que eu tive na graduação, felizmente, foi muito boa. Eu tive sorte de ter bons professores que me incentivaram bastante a seguir um caminho que eu tô seguindo hoje em dia, dessa carreira acadêmica (ALEX, 2021).
>
> Esther: Ah, foi bem importante. Se não fosse a faculdade, como é que eu ia saber fazer como era o jornal... pelo menos a teoria a gente tinha toda e a orientação (ESTHER, 2021).
>
> Clóvis: Para ser jornalista, a gente precisa ter a formação acadêmica. A grande polêmica de precisar ou não do diploma... eu sou a favor de que tu precisa do diploma, porque a gente precisa dessa formação humanista que a faculdade nos traz, precisa da formação técnica que a faculdade nos traz. É diferente de tu ter experiência de texto, de tu saber redigir uma entrevista, saber conversar com uma pessoa, esses tecnicismos (CLÓVIS, 2021).

Renata: Há uma discussão sobre a faculdade de Jornalismo existir. E eu continuo achando que tem que existir. Que a gente precisa da Faculdade de Jornalismo. Tem que continuar existindo. A gente recebe uma formação, ela não se basta, mas ela é importante (RENATA, 2021).

Nina: Qualquer formação acadêmica é fundamental. Eu acho muito triste que a gente não tem exigência do diploma para jornalista. Não que a gente não tenha bons jornalistas que não têm diploma, a gente tem, no Brasil. Mas eu acho muito triste, porque tu desvaloriza completamente uma categoria, no momento que tu diz que tu não precisa da obrigatoriedade do diploma (NINA, 2021).

Alice: Eu acho que, com todos os problemas e são muitos os problemas na graduação [...], acho que ainda assim, a gente precisa ter um cuidado, porque, bem ou mal, a gente aprende na faculdade. Talvez não da melhor forma, eu acho. Acho que falta ir mais fundo nessa discussão, mas eu sou contra, hoje em dia, o Jornalismo não exigir a formação [diploma]. Apesar de existir pessoas que têm formação e que são maus jornalistas, todo o jornalista que é bom tem formação (ALICE, 2021).

Natália: Acho que sim [a faculdade foi relevante para a formação profissional], por esse motivo de terem me colocado em ambientes que eu consegui aprender bastante coisa. E também por ter me dado a base. Tem várias coisas que a gente só aprende na faculdade sobre Jornalismo, sobre técnicas, abrir tua cabeça para coisas que alguém precisa te apresentar e eu acho que esse é o papel da faculdade (NATÁLIA, 2021).

Nas primeiras gerações, os profissionais do Jornalismo não tinham formação na área. Justamente pela novidade que o curso representava, os estudantes da época retratavam a renovação dos jornalistas. Ainda que viesse com uma bagagem formal mais robusta, o ensino apresentava diversas lacunas. Entretanto, ressaltamos que, apesar de nossos entrevistados levantarem críticas ao ensino, também há ponderações em relação ao contexto em que esse ensino estava inserido.

> Luciano: Eu tenho certeza de que muito do que eu ensino na universidade e não só eu, mas os da minha geração, a gente não aprendeu na universidade. E isso é uma constatação que naquela época tinha muito mais problema do que tem hoje. Era uma coisa muito embrionária. Eu não estou culpando os professores daquela época, era uma situação que não era [só] da minha universidade (LUCIANO, 2021).
>
> Vânia: Inclusive, ele [seu primeiro chefe] se admirava de algumas coisas que eu sabia, porque ele não tinha feito curso nenhum, né? Era formado na vida. Aí, de repente, eu dizia alguma coisa e ele dizia "ué, como é que tu sabe isso?", e eu respondia "da faculdade, né?". Foi um período muito rico pra ele, e pra mim também (VÂNIA, 2021).

É reforçado que a formação dos jornalistas não se limita às universidades. Ainda que seja espaço de ensino formal e o principal polo de debate e avanço científico nas áreas do conhecimento, para se manter atualizado na profissão é preciso que outros espaços complementem a trajetória de cada um.

Tal necessidade ainda se torna mais expressiva na segunda e última gerações, justamente pelas transformações sociais, profissionais e tecnológicas. Nos sujeitos representantes da primeira geração, percebemos uma grande vontade em aplicar os ensinamentos recebidos, o que não conseguia se concretizar pela falta de estrutura das universidades. Assim, o que imperava era a transmissão verbal e dogmática do conhecimento teórico que, muitas vezes, conseguia apenas informar os discentes sobre as técnicas profissionais que eles não eram capazes de treinar efetivamente, nas instituições de ensino (MELO, 1979).

> Esther: Os nossos professores eram todos jornalistas que trabalhavam em jornal. Hoje, exigem curso de pós-graduação, naquele tempo não. Era o jornalista que fazia o jornal diário que era convidado para ser o professor. E aí, ia nos ensinando, porque não tinha muitos recursos técnicos, mesmo. Era na teoria, isso foi a nossa formação. É bem diferente de hoje (ESTHER, 2021).

> Régis: Mas na faculdade eu senti que precisava ir além do que os professores estavam me mostrando. Então, eu ia buscando estágio, trabalhando dentro da própria faculdade, tentando buscar formas paralelas de me instruir e me atualizar mais do que aquilo que tava sendo entregue para mim. Os meus professores eram, a maioria, de idade avançada. Eram professores mais conservadores no fazer Jornalismo, especialmente em televisão. Então, eu sentia necessidade de me atualizar, sentia que aquilo estava um pouco antiquado e precisava de uma linguagem mais moderna. Eu senti essa necessidade de preencher essas lacunas, que não eram nada dramáticas, mas que eu sentia isso (RÉGIS, 2021).
>
> Luciano: Daí, no curso, eu comecei a fazer cadeiras que eram, entre aspas, práticas. Só que tu imagina... na cadeira de cinema, o professor falava: "imagina que aqui em cima dessa mesa tem uma moviola. Se tivesse moviola aqui, tu cortaria o filme ali", e, assim, ia nos mostrando onde é que era para fazer umas coisas (LUCIANO, 2021).
>
> Esther: Na época, a gente não tinha essas coisas que tem hoje, tanto, né? Era o quê dispunha do momento. Não tinha nada o que fazer na parte prática, isso tudo era muito incipiente, ainda... era tudo teoria. Quem gostava, gostava, quem não gostava, não ficou na profissão. Aliás, poucos ficaram, daquela leva. (ESTHER, 2021)

Nesse contexto, também aparecem relatos que sobrepõem a participação do estágio ao curso superior, na formação dos jornalistas. Nas primeiras gerações, isso se dava por conta da falta de infraestrutura, como já comentamos, mas, ainda hoje, é possível localizar falas que sinalizam o distanciamento da teoria e da prática, apontando o mercado de trabalho como formador do jornalista, especialmente na parte técnica.

> Vânia: Olha, eu acho que eu aprendi mais com o meu chefe do que a bagagem que eu trazia. Ele era um cara, não sei se tu já ouviu falar... Ele escreveu [só] sobre esporte praticamente, mas era um grande jornalista. E eu aprendi bastante com ele (VÂNIA, 2021).

Manuel: Olha, o estágio foi muito bom. Porque o estágio já era a porta. Então, foi fundamental, assim, né? Ah, eu tinha que mostrar um pouco do que eu era, mas eu tava aprendendo muito, porque eu era só um teórico. A gente fazia reportagem pra cadeira de redação jornalística, mas não representavam um dia do trabalho. Em um dia, às vezes, eu fazia duas, três matérias, né? Aquilo te dá um pique (MANUEL, 2021).

Luana: Eu vou te confessar uma coisa, a parte jornalística não se aprende no curso. Na verdade, eu aprendi um pouco, o que é um *lead*, a pirâmide invertida, essas coisas. Mas, assim, não foi o curso que me deu ferramentas para eu fazer uma matéria, ou para eu fazer uma revista, eu experimentei algumas coisas ao longo do curso, eu fiz uma revista e um jornal experimental, fiz alguns programas de rádio... Mas, pelo menos naquela época, era a prática que fazia com que a gente colocasse a mão na massa. Foi o estágio, depois a experiência prática do primeiro emprego (LUANA, 2021).

Lorenzo: No local de estágio... eu não sei, mas eu sempre tive o azar ou a sorte, de ter estágios que me puxassem quase como que funcionário. Não em todo o tempo, mas em algumas oportunidades, sim. E eu acho que foi bom porque, que nem aquela famosa frase, a gente aprende na marra (LORENZO, 2021).

Luciano: Para me tornar jornalista, eu vou te dizer que o espaço que me formou foi o mercado. Sem dúvida nenhuma (LUCIANO, 2021).

Natália: Em relação ao currículo, eu acho que foi bom para ter um conhecimento, mas não é aquilo que vai te fazer aprender realmente Jornalismo. Na minha experiência, eu aprendi muito mais do estágio do que no ensino da faculdade (NATÁLIA, 2021).

Outro espaço destacado por alguns, em suas falas, foram os congressos e as oportunidades de produção e de divulgação científica, dentro e fora das universidades. Essa é, aliás, uma das finalidades básicas das universidades. "O que diferencia uma universidade de uma instituição isolada de ensino superior é justamente o espaço que ela destina para o desenvolvimento da produção da ciência e tecnologia" (KUNSCH, 2008, p.27).

Na primeira geração, a pesquisa não estava estabelecida nos cursos de Jornalismo e de Comunicação Social. Já na segunda geração, a pós-graduação e a pesquisa aparecem com maior presença, mas em uma perspectiva de retomada da educação, depois de alguns anos de atuação profissional, principalmente representando a docência como uma alternativa ao mercado de trabalho. Atualmente, essa realidade já é mais diversa, apresentando estudantes que seguem na universidade depois da conclusão da graduação. Assim, podemos perceber que já há um avanço no incentivo à pesquisa.

> Tamara: Não era algo que a gente pensava realmente. Não lembro de nenhum professor falando de pesquisa. O que se falava era de um Jornalismo mais técnico, do mercado de trabalho (TAMARA, 2021).
>
> Laura: A UFRGS [universidade pública da capital] tinha isso de bom. A sala de aula, sim, também, mas a gente aprende muito fora da sala de aula, a gente aprende muito nos congressos, nos eventos. Não só nos eventos da nossa faculdade, mas os eventos que eu ia na Reitoria (LAURA, 2021).
>
> Alice: Eu fui bastante congressista durante a minha graduação. Eu ia inclusive para ser só ouvinte, muito influenciada por esses professores [professores da coordenação do curso de sua faculdade]. Congresso eu acho que foi o principal, também participava de muita palestra, de muito curso de extensão [...] Espaços de pesquisa, como quando eu trabalhava no NEABI [núcleo de estudos dentro da universidade] ... era um espaço que a gente tava sempre falando de Jornalismo de alguma forma, mas lendo sobre relações raciais, e identidade. Eu li muito sobre representatividade, coisas assim, que eu acho que na graduação não teria lido tanto. (ALICE, 2021)
>
> Luciano: Então, o lugar de aprendizado na pesquisa não é um lugar físico, é o grupo de pesquisa de rádio e mídia sonora da INTERCOM. Eu cheguei de mansinho, meio sem saber direito onde eu tava entrando, em função da minha orientadora. (LUCIANO, 2021)
>
> André: acho que elas [experiências de estágio] foram muito complementares e mais preponderantes para moldar a minha visão

como jornalista ao longo da minha formação, mais do que qualquer outro espaço. Tanto os laboratórios que a faculdade disponibilizava, inclusive o laboratório de conteúdo científico, produção científica que foi uma experiência super enriquecedora e por se tratar de um laboratório foi – por que não? – também uma experiência profissional. Foi uma experiência que mostrou a questão da pesquisa aplicada na prática que a gente aprende de maneira muito superficial dentro da sala de aula. (ANDRÉ, 2021)

Fernando: Acho que tem, por outro lado, um grupo trabalhando muito forte na questão da pesquisa, de que a Cristiane Finger[pesquisadora da área] participava. Nesse pessoal, acho que dá para botar algumas fichas, porque pode ser com uma coisa boa, em termos de oferecer alternativas para o futuro e uma reflexão melhor sobre o papel dos meios de comunicação (FERNANDO, 2021).

Outro ponto identificado pelos entrevistados foi o fato de a universidade ter um papel central em discutir a ética profissional com seus estudantes, apresentando nisso um significativo diferencial em relação a jornalistas que exercem a profissão sem o diploma.

Joseph Pulitzer (2009), ao organizar sua defesa à escola de Jornalismo, em 1904, apontava a necessidade do ensino da ética no curso superior de Jornalismo, não se fixando em uma disciplina específica, mas que extrapolasse isso, permeando toda a formação dos profissionais.

Nasson: As expectativas [do curso], eu não sei te dizer quais eram, mas o que nos ofereceram, eu acho que foi muito útil. O que oferece até hoje. Foi, justamente, essa consciência ética de uma profissão que é voltada para o público. Isso, para mim, é a grande lição da universidade. Especialmente, nos cursos de Jornalismo, porque os alunos, querendo ou não, vão formando uma consciência ética da sua profissão. Então, mais do que conteúdo e técnica, eu acho que esse é o grande ganho da universidade. Porque ela tem um ambiente de construção da ética profissional (NASSON, 2021).

Fernando: Com a formação acadêmica, e eu acho que o diploma representa isso, tu estar preso a alguns cânones da profissão.

Aqueles valores que tu tem que tá respeitando. Eu acho que esse é o grande mérito da formação (FERNANDO, 2021).

Alex: Não vai ser no mercado de trabalho que a pessoa vai ter tempo para refletir. [...] A gente tem que aprender a pensar, e, infelizmente, nem sempre a gente aprende a pensar. A gente tem que ser incentivado a pensar. Por isso, a universidade é o local para formar pessoas que pensem de maneira mais crítica possível (ALEX, 2021).

Considerações finais

Após o levantamento dos depoimentos e percepções de nossos entrevistados, vamos aqui pontuar os resultados compreendidos a partir da investigação realizada neste artigo.

a. Os depoimentos expressam a ideia de paixão e de vocação pela profissão, que justificaria a escolha e a permanência nessa atividade, ainda que ela se apresente em um mercado precarizado. Essas ideias são trazidas de forma mais romântica, pelas primeiras gerações, muito vinculadas à noção de atuação na redação tradicional e o impacto na opinião pública. Já a geração mais jovem relaciona a paixão com o papel social do Jornalismo e a sua relevância para a democracia.

b. A valorização do ensino do Jornalismo é, praticamente, unânime nas entrevistas. Ele é avaliado como importante para o exercício da profissão e a não obrigatoriedade do diploma é vista como um fator desestimulante para a formação acadêmica.

c. A qualidade do curso e dos docentes é questionada pelas primeiras gerações, mas os sujeitos também ponderam as condições e os contextos da época, que não contribuíam para o desenvolvimento e qualidade do ensino. Esses entrevistados também demonstram reconhecer a evolução na formação acadêmica, no decorrer dos anos, e notam que, hoje, os estudantes saem melhor preparados das universidades.

d. Em relação aos ambientes de aprendizado nas universidades, os espaços práticos são os mais destacados pelos entrevistados de todas as gerações. Isso se dá por serem ambientes em que os alunos conseguem colocar em prática aquilo que aprendem na teoria. Nas primeiras gerações, o estágio é destacado com maior força, pois as universidades não tinham os equipamentos e a infraestrutura necessária para que eles exercitassem a prática na própria instituição. Já nas gerações mais recentes, especialmente a última geração, os laboratórios apareceram mais frequentemente, representando espaços que, ao mesmo tempo, oportunizam a produção jornalística, mas também contam com a orientação de professores durante a prática.

e. Além do desenvolvimento do curso, fica evidente a evolução da pesquisa no Jornalismo e na Comunicação Social. Na primeira geração, a ideia de prosseguir os estudos na academia, praticamente, não existia, pois os cursos de pós-graduação estavam recém surgindo no país. Na segunda geração, podemos notar um crescimento, entre os entrevistados, daqueles que retornaram à academia, principalmente, após alguns anos de atuação no mercado de trabalho. Já na última geração, a pesquisa se torna muito mais presente, inclusive, desde o período de graduação, com oportunidades na Iniciação Científica e em laboratórios e núcleos de pesquisa universitários.

f. Para os profissionais das diferentes gerações, a formação acadêmica tem um papel fundamental para a discussão e para o fortalecimento da ética profissional, sendo esse o principal ponto para a defesa do ensino do jornalismo e da obrigatoriedade do diploma, nos depoimentos.

Em nossas entrevistas, o saber aparece sob diversas faces. Quando percebido pelos sujeitos, ele é valorizado, seja técnico ou teórico. Nas primeiras gerações, os profissionais apontam como a formação modificou imediatamente o perfil dos jornalistas que passaram a ingressar no mercado de trabalho.

Com a graduação, os jornalistas alcançaram um conhecimento da profissão transmitido pela educação formal, com uma metodologia e uma grade curricular definidas para o exercício da profissão. Embora o curso estivesse se desenvolvendo e não contasse ainda com professores formados na área, esses primeiros egressos relatam uma evidente melhora na prática da profissão, percebida inclusive por antigos jornalistas em relação à época em que não contavam com esse ensino.

Com o desenvolvimento do ensino de Jornalismo e o avanço do debate curricular, os cursos foram se aperfeiçoando e as avaliações de alunos, professores e profissionais se tornaram mais críticas. Se, no surgimento da graduação, os alunos não sabiam o que esperar; atualmente, eles já têm expectativas sólidas, baseadas, não somente em relatos e conhecimentos do curso, mas também na atuação profissional e do mercado que os espera, ao deixarem a faculdade.

Podemos considerar que o Jornalismo, enquanto atividade, é um ofício transformador, que possibilita ao seu profissional ter contato com infinitas fontes, abordagens e assuntos. Da mesma forma, o curso de Jornalismo permite transformações simbólicas aos seus estudantes, expandindo seu senso crítico, colocando-os em contato com realidades diferentes das deles, amadurecendo-os na arte do diálogo e na produção de conhecimento. Tudo isso, em um ambiente com a possibilidade de orientação e de experimentação, liberdade criativa e questionadora. Quanto mais próxima estiver a universidade desse caminho, mais frutos ela trará, não apenas para a formação, como para a prática profissional.

Referências

ALONSO, L. E. **Sujeto y discurso**: El lugar de la entrevista abierta en las prácticas 2003. p. 1–23. Disponível em: <http://mastor.cl/blog/wp-content/uploads/2016/01/Alonso-Cap-2-Sujeto-y-Discurso-El-Lugar-de-La-Entrevista--Abierta.pdf> Acesso em: 05 de jun. de 2021

BERNARDO, Cristiane Hengler Corrêa. **Educação jornalística**: Entre a cruz da academia e a espada do mercado. Tese de Doutorado. Universidade Federal do Mato Grosso do Sul, Campo Grande. 2010.

DIAS, Paulo da Rocha. **Gênese do ensino de Jornalismo no Brasil:** Influências norte-americanas (1908-1958). Florianópolis: Letras Contemporâneas, 2018.

DUARTE, Jorge. "Entrevista em profundidade". In: **Métodos e técnicas de pesquisa em comunicação.** Atlas on-line. p. 1-14. São Paulo, 2005. Disponível em: <shorturl.at/yHIK8>. Acesso em: 18 jun. 2021.

FONSECA, André Azevedo da. "Jornalismo para a transformação: a pedagogia de Paulo Freire aplicada às Diretrizes Curriculares de Comunicação Social". In: **Anais do Encontro de Pesquisa em Educação e Congresso Internacional de Trabalho Docente e Processos Educativos.** 2005.

GENRO FILHO, Adelmo **O segredo da pirâmide:** para uma teoria marxista do jornalismo. Porto Alegre: Tchê, 1987.

HOHLFELDT, Antonio; VALLES, Rafael Rosinato. **Conceito e história do jornalismo brasileiro na "revista de comunicação".** Edipucrs, 2008.

KUNSCH, Margarida Maria Krohling. "A pesquisa e a produção científica em Comunicação no Brasil e sua integração com a sociedade". In: **Comunicação: Ensino e pesquisa. Organização:** Sonia Vuirgínia Moreira, João Pedro Dias Vieira. Rio de Janeiro: EdUERJ, p. 27-50, 2008.

MELO, José Marques de, FADUL, Anamaria, Lins da SILVA, Carlos Eduardo. **Ideologia e poder no ensino da Comunicação.** São Paulo, Cortez & Moraes – Intercom, 1979.

MOURA, Cláudia Peixoto de. **O curso de Comunicação Social no Brasil:** Do currículo mínimo às novas diretrizes curriculares. Porto Alegre: EDIPUCRS, 2002.

NEVEU, Érik. **Sociologia do jornalismo.** São Paulo, Loyola, 2006.

OLIVEIRA, Michelle Roxo de. **Sobre fronteiras no jornalismo:** O ensino e a produção da identidade profissional. Niterói. 2011. Tese de Doutorado. PPG-COM/UFF.

POUPART, J. "A pesquisa qualitativa". In: **A pesquisa qualitativa: Enfoques epistemológicos e metodológicos.** Petrópolis: Vozes, 2012. p. 215–253.

PULITZER, Joseph. **A escola de jornalismo na universidade de Columbia:** o poder da opinião pública. Florianópolis: Insular, 2009.

SILVA, Juremir Machado da. **O que pesquisar quer dizer:** como fazer textos acadêmicos sem medo da ABNT e da CAPES. Porto Alegre: Sulina, 2019.

TORQUATO, Gaudêncio. "Formação do Jornalismo". In: **Ideologia e poder no ensino da Comunicação.** São Paulo, Cortez & Moraes – Intercom, 1979.

TRIVIÑOS, Augusto N. S. **Introdução à pesquisa em ciências sociais: a pesquisa qualitativa em educação.** São Paulo: Atlas, 2015.

Imaginário como excedente de significação: a morte do estudante Edson Luís em *O Globo*

Luana Chinazzo Müller[1]
Juremir Machado da Silva[2]

Introdução

O ano de 1968 foi marcado por rupturas e pela efervescência dos jovens, que protagonizaram lutas ao redor do mundo. Viveu-se uma revolução cultural antiautoritária, a qual questionou toda forma de poder dominante, fosse na política, nas escolas e universidades ou mesmo nos lares[3]. No Brasil governado pelos militares, o cenário foi ainda mais complexo e resultou em diversos embates entre forças policiais e militantes[4]. Um desses conflitos vitimou o estudante Edson Luís de Lima Souto e desencadeou uma série de eventos que ficaram marcados na história e no imaginário nacional. Essa sequência de acontecimentos criou uma conjuntura política que contribuiu à promulgação do Ato Institucional número 5 (AI-5), no dia 13 de dezembro de 1968, que vigorou por uma década e deu poder ao Executivo de intervir em todas as instâncias sociais (BRASIL, 1968), inaugurando os chamados "anos de chumbo" da ditadura militar brasileira.

Este artigo visa resgatar o imaginário em torno da morte de Edson Luís na época de sua ocorrência e perceber como ele se dinamizou

---

[1] Doutoranda em Comunicação Social na Pontifícia Universidade Católica do Rio Grande do Sul (PUCRS). Bolsista Capes. Orcid: https://orcid.org/0000-0002-3090-9608. E-mail: luana.muller@edu.pucrs.br.

[2] Professor titular da Pontifícia Universidade Católica do Rio Grande do Sul (PUCRS). Orcid: https://orcid.org/0000-0001-8105-5596. E-mail: juremir@pucrs.br.

[3] Para conhecer mais sobre os conflitos de 1968 ao redor do mundo, leia: Cardoso (2008), Holzmann e Padrós (2003), Perrone (1988); Garcia e Vieira, (1998), Sander (2018) e Laranjeira, Musse e Silva (2018).

[4] Para conhecer mais sobre os conflitos de 1968 no Brasil, leia também: Ventura (2013), Gaspari (2014) e Müller (2019).

50 anos depois, a partir da narrativa jornalística. Para isso, debruçamo-nos nas matérias publicadas pelo jornal impresso *O Globo* nos dias seguintes à tragédia e em sua efeméride, em 2018. Nosso problema de pesquisa configura-se na seguinte questão: qual excedente de significação podemos perceber na narrativa do jornal O Globo sobre a morte do estudante Edson Luís em 1968 e de que forma o imaginário se dinamiza em 2018? Buscamos, assim, desvelar os sentidos construídos pelo veículo nos textos que narram e rememoram o episódio. Como metodologia, utilizamos a narrativa do vivido e do imaginário (SILVA, 2010), que tenciona a análise da atuação das tecnologias na produção de imaginários. O método intenta fazer o objeto de pesquisa falar para descrever o vivido, levantar diferentes pontos de vista, construir perfis, entre outros movimentos, a partir de três etapas: estranhamento do outro (do objeto de pesquisa); entranhamento no outro; desentranhamento (retorno a si mesmo).

A escolha de *O Globo* como objeto desta pesquisa se justifica por sua proximidade física e simbólica com a repressão que marcou o ano de 1968 e ceifou a vida de Edson Luís e outros que ousaram se levantar contra o autoritarismo da ditadura militar. O jornal do Rio de Janeiro (mesma cidade em que o estudante foi morto) bem como as Organizações Globo têm sua história de ascensão estreitamente ligada aos governos militares, que sucederam o golpe ao longo dos anos 1960 e 1970 (HERZ, 1991). Inclusive, em 1º de setembro de 2013, o veículo assumiu o apoio à tomada de poder no texto intitulado "Apoio editorial ao golpe de 64 foi um erro". O impresso não foi o único a apoiar declaradamente o golpe e, naquela época, o Grupo não tinha o peso de hoje (MATTOS, 2005). Atualmente, a empresa se insere no mercado comunicacional como o 17º maior conglomerado de mídia do mundo e o 1º da América Latina (ROSA, 2015). Assim, o texto de *mea culpa* tem grande peso na dinamização do imaginário sobre o regime de segurança nacional brasileiro.

Compreendemos a noção de imaginário a partir da hipótese de excedente de significação proposta por Silva (2017), na qual o imaginário se opõe ao real e o complementa. O imaginário é o excedente do real, algo que não faz parte do real, mas acrescenta a ele uma camada de sentido. Embora o imaginário não seja o real, também não é irracional ou irreal, pois é vivido como uma verdade, assim, não se trata de ilusão ou mentira. O imaginário é involuntário e deriva do real, funciona como distorção do vivido (SILVA, 2003). Como excede de significação do vivido, dando a esse um sentido, o imaginário torna-se uma realidade mais real do que o próprio real, por isso Silva (2017) o chama de hiper-real.

Essa hipótese sugere compreender o imaginário como fluxo e relações universais. Com referência às fases da bacia semântica de Gilbert Durand (2001), uma das principais referências no campo – escoamentos, divisão das águas, confluências, o nome do rio, organização dos rios, esgotamento dos deltas –, Silva (2017, p. 82-85) sugere nove etapas de "canalização e disseminação", são elas: 1. Vazamento – um fio de sentido escapa de um acontecimento. 2. Infiltração – o sentido vazado encontra uma brecha e contamina outro espaço. 3. Acumulação – uma formação líquida cresce a partir da infiltração. 4. Evocação – retorno à nascente do vazamento por meio da memória, movimento que realimenta a infiltração. 5. Transbordamento – o acontecimento inicial é superado pelo acúmulo de evocações, transbordando o sentido que formará outros acúmulos líquidos. 6. Deformação – a partir do transbordamento, o material inicial sofre alterações em sua forma. 7. Transfiguração – o excesso de sentido se transforma em um novo sentido. 8. Metáfora – cristalização do imaginário. 9. Derretimento e evaporação – novos tempos surgem e o imaginário muda.

A compreensão do processo desenvolvido por Silva (2017), bem como da bacia semântica de Durand (2001), é importante para o entendimento das dinamizações do imaginário. Os autores adotam a imagem das águas para explicar a formação, cristalização e dissolução simbólica do imaginário. Como aura, o imaginário é fluido; como excedente de significação, acrescenta sentido ao real. Em nossa pesquisa, compreendemos o imaginário dessas duas formas: como algo dinâmico, nunca estático, e que constitui a essência (a qual é renovada constantemente) do ano de 1968 e seus eventos. Na narrativa jornalística, o imaginário aparece na passagem do real ao hiper-real, ou seja, quando um acontecimento é superdimensionado. Ele pode ser pensado a partir dos sentidos construídos em torno da morte de Edson Luís.

Contudo, ao observarmos também a atualização do imaginário através do tempo, precisamos estar alertas para a distorção das imagens passadas no presente e pela modificação das histórias pelos desejos de cada época. O imaginário é repetição e diferença, uma narrativa que se reinventa a cada repetição. Nunca é estático: dinamiza-se e renova-se (SILVA, 2017). A história não deixa de ser uma construção narrativa que varia conforme as épocas e a visão de mundo hegemônica. Há um real incontornável, neste caso a morte de Edson Luís e suas consequências, mas que não pode ser revisitado e que é reconstruído com base no imaginário de cada geração.

Entranhamento

Edson Luís foi morto pelas forças policiais ao participar de uma manifestação que reivindicava melhorias a um restaurante universitário, conhecido como Calabouço, no Rio de Janeiro. Após o assassinato, o corpo de Edson foi levado à Assembleia Legislativa pelos colegas, que o colocaram sobre uma mesa e ocuparam o prédio. Durante a noite, milhares de pessoas passaram pelo local do velório e tantas outras ocuparam a Cinelândia, em frente à edificação. Muitos discursaram e usou-se a camisa manchada de sangue como bandeira de luta. No dia seguinte, quando carregaram o caixão de Edson para fora do órgão público, a Cinelândia estava lotada, com manifestantes de todos os tipos, segurando cartazes e clamando palavras de ordem (VENTURA, 2013).

Debruçamo-nos na cobertura do homicídio do estudante Edson Luís por considerá-lo um evento simbólico. Ele não foi o primeiro jovem morto pelo regime militar, mas foi a primeira vez que a militância reagiu, transformando o corpo sem vida em energia para a luta. Em relatório da Comissão Nacional da Verdade (BRASIL, 2014), são reconhecidos 434 mortos ou desaparecidos políticos de 1964 a 1988.

Desses, 139 são descritos como estudantes, entre eles Edson, e foram mortos a partir do golpe civil-militar de 1964. Dois deles já em 1º de abril de 1964, Jonas José Albuquerque, 17 anos, e Ivan Rocha Aguiar, 23 anos, foram baleados pela polícia em manifestação contra a deposição e a prisão do então governador de Pernambuco, Miguel Arraes. Essas vítimas não ficaram marcadas em nosso imaginário. Por que Edson ficou? É difícil dar uma resposta objetiva.

Todavia, nosso trajeto, derivado da sociologia compreensiva, não busca uma explicação sobre o episódio, mas entendimento. Compreender, na perspectiva de Morin (1999, p. 175), é o modo fundamental de apreensão de situações que impliquem subjetividade e afetividade e pressupõe "um conhecimento empático/simpático (Einfühlung) das atitudes, sentimentos, intenções, finalidades dos outros". Ao observar um fenômeno compreensivamente, a tarefa do pesquisador, que assume papel de narrador do vivido e do imaginário, é "[...] mostrar a presença do imaginário no concreto, do concreto no imaginário, identificar a força imaginal" (SILVA, 2003, p. 86). Com isso, busca-se desvelar o encoberto, perceber o subentendido e as estratégias da narrativa, dentre outras questões latentes no objeto.

Para desenvolvimento deste artigo, analisamos as reportagens publicadas em *O Globo* sobre a morte do secundarista nos dois dias seguintes ao assassinato, 29 e 30 de março de 1968. Trata-se de um recorte de uma pesquisa (MÜLLER, 2019) que analisou todas as edições do veículo naquele ano, buscando resgatar o imaginário político em que o Brasil se encontrava. Percebemos, contudo, que os sentidos atribuídos ao caso foram construídos logo após a morte, nos dois dias em que o impresso dedicou grande parte de seus espaços noticioso e opinativo ao acontecido. Em um segundo momento, examinamos também a efeméride do evento, 50 anos depois, na edição de *O Globo* de 25 de março de 2018. Buscamos, nos textos, elementos que qualifiquem o acontecimento, que gerem sentimentos, ou seja, que construam imaginários.

O imaginário em 1968

Em 29 de março de 1968, a capa de *O Globo* noticiou: "Estudante morre a tiro no Calabouço". As chamadas para matérias e dois parágrafos opinativos declararam que o "fato doloroso traumatiza a população desta cidade pacata e ordeira", mas que há a certeza de que "a tragédia será plenamente investigada". E clama que a opinião pública "permaneça de atalaia contra as explorações demagógicas" (O GLOBO, 1968, p. 1). Segundo reportagem principal sobre o acontecimento, os policiais visavam impedir uma passeata que reivindicava a conclusão das obras no restaurante universitário. Durante o conflito, Edson Luís teria sido segurado e, quando "seus colegas tentaram libertá-lo, avançando para os policiais", esses soltaram o estudante, mas atiraram enquanto se afastavam do grupo, "caindo Edson ensanguentado, com uma bala no peito, para morrer antes do socorro". Na mesma página, outra versão é apresentada pelo secretário de Saúde Estadual, na qual tudo teria iniciado a partir de agressões dos estudantes aos policiais e a depredação de um veículo da polícia teria motivado os disparos (ESTUDANTE..., 1968, p. 14).

Dividido em 18 subtítulos, o texto aborda as providências do governador da Guanabara e menciona o pesar do presidente Costa e Silva, que "lamentou os acontecimentos e sua consequência fatal", sem aprofundar ou dar alguma declaração oficial. O veículo informa sobre a vontade dos estudantes em fazer uma procissão da Assembleia até o local de enterro do corpo, apesar de a oferta de carro fúnebre por parte do governo estadual e divulga que o governador "determinou a não interferência da polícia", que deveria estar presente apenas para garantir a normalidade "evitando a infiltração de elementos aproveitadores, capazes de desvirtuar o sentido da manifestação de pesar da classe estudantil pela perda de seu companheiro".

Ao replicar um discurso do deputado Alberto Rajão, o jornal erra o nome do jovem assassinado: "A liderança estudantil nasce no coração da juventude, que anseia alcançar a verdadeira independência do Brasil e que será alcançada mesmo que outros mártires, como Nelson

Luís Souto, venham a tombar, crivados de balas assassinas". Na primeira vez em que palavras que transpassam emoção – como coração, independência, mártir e assassinas – são utilizadas, elas estão relacionadas ao nome incorreto da vítima. O deputado finalizou declarando que "o assassínio é uma simples e terrível consequência de esquema montado contra a liberdade e contra as garantias humanas" (ESTUDANTE..., 1968, p. 14).

Quatro imagens ilustram a página e uma delas, com maior destaque, é emblemática e está gravada na mente de quem já leu sobre o caso. Nela, o corpo do estudante está deitado com alguns jovens ao seu redor. Em outra imagem, uma moça discursa; na terceira, uma criança com óculos escuros que o jornal afirma ser Edson e a última mostra soldados da PM deixando a Assembleia.

Imagem 1 – Edson morto sobre uma mesa na Assembleia Legislativa

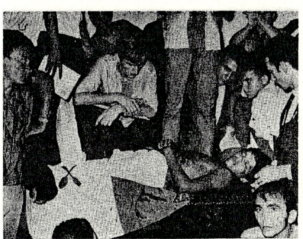

Fonte: O GLOBO (1968, p. 14).

Na página seguinte, são expressas as repercussões sobre o homicídio entre membros do Legislativo nacional e da Guanabara, entre estudantes, jornalistas e, artistas e nos governos estadual e federal. *O*

Globo menciona repetidas vezes que pautas dos políticos foram adiadas para a discussão do caso. Entre os depoimentos, alguns trechos geram sentido ao evento, como o retirado do discurso do deputado Paulo Ribeiro: "é inadmissível e inexplicável, além de inconcebível que uma manifestação estudantil seja repreendida com tiros". "É o sistema que vem vigorando no País", denunciou ele. Da mesma forma, o deputado Silbert Sobrinho chama o episódio de "triste, doloroso e vergonhoso", mas responsabiliza o governo estadual e não o federal. A manifestação do deputado Aloísio Caldas é a primeira a relacionar o caso à ditadura: "deu sua vida em prol do restabelecimento do regime democrático" (REPERCUSSÃO..., 1968, p. 15). Não fazia ideia de que seria o contrário, que a morte do estudante desencadearia eventos que, ao invés de levar para a abertura, levariam a um fechamento ainda mais rígido.

Em seguida, o veículo (REPERCUSSÃO..., 1968, p. 15) apresenta discursos contrários aos estudantes, criticando um manifesto escrito por eles, o qual menciona a violência causada pelo imperialismo dos Estados Unidos da América (EUA) em países menos desenvolvidos. Teriam afirmado que "o colega morto vai juntar-se a milhões de outros brutalmente assassinados nas garras do imperialismo no Vietnã e na Bolívia", o que teria causado revolta entre os deputados. No trecho, os estudantes são retratados como mal-agradecidos, que tomaram uma atitude "deplorável" mesmo "depois de terem sido recebidos no Legislativo" e ganhado "apoio de todos os parlamentares". Aos jovens são dados os sentidos de levianos e ingratos, cujas atitudes visam tirar proveito político da situação. Na mesma página, o impresso publica uma foto de uma órfã vietnamita cujos pais teriam sido mortos durante ataque dos vietcongues. A imagem teria causado comoção nas famílias estadunidenses, as quais desejavam adotar ou ajudar a menina. Ao lado da crítica dos estudantes às invasões dos EUA, um quadro expõe o povo que resistia como ruim e os estadunidenses como um povo generoso, que se solidarizava com o sofrimento alheio.

Além de uma breve menção de que houve outros feridos, o veículo não cita o estudante Benedito Frazão Dutra, baleado na cabeça durante a repressão e morto alguns dias depois no hospital, sem a mesma comoção que o colega Edson. Um transeunte também foi atingido e não sobreviveu. É difícil compreender por que algumas mortes ganham maior destaque e sensibilizam mais as pessoas do que outras. Talvez nunca consigamos explicar o motivo que tornou o assassinato de Edson diferente, mas a narrativa jornalística nos ajuda a des(en)cobrir os sentidos atribuídos ao acontecimento.

No dia 30, o principal suspeito de ter atirado, Aloísio Raposo, deu entrevista ao jornal, negando que ele ou os 25 soldados sob seu comando tenham matado o jovem. O veículo apresenta, na capa, foto do militar mostrando o capacete, que teria sido danificado por pauladas dos estudantes. Raposo salientou a superioridade numérica dos jovens, que eram mais de 500, para justificar o uso de força. Os depoimentos dos policiais reiteram sempre que os manifestantes iniciaram as agressões, que eram muitos e violentos, colocando no mesmo patamar adolescentes com paus e pedras e a PM treinada, com suporte de capacetes, cassetetes, gás lacrimogêneo e armas de fogo.

O superintendente executivo da Polícia da Guanabara, Osvaldo Niemeyer Lisboa, teria dito que os jovens são "uns pobres inocentes-úteis manipulados com facilidade por ideologias que vêm de fora" (GENERAL..., 1968, p. 6). Discursos como esse foram adotados pelas autoridades, já que criticar os estudantes possivelmente colocaria a opinião pública. Optou-se por criar a imagem de que o movimento estudantil era ingênuo e de que os subversivos de esquerda se aproveitavam disso. Mesmo se fossem alunos, pessoas relacionadas a movimentos de esquerda eram chamadas de "agitadores infiltrados", como se a luta estudantil não pertencesse a eles.

Ao narrar o cortejo ao cemitério, *O Globo* romantiza com o título "Valsa do adeus". Os participantes "cansados, os olhos vermelhos do pranto e da revolta, a voz rouca de gritar nos comícios de rua o dia todo [...] conduziram nos ombros o esquife de Edson Luís à catacumba". Cartazes e vozes diziam "Edson poderia ser seu filho", gerando um sentimento de empatia aos pais que assistiam à procissão, mas também expressavam "Abaixo a ditadura". Após a cerimônia, um colega teria contado que o último pedido de Edson foi ser enterrado com as honras de um estudante da Guanabara (o jovem era retirante e pobre), em seguida enfatizando: "Agora [...] não nos interessa a vingança. Queremos justiça, apenas". No que foi respondido por um colega aos gritos: "queremos vingança" (VALSA, 1968, p. 5).

O dia também foi marcado por protestos contra o assassinato, os quais:

> [...] descambavam para ataques aos Governos Federal e Estadual, à Guerra do Vietnã e aos Estados Unidos. Muitos chegaram a pregar a revolução armada contra a "ditadura" [o jornal coloca entre aspas a palavra sempre que é mencionada, deixando claro que é uma citação e não a opinião do veículo]. Um jovem que se anunciou como representante da extinta UNE disse que o policial apenas puxara o gatilho, mas quem matou o jovem Edson fora a "Ditadura que vem sufocando o País" (VALSA, 1968, p. 5).

O veículo ainda apresenta a repercussão do caso em outros estados e no Distrito Federal, onde parlamentares abordaram o tema no Congresso Nacional. Enquanto membros da ARENA classificavam o acontecido como "um problema regional e episódico", representantes do MDB responsabilizavam o governo Costa e Silva. O deputado do MDB Aurélio Viana foi o primeiro a associar as manifestações dos jovens brasileiros ao contexto mundial, qualificando-as como "luta de gerações": "é a luta da juventude inconformada com o atraso, a tirania, o ódio, a censura, o colonialismo militar [...], a violência, a guerra" (BANCÁRIO, 1968, p. 8).

O imaginário em 2018

O título da matéria de 25 de março de 2018 já entrega a relação que *O Globo* constrói sobre a memória da morte de Edson Luís: "1968 e 2018 se unem por Edson Luís e Marielle". O texto de Caio Briso e Helena Borges narra a união de duas gerações que vão às ruas protestar contra a violência. A manifestação em homenagem a Edson termina no mesmo ponto em que terminou outra passeata na semana em homenagem à Marielle Franco, vereadora do Rio de Janeiro pelo Partido Socialismo e Liberdade (PSOL), que foi executada a tiros, junto do motorista do carro em que estava, Anderson Gomes, em 14 de março de 2018. O crime teve conotações políticas, uma vez que Marielle era ativista dos direitos humanos e estava atuando contra a intervenção federal em seu estado.

> Velados no mesmo local, Edson Luís virou um símbolo da luta contra a ditadura; Marielle, agora, simboliza as ideias que defendia como parlamentar: direitos iguais para mulheres, negros e gays e o fim tanto da violência policial nas favelas quanto da intervenção federal na segurança pública (BRISO; BORGES, 2018, p. 26).

Segundo a reportagem, a morte da vereadora reacendeu a chama da luta na geração de 1968, que agora vai às ruas ao lado dos jovens do século XXI.

> Assim como o tiro que matou Edson Luís fez o movimento estudantil se fortalecer e aglutinar forças da sociedade – segundo jornais do dia seguinte ao assassinato, foi a primeira vez em que os 55 deputados da Assembleia Legislativa ficaram do mesmo lado, todos contra a Polícia Militar –, a execução de Marielle também está mexendo com as estruturas do movimento estudantil que ela apoiava. A revolta mudou, mas continua. Se aquela geração era movida pelos Ideais da Revolução Cubana e pela ojeriza aos Estados Unidos – o que faz pouco ou nenhum sentido para quem nasceu neste século –, militantes de hoje pedem o fim da Polícia Militar, o combate ao racismo, à homofobia e à misoginia. Em 1968 queriam revolução; agora, a palavra de ordem é ocupação. (BRISO; BORGES, 2018, p. 26).

A matéria entrevista pessoas de diferentes gerações, destaca a importância das ocupações secundaristas de 2016 na formação política dos jovens e dos coletivos na união juvenil e no empoderamento racial e de gênero. Afirma-se que os estudantes de hoje não têm envolvimento com partidos políticos, dando tom apolítico às reivindicações. Já os entrevistados da geração antiga são relacionados ao Partido Comunista Brasileiro e outras organizações de esquerda.

O texto afirma que o assassinato de Marielle deu energia aos antigos voltarem a lutar, enquanto também surtiu interesse dos jovens em casos emblemáticos como o de Edson. Um dos entrevistados diz que os tempos são outros, mas que ainda é necessário lutar: "a guerra do Vietnã acabou, a guerra da Coreia acabou, hoje são outras questões que movem o mundo. Segue a luta. A intolerância era contra os comunistas. Hoje, é contra os pobres" (BRISO; BORGES, 2018, p. 27).

Desentranhamento

O terceiro passo das narrativas do vivido é o retorno do entranhamento, momento em que o observador volta ao seu lugar, a fim de desvelar o encoberto. É essencial que algo relacionado ao objeto analisado tenha mudado no olhar do pesquisador. O êxito da imersão na narrativa de *O Globo* está no que sabemos agora que não sabíamos no início do processo. Assim, retomamos o problema de pesquisa: qual excedente de significação podemos perceber na narrativa do jornal impresso O Globo sobre a morte do estudante Edson Luís em 1968 e de que forma o imaginário se dinamiza em 2018? A partir da interpretação dos discursos analisados, podemos notar alguns pontos relativos ao imaginário sobre a morte de Edson Luís na época de sua ocorrência e o que muda 50 anos depois.

O primeiro ponto que emerge em nossa análise, embora latente no texto de 68, é o distanciamento entre o acontecimento e o governo federal. São abordadas as medidas tomadas pelo governador e a mobilização dos deputados, mas, sobre o presidente Costa e Silva, só é expresso que ele lamentou o evento e suas consequências. Não é mencionada diretamente a morte do estudante e nenhuma declaração oficial é apresentada. As únicas relações entre a fatalidade e o regime são feitas pelos deputados do MDB, que nomeiam o incidente de assassinato e apontam o governo federal como responsável. No enquadramento do jornal, a morte é relacionada aos governantes civis, não aos militares.

A menção a outro nome, Nelson, na transcrição de parte do discurso de um deputado, o primeiro a citar que o episódio seria consequência do governo totalitário, soa como um ato falho e pode demonstrar falta de atenção ou cuidado em relação à vítima, ou, ainda, uma tentativa de distanciamento entre as falas acusatórias e o caso. Se não houve um Nelson assassinado, como poderia ser responsabilidade do regime instaurado? Notamos que os discursos da oposição são intercalados por outros que indiretamente tiram o peso das acusações sobre os militares. Se em um trecho da reportagem menciona que um deputado afirmou que Edson "deu a sua vida em prol do restabelecimento do regime democrático", em outro destaca que a PM "só reagiu à bala porque a potência de fogo dos estudantes era maior que a da polícia" (REPERCUSSÃO..., 1968, p. 15).

Esse argumento de que a violência policial é uma resposta a agressões dos jovens é recorrente. Assim cria-se o imaginário de que a PM só estava se defendendo e que a responsabilidade, em última instância, foi dos próprios estudantes. Equipara-se a força de uma polícia armada e treinada a de adolescentes e jovens adultos munidos de pedras e pedaços de pau. Agrega-se a isso, a ideia de que esses manifestantes não eram realmente alunos, mas "agitadores infiltrados" ou "elementos aproveitadores" e que a verdadeira classe estudantil presente nos protestos era composta por "uns pobres inocentes-úteis manipulados com facilidade por ideologias que vêm de fora". Também não é dada voz aos jovens, que só aparecem para relatar rapidamente os eventos, mas sem exprimir opinião.

O "perigo comunista" está permanentemente rondando o país, visto que autoridades e o próprio *O Globo* (em editorial) se preocupam com "explorações demagógicas" do acontecimento, como se a origem tivesse sido apolítica. Outro ponto que se destaca é a publicação do quadro "A órfã desaparecida" ao lado de um parágrafo que menciona um manifesto lançado pelos estudantes. A Guerra do Vietnã, que contava com a invasão do exército dos EUA em território estrangeiro, representava a divisão ideológica do mundo na época. O exército norte-vietnamita (vietcongue) era apoiado por União Soviética, China e outros países comunistas, enquanto os sul-vietnamitas eram apoiados pelos EUA e demais potências capitalistas. O combate foi um dos motivos que desencadeou as manifestações ao redor do mundo em 1968. A Ofensiva do Tet, ataques de guerrilheiros vietcongues junto ao exército do Vietnã do Norte sobre as tropas estadunidenses e do Vietnã do Sul, inaugurou as manifestações já em janeiro e representou a derrota política dos Estados Unidos (RIBEIRO, 2003).

Por fim, podemos aferir que o imaginário construído pelo jornal em torno da morte do jovem Edson Luís é de que foi um fato "doloroso" que traumatizou uma cidade "pacata e ordeira" (Guanabara), mas que se tratou de um caso isolado. A fatalidade ocorreu porque os policiais precisaram se defender dos estudantes usados por elementos comunistas infiltrados para instaurar o caos no Brasil, como estariam fazendo em outros países. Contudo, havia a necessidade de medidas enérgicas para que a "tragédia" não sofresse explorações ideológicas por parte da oposição ao regime, de bem instaurado com a missão de salvar o país do comunismo.

Já nas páginas do jornal em 2018 percebemos que os estudantes de 1968 são lembrados como jovens sonhadores, apaixonados e extremistas, enquanto os adolescentes de hoje aparecem como defensores de pautas mais concretas e sem identificação político-partidária. Inclusive, na foto que reúne as duas gerações, além da idade, os membros se diferem pela postura e pela cor. Os mais velhos são brancos, os jovens são negros; os mais velhos estão sérios e com o olhar no horizonte, os jovens estão sorridentes, encarando a câmera. Em suas falas, os estudantes de 2018 exaltam a luta contra o racismo e o machismo. Marielle Franco também é lembrada por essas pautas e sua atuação contra a intervenção militar no Rio de Janeiro não é aprofundada, sendo citada rapidamente.

"Distantes cinco décadas no tempo, as mortes do estudante e da vereadora se aproximam por terem sido crimes políticos que ergueram multidões muito além das fronteiras do Rio", cita o jornal. Assim como em 68, o governo federal não é referido, mesmo que responsável por determinar a intervenção militar na cidade. "Ninguém foi responsabilizado pela morte de Edson Luís, embora o superintendente da polícia executiva, general Osvaldo Niemeyer, tenha sido afastado", diz o veículo que 50 anos antes afirmou em sua capa a certeza de que "a tragédia será plenamente investigada, com isenção e honestidade".

Notamos que o imaginário de que os jovens de 1968 eram ingênuos é intensificado em 2018, quando o jornal os retrata como sonhadores. Em um artigo na mesma página de Zuenir Ventura, autor de *1968: o ano que não terminou*, atual colunista de *O Globo*, afirma, inclusive, que "há muito que rejeitar dessa romântica turma", citando basicamente todos os ideais do movimento estudantil dos anos 1960. Todavia, completa que "há também o que recuperar da experiência", como a ética e a paixão com que "arriscaram a vida defendendo uma causa" (VENTURA, 2018, p. 27). Apesar de retratá-los como sonhadores, o jornal atualiza o imaginário em que eles teriam sido manipulados por comunistas infiltrados, colocando-os como protagonistas.

O imaginário de Edson Luís como mártir de uma causa influencia diretamente o imaginário sobre a morte de Marielle, tanto que o jornal opta por rememorar o acontecimento de 1968 a partir desse aspecto. Contudo, não é a mesma geração contemporânea da vereadora, que foi na época da morte do estudante, nem fica claro se os jovens dos anos 2010 sabem da importância a que Edson Luís foi alçado na história política brasileira. "Se aquela geração era movida pelos ideais da Revolução Cubana e pela ojeriza aos Estados Unidos – o que faz pouco ou nenhum sentido para quem nasceu neste século", assegura o veículo sem atentar para a contínua ressignificação de imaginários como o do comunismo e do imperialismo. O ano de 2018 iniciou com uma intervenção militar no Rio de Janeiro e terminou com um candidato à presidência da República, que defende abertamente a ditadura militar e homenageia torturadores do período sendo eleito em uma campanha eleitoral em que "vai para Cuba" virou jargão contra militantes da esquerda. Jair Bolsonaro e seus apoiadores exaltam os Estados Unidos – especialmente o governo do republicano Donald Trump – e utilizam um suposto "combate ao comunismo" para justificar ações ou acusar oponentes.

A exaltação do apolítico, ao destacar que os estudantes de hoje não têm envolvimento com partidos, é outra construção que sobressai no texto atual e tem raízes nas eleições de candidatos como Bolsonaro, que atacam diretamente o sistema político do país. Esse imaginário, tão presente na contemporaneidade em todo o mundo, simula a possibilidade de uma sociedade totalmente liberal e esconde o conservadorismo por trás da ideologia fantasiada de não-ideológica. De certa maneira, esse imaginário já estava presente durante a ditadura, quando se defendia que os militares teriam mais propriedade para gerir o Estado do que os civis, por uma suposta neutralidade e um patriotismo que seriam inerentes à função.

Considerações finais

O nosso maio de 68 durou meses e foi brutalmente tolhido pelo AI-5, em dezembro do mesmo ano. O decreto fechou o Congresso Nacional, suspendeu o *habeas corpus* em crimes políticos, implantou a censura prévia, cassou direitos políticos e cargos públicos. Em vigência por 10 anos, acabou com o sonho de revolução de muitos jovens e obrigou outros a entrar na clandestinidade, lutando como subversivos pelo que acreditavam. Hoje, notamos que o imaginário sobre esses jovens e sobre o período começa a se dinamizar. Empresas de comunicação que apoiaram o regime já assumem os horrores praticados pelo Estado, como tortura e morte de civis. Ainda levaremos um tempo até que consigamos alterar definitivamente o sentido do que foi vivido.

O assassinato de Edson Luís pela polícia militar permite aplicar a hipótese do excedente de significação (SILVA, 2017), pois foi carregado de significado, foi redimensionado e tornou-se algo hiper-real. Quando apropriado pelo *O Globo*, sofreu uma transmutação, ressurgiu como algo novo. A capa da edição de 29 de março de 1968 afirma

"Estudante morre a tiro no Calabouço", uma realidade incontornável, um acontecimento objetivo. O que aconteceu? Um estudante morreu em um restaurante universitário vítima de um tiro dado por um policial militar durante a repressão a uma manifestação. Porém, o jornal não se atém a esse significado, mas o excede, gera novos sentidos menos restritos ao ocorrido. O que aconteceu mesmo? Uma tragédia, um fato doloroso, que traumatiza a população, algo inadmissível, inexplicável e triste, uma vergonha. Um estudante tombou em nossos corações, deu sua vida em prol do restabelecimento do regime democrático. Um estudante que fazia parte de um grupo de úteis inocentes, manipulados com facilidade por ideologias que vêm de fora para instaurar o caos no Brasil e que atacara as autoridades com grande potência de fogo, sendo morto quando a polícia foi obrigada a se defender.

Os sentidos produzidos e disseminados pelo jornal, compreendido nesta pesquisa como uma tecnologia do imaginário, fazem que o evento não possa mais ser interpretado apenas como a morte de um estudante por um tiro policial. Essa verdade objetiva parece-nos menos real do que a verdade subjetiva. O imaginário tornou-se mais real que o próprio real, transfigurou o episódio, transformando-o em um acontecimento extraordinário que seria relembrado 50 anos depois pelo mesmo veículo. Dentre outras mortes semelhantes naquele ano, só esta se destacou, recebendo um sentido próprio e uma dimensão fantástica.

Entretanto, o imaginário nunca é estático e está em processo contínuo de ressignificação. Em 2018, ele influencia o surgimento de uma nova mártir: Marielle Franco. A rememoração da morte de Edson Luís, comparando a de Marielle, contribui para que os sentidos daquela recaiam sobre esta. A partir dos textos analisados, conseguimos distinguir oito das nove etapas de canalização e disseminação do imaginário (SILVA, 2017), que encobrem o assassinato do jovem —vazamento, infiltração, acumulação, evocação, transbordamento, deformação, transfiguração e metáfora. A última das etapas, derretimento/evaporação, ainda não é evidente, mesmo meio século depois, embora já percebamos a dinamização do imaginário.

Durand (1999) ressalta que uma mudança profunda no imaginário não pode ser alcançada em uma geração. Sobre a bacia semântica – ciclo de surgimento, cristalização e dissolução do imaginário –, o antropólogo afirma: "constatamos que sua duração [...] era de cento e cinquenta a cento e oitenta anos" (DURAND, 1999, p. 115), algo em torno de três ou quatro gerações. O período da ditadura militar e todos os seus horrores é memória recente, uma ferida aberta, cujo imaginário ainda demorará mais tempo a se renovar completamente, a evaporar.

Imaginários cristalizados ao longo da ditadura ainda se mostram bastante presentes em nossa sociedade. Há quem defenda uma nova tomada de poder pelos militares como uma solução para problemas enfrentados ao longo de toda a história nacional, que até hoje perduram e que estão relacionados às bandeiras levantadas pelos "agitadores" dos anos 1960 e por Marielle. A ditadura militar não foi uma solução lá atrás e não será agora. A relação entre mídia e política tem muitos desdobramentos a serem explorados e debatidos. Considerar os meios de comunicação como dispositivos que constroem e difundem imaginários é uma maneira de olhar para além do que está na superfície do discurso, problematizando-o e buscando sentidos velados.

Referências

BANCÁRIO ferido a tiro em conflito na Capital. **O Globo**, Rio de Janeiro, ano XLIII, n. 12.850, p. 8, 30 mar. 1968.

BRASIL. **Ato Institucional nº 5, de 13 de dezembro de 1968**. São mantidas a Constituição de 24 de janeiro de 1967 e as Constituições Estaduais; O Presidente da República poderá decretar a intervenção nos estados e municípios, sem as limitações previstas na Constituição, suspender os direitos políticos de quaisquer cidadãos pelo prazo de 10 anos e cassar mandatos eletivos federais, estaduais e municipais, e dá outras providências. 1968a. Disponível em: www.planalto.gov.br/ccivil_03/ait/ait-05-68.htm. Acesso em: 5 jun. 2018.

BRASIL. **Comissão Nacional da Verdade**. Mortos e desaparecidos políticos. v. 3. Brasília: CNV, 2014.

BRISO, Caio Barreto; BORGES, Helena. 1968 e 2018 se unem por Edson Luís e Marielle. **O Globo**, Rio de Janeiro, ano XCIII, n. 30.911, p. 26-27, 25 mar. 2018.

CARDOSO, Lucileide Costa Cardoso. Ecos de 1968: 40 anos depois. **Revista do Centro de Artes**, Humanidades e Letras. v. 2, n. 1. 2008. p. 5-12.

DURAND, Gilbert. **As estruturas antropológicas do imaginário**. São Paulo: Martins Fontes, 2001.

DURAND, Gilbert. **O Imaginário**: ensaio acerca das ciências e da filosofia da imagem. Rio de Janeiro: DIFEL, 1999.

ESTUDANTE morto à bala em conflito com a PM. **O Globo**, Rio de Janeiro, ano XLIII, n. 12.849, p. 14, 29 mar. 1968.

GARCIA, Marco Aurélio; VIEIRA, Maria Alice. **1968**: Rebeldes e Contestadores: Brasil, França e Alemanha. São Paulo: Ed. Perseu Abramo, 1998.

GASPARI, Elio. **A ditadura envergonhada**. 2. ed. Rio de Janeiro: Intrínseca, 2014.

GENERAL Niemeyer: determinei apenas energia. **O Globo**, Rio de Janeiro, ano XLIII, n. 12.850, p. 6, 30 mar. 1968.

HERS, Daniel. **A história secreta da Rede Globo**. São Paulo: Ortiz, 1991.

HOLZMANN, Lorena; PADRÓS, Enrique Serra. **1968**: contestação e utopia. Porto Alegre: UFRGS, 2003.

LARANGEIRA; Álvaro Nunes; MUSSE; Christina Ferraz; SILVA, Juremir Machado da. (Orgs.). **1968, de maio a dezembro**: jornalismo, imaginário e memória. Porto Alegre: Sulina, 2018.

MATTOS, Sergio. As Organizações Globo na Mídia Impressa. *In:* BRITTOS, Valério; BOLÁNO, César Ricardo Siqueira (orgs.). **Rede Globo**: 40 anos de poder e hegemonia. São Paulo: Paulus, 2005. p. 268-285.

MORIN, Edgar. **O Método 3**. O conhecimento do conhecimento. Porto Alegre: Sulina, 1999.

MÜLLER, Luana Chinazzo. **Conjuntura política brasileira em 1968: o real e o imaginário na narrativa jornalística de o Globo**. 2019. 170 f. Dissertação (Mestrado em Comunicação Social) – Programa de Pós-Graduação em Comunicação Social, Pontifícia Universidade Católica do Rio Grande do Sul, Porto Alegre, 2019.

O GLOBO, Rio de Janeiro, ano XLIII, n. 12.849, p. 1, 29 mar. 1968.

PERRONE, Fernando. **Relatos de guerra**: Praga, São Paulo, Paris. São Paulo: Busca Vida, 1988.

REPERCUSSÃO nacional das violências no Rio. **O Globo**, Rio de Janeiro, ano XLIII, n. 12.849, p. 15, 29 mar. 1968.

RIBEIRO, Luiz Dario Teixeira. O contexto de 1968. *In*: HOLZMANN, Lorena; PADRÓS, Enrique Serra. **1968**: contestação e utopia. Porto Alegre: UFRGS, 2003. p. 19-26.

ROSA, Bruno. Grupo Globo é o 17º maior conglomerado de mídia do mundo. **O Globo**. Disponível em: https://oglobo.globo.com/economia/grupo-globo--o-17-maior-conglomerado-de-midia-do-mundo-16159426#ixzz4xJi1BgVX. Acesso em: 10 set. 2020.

SANDER, Roberto. **1968**: quando a Terra tremeu. 1. ed. São Paulo: Vestígio, 2018.

SILVA, Juremir Machado da. **As tecnologias do Imaginário**. Porto Alegre: Sulina, 2003.

SILVA, Juremir Machado da. **Diferença e descobrimento**. O que é o imaginário? A hipótese do excedente de significação. Porto Alegre: Sulina, 2017.

SILVA, Juremir Machado da. **O que pesquisar quer dizer?** Porto Alegre: Sulina, 2010.

VALSA do Adeus no sepultamento do estudante. **O Globo**, Rio de Janeiro, ano XLIII, n. 12.850, p. 5, 30 mar. 1968.

VENTURA, Zuenir. **1968**: o ano que não terminou. 1. ed. Rio de Janeiro: Objetiva, 2013.

VENTURA, Zuenir. Onde tudo começou. Aqui. **O Globo**, Rio de Janeiro, ano XCIII, n. 30.911, p. 27, 25 mar. 2018.

A narração de futebol no contexto de rádio expandido

Ciro Augusto Francisconi Götz[1]
Cristiane Finger[2]

Introdução

O artigo apresenta os resultados da tese intitulada "A narração de futebol no contexto de rádio expandido" (GÖTZ, 2022), a qual investigou a função em relação a um meio que, em plena fase de convergência (JENKINS, 2008), multiplicidade da oferta (BRITTOS, 1999), entre processos de radiomorfose (PRATA, 2008), expandiu (KISCHINHEVSKY, 2016) para telefones celulares, computadores, aplicativos e plataformas digitais como YouTube, misturando elementos de linguagem radiofônica e recursos parassonoros.

O objetivo geral foi identificar as características e o papel empreendido pelos narradores de Porto Alegre, Haroldo de Souza[3] (Rádio Grenal) e César Weiler[4] (Rádio Pachola); do Rio de Janeiro, José Carlos Araújo[5] (Rádio Super Tupi) e Rafa Penido[6] (Coluna do Fla);

---

[1] Doutor e mestre em Comunicação Social pela Pontifícia Universidade Católica do Rio Grande do Sul (PUCRS). Jornalista pela Universidade do Vale do Rio dos Sinos (Unisinos). E-mail: cirogotz@gmail.com.

[2] Professora titular do Curso de Jornalismo da Escola de Comunicação, Artes e design – Famecos/PUCRS. Membro permanente do Programa de Pós-graduação em Comunicação da Famecos/PUCRS. cristiane.finger@pucrs.br.

[3] Natural de Jacarezinho-PR, destacou-se em emissoras como Itatiaia-MG, Gaúcha e Guaíba, de Porto Alegre. Atualmente, com 78 anos, integra a Rádio Grenal. Utiliza uma série de bordões como o "adivinhe!".

[4] Natural de Estância Velha-RS, Weiler, 25 anos, jornalista, estreou como narrador da Rádio Pachola, em agosto de 2020.

[5] Carioca, tem 81 anos. Formado em Geografia pela UERJ, foi professor durante 14 anos. Começou na Rádio Globo-RJ, em 1960, onde permaneceu por 42 anos. Atualmente, narra na Super Tupi.

[6] Jornalista de 22 anos, carioca, é sobrinho de Luiz Penido, um dos narradores mais tradicionais do rádio brasileiro. Começou sua carreira como narrador em 2018, pelo *site* Coluna do Fla.

de São Paulo, José Silvério[7] (Rádio Bandeirantes) e Doni Vieira[8] (Web Rádio Craque Neto) e de Belo Horizonte, Alberto Rodrigues[9] (Rádio Itatiaia) e Beto Guerra (Web Rádio Galo), no panorama da atualidade. Observaram-se ambientes de trabalho, dinâmicas de mercado, examinadas estratégias e recursos expressivos (PRIETO CASTILLO, 1984) de persuasão e quais as técnicas e estilos predominantes (SOARES, 1994; SCHINNER, 2004). Aplicou-se a metodologia do estudo de caso múltiplo (YIN, 2015) e as principais evidências foram obtidas através de fragmentos de entrevistas do canal no YouTube Projeto As Vozes do Gol (GÖTZ, 2021), levando em conta, também, trechos de jogos, lances e gols transmitidos pelos narradores.

Constatou-se que, apesar do rádio ser, hoje, um "meio expandido" de um lado, entende-se que a narração de futebol ainda mantém sua linguagem fundamentalmente descritiva, em meio a elementos parassonoros e processos de radiomorfose. Por outro, considera-se que as plataformas digitais e *web* rádios são agentes potenciais para provocar mudanças significativas nas dinâmicas de transmissões, condições de mercado e relações de engajamento com torcedores.

A estrutura da pesquisa

A tese foi dividida em sete capítulos. Após a introdução, a segunda parte do trabalho indicou os procedimentos metodológicos. Como abordado, optou-se pela aplicação do estudo de caso múltiplo (YIN, 2015). A análise foi dividida em cinco eixos categóricos: tecnologia,

---

[7] Mineiro de Itumirim, tem 76 anos. Sua primeira transmissão ocorreu em 1963. Teve passagens por Itatiaia, Continental-RJ e Tupi-SP. Em 1975, foi contratado pela Jovem Pan-SP e assumiu o posto de primeiro narrador em 1977. Narrou na Band-SP de 2000 a 2020. Em 2021, foi contratado para atuar pela Rádio Capital-SP, mas não permaneceu no projeto.

[8] Começou sua carreira em 1994, pela Band-SP. Além da Rádio Craque Neto, Doni Vieira também é narrador, atualmente, da Rádio Bandnews-SP e dos canais de TV fechada Band Sports e Conmebol TV. Após a saída de Silvério da Capital, Doni Vieira assumiu a narração. Tem 42 anos.

[9] "O Mais Vibrante" nasceu em Divinópilis-MG. Começou pela Rádio Imbiara, em Araxá-MG. Em 1961, atuou na Rádio Minas. Entre 1963 e 1966, teve sua primeira passagem pela Itatiaia. Narrou 10 anos pela Inconfidência. Em 76, na Itatiaia, tornou-se locutor oficial dos jogos do Cruzeiro, onde segue na atualidade, com 82 anos.

mercado de trabalho, linguagem radiofônica, recursos expressivos e técnicas de narração. Grande parte dos depoimentos dos narradores foram colhidos de entrevistas produzidas e publicadas no canal do YouTube intitulado "Projeto As Vozes do Gol" (GÖTZ, 2021)[10].

O seguinte capítulo desta tese, "Futebol, espetáculo, tecnologia e mercado no âmbito do rádio", apresentou contextualização histórica sobre as origens e o desenvolvimento do futebol no Brasil, com apoio de autores como Caldas (1990), Dienstmann e Denardin (1998), Neto (2002), Freyre (2003) e Frange (2016). Em seguida, o rádio foi relacionado ao futebol e direcionado para contextos pertinentes à trajetória tecnológica do meio, sob apoio de Meditsch (2001), Vampré (1979), Ferraretto (2019), Bonin *et al.* (2016) e Soares (1994). Por fim, foram ampliados conceitos vinculados às lógicas da convergência de mídias (JENKINS, 2008) e multiplicidade da oferta (BRITTOS, 1999), em um cenário de rádio expandido (KISCHINHEVSKY, 2016), entre processos de radiomorfose (PRATA, 2008). Encerrou-se o capítulo com reflexões a respeito de estratégias para o enfrentamento da pandemia de Covid-19, propostas por Ferraretto e Morgado (2020).

No capítulo "Aspectos históricos da narração de futebol no rádio", basicamente, recuperou-se o percurso da função, relacionando a proposta de periodização do rádio brasileiro (FERRARETTO, 2012) com a ideia de linha do tempo da narração esportiva no país (GÖTZ, 2020), dividida nos períodos desbravador, paradigmático e contemporâneo, entre meados de década de 1920 até a atualidade.

É importante destacar que esta investigação levou em conta tanto a "produção científica sofisticada" quanto aquela "mais técnica e popular", produzida por profissionais atuantes no mercado de trabalho, denominadas por Kischinhevsky (2016) de "manuais", entendeu-se os riscos ao se empreender diálogos entre autores de universos distintos (KISCHINHEVSKY, 2016, p. 284).

---

[10] Disponível em: https://www.youtube.com/channel/UCFJOeLF2rakkFYQPfmNq53g. Acesso em: 11 mar. 2022.

A tese seguiu com o capítulo "Linguagem radiofônica, expressão verbal, técnicas e estilos de narração de futebol". Quanto a aspectos referentes à linguagem, o trabalho aplicou conceitos expostos por Ferraretto (2014), com apoio de Albano da Silva (1999), sobre elementos como voz, *spots*, som, música, efeitos sonoros, ruído e silêncio. A investigação amparou-se, também, na obra *La expression verbal en la radio*, de Prieto Castillo (1984), para identificar e entender as possíveis estratégias retóricas.

No caso das técnicas de narração, utilizou-se a proposta de Soares (1994) que divide a locução em conotativa ou denotativa, com aporte de Schinner (2004), o qual compreende a locução em dois tipos: Livre e Orientada. César (2009) contribuiu com questões relativas à voz e suas variações interpretativas. Essas foram as bases para a análise de elementos como: tipos de locução, ritmos e demais passos para uma transmissão.

Reconheceu-se a importância do conceito de "conversação em rede" (RECUERO, 2012), pelo fato de que o ouvinte também participa ativamente e, sem dúvida, conforme Kischinhevsky (2021), é preciso prestar atenção na replicação dos conteúdos nesse "ecossistema midiático em que os meios se interrelacionam em plataformas analógicas e digitais, disputam atenções de uma audiência cada vez mais fragmentada e abrangente" (KISCHINHEVSKY, 2021, p. 7).

Contudo, a intenção da investigação foi analisar o papel do narrador nesse "ecossistema midiático". Uma abordagem quanto ao ouvinte, receptor ou seguidor e o processo de conversação em rede, seriam uma investigação à parte ou outras propostas de pesquisa.

O panorama da narração de futebol no contexto de rádio expandido

A primeira constatação em relação às questões tecnológicas foi que a pandemia de Covid-19 não prejudicou o fluxo de combinação entre sons e imagens, em processos de radiomorfose (PRATA, 2008), pelas plataformas. Ainda que, com a gradativa reabertura (entre o final de 2020 e ao longo de 2021) e a liberação da presença de torcedores e profissionais de imprensa nos estádios, algumas rádios como a *web* Pachola, por opção econômica e logística, permaneceram transmitindo do estúdio. Os meios adaptaram-se ao panorama sanitário, priorizando os cuidados, principalmente, quanto aos grupos de risco. Ainda assim, o experiente narrador Alberto Rodrigues contraiu Covid-19, mas recuperou-se.

O "famigerado" *off tube* teve importante papel, ainda que os narradores, em sua maioria, prefiram transmitir *in loco*, com a presença de torcida. O ambiental "silencioso" dos estádios foi o principal impacto pandêmico, conforme os locutores. Apesar de outros pontos negativos como a "dependência" das imagens da TV e as influências do *delay*, os narradores, dentro das possibilidades, cumpriram seu papel, em um contexto de relações de flexibilidade, responsabilidade e parceria (FERRARETTO e MORGADO, 2020, p. 11).

No que diz respeito às estruturas das transmissões, já existia um padrão estabelecido na forma como são executadas nas plataformas, antes da crise pandêmica. As emissoras tanto hertzianas quanto as *webs* se especializaram em softwares de *streaming*, como o *OBS Studio*, gratuito, e o *vMix*, com algumas modalidades pagas. Até o fechamento, não foi possível esclarecer apenas qual é o aplicativo utilizado pela Web Rádio Craque Neto. Rádio Grenal (hertziana), Pachola (*web*), Coluna do Fla (*web*) e Web Rádio Galo (*web*) trabalham com o *OBS Studio*, enquanto Super Tupi (hertziana), Bandeirantes (hertziana) e Itatiaia (hertziana) optaram pelo *vMix*. Na prática, tanto o *OBS* quanto o *vMix* proporcionam quase o mesmo resultado sonoro e visual.

Os *layouts* e as artes gráficas de todos os meios analisados seguiram a mesma lógica, isto é, de incrementar os bastidores das jornadas esportivas e as respectivas reações dos profissionais envolvidos. Foi possível notar, no entanto, que as emissoras hertzianas individualizam muito mais a figura do narrador no enquadramento de tela, em comparação às *webs*, que valorizam o conjunto. A Itatiaia, por exemplo, dada a quantidade de câmeras disponíveis para captar variados ângulos, até transita por outras tomadas, mas, a prioridade é o foco no narrador Alberto Rodrigues.

A Super Tupi, por sua vez, centraliza as atenções em José Carlos Araújo, tanto na cabine do Maracanã, quanto no estúdio, onde o narrador se posiciona numa bancada, em frente ao *chroma key*. Na Grenal, no estúdio, apenas Haroldo de Souza é focado, integrado ao plano de fundo do próprio local. No estádio, a câmera capta o conjunto dos integrantes da cabine. Na Bandeirantes, o mesmo ocorreu em relação a José Silvério, porém, na ordem inversa da Grenal, isto é, individualizando o narrador no estádio e focando no geral, pelo tubo, no estúdio. Por sua vez, Web Rádio Craque Neto, Rádio Pachola, Coluna do Fla e Web Rádio Galo, nos estúdios, integram as equipes em uma imagem geral. Nos estádios, geralmente, Coluna do Fla e Web Rádio Galo instalam uma câmera exclusiva para os narradores Rafa Penido e Beto Guerra, aliadas às imagens de outros integrantes, posicionados em janelas.

A Rádio Pachola explora bem mais o recurso do *chroma* key, em comparação com a Rádio Super Tupi. Nas jornadas da *web* gaúcha, o narrador César Weiler, somado ao comentarista ou repórter, posiciona-se à frente de um fundo que emula um ambiente de estádio, com a presença de torcedores. No caso da Tupi, o fundo serve apenas para preencher a tela, com uma imagem fixa e "decorativa".

Diante de outros elementos parassonoros (KISCHINHEVSKY, 2016), foi observado que as *web* rádios também exploram mais recursos em relação às emissoras hertzianas. De acordo com os jogos analisados, todos os locutores dialogaram com os internautas através das câmeras, solicitando inscrições, *likes*, curtidas e compartilhamentos. O principal foco das *webs* é a interatividade. E os seguidores, inclusive, têm a oportunidade de participar mais ativamente. Com a intenção de persuadir seu público a consumir os produtos dos patrocinadores, por exemplo, César Weiler fixa um papel com textos publicitários da Pachola, bem próximo à câmera, lendo-os como se fosse "olho no olho" da audiência.

No caso das hertzianas nas plataformas, nenhum dos narradores demonstrou qualquer tipo de conexão visual, atuando como se estivessem apenas transmitindo por AM ou FM. As interações, de uma maneira geral, foram registradas através de "abraços" menções e pela divulgação de números para recados via WhatsApp. Há uma aparente resistência dos narradores paradigmáticos em relação às transmissões com imagens, diferentemente do que acontece no caso dos locutores das *webs*.

Em um cenário de convergência (JENKINS, 2008), multiplicidade da oferta (BRITTOS, 1999), influenciada, atualmente, por uma lógica de produção multitarefa (LENZI, 2019), foram observadas variáveis, levando em conta a narração esportiva no mercado, em tempos de pandemia. A faixa etária dos oito narradores concentra-se entre 22 a 82 anos. Três deles são mineiros, dois fluminenses, um paulista, um paranaense e um gaúcho. Quanto à escolaridade, um possui ensino fundamental incompleto, um é radialista, dois são graduados em Jornalismo, um é graduado em Geografia e três possuem registro de jornalista, mas, sem formação superior na área. Haroldo de Souza, pela Grenal, Alberto Rodrigues, pela Itatiaia, José Carlos Araújo, na Tupi, e Doni Vieira, Craque Neto (atualmente na Capital), exercem exclusivamente a narração. Já Rafa Penido, no Coluna do Fla, Beto Guerra, na Web Rádio Galo, e César Weiler, pela Pachola, além da narração, também executam produção e apresentação.

No espectro de tempo analisado, do princípio de 2020 ao final de 2021, constatou-se movimentação de mercado apenas em São Paulo, com a demissão de José Silvério, pela Bandeirantes, em 2020, e sua rápida passagem pela Rádio Capital, em 2021. Em ambas, o paradigmático exerceu somente narração. Doni Vieira, da Craque Neto, em 2021, foi contratado, coincidentemente, pela Capital.

Quanto às questões trabalhistas, ainda que em um panorama econômico de riscos e incertezas, principalmente, em decorrência da pandemia de Covid-19, as emissoras hertzianas mantiveram investimentos em equipes, estrutura física e tecnológica, observando com atenção o contexto de rádio expandido, na busca de alcançar novos públicos, embora, de maneira geral, priorizando a qualidade de som.

A Rádio Itatiaia, por exemplo, não deixou de investir, mesmo passando por um processo de alteração de comando. Líder no segmento radiofônico mineiro, a Itatiaia continuou apostando na tradição, ao manter Alberto Rodrigues como narrador do Cruzeiro, apesar de especulações sobre uma possível saída ou aposentadoria. Rodrigues possui contrato de trabalho com carteira assinada. É o caso também da Grenal que também aposta na experiência de Haroldo de Souza.

A Super Tupi, que comanda a audiência no Rio de Janeiro, é outro exemplo de empresa que continuou se aprimorando e investindo nas plataformas, sob uma postura de flexibilização e parceria (FERRARETTO e MORGADO, 2020), no estabelecimento de diálogo com seus funcionários. A Tupi também mantém um quadro com carteira assinada. No entanto, José Carlos Araújo é um prestador de serviço, assim como Luiz Penido. Araújo, além de narrar pela emissora, é empresário.

Em São Paulo, o mercado mostrou-se mais instável. O narrador Doni Vieira, por exemplo, admitiu que sofreu prejuízos em função, principalmente, da pandemia e registrou a perda de clientes para os serviços de locução e gravação de áudios. Enquanto atuou pela Craque Neto, foi remunerado por cachês. Até o fechamento, não ficou esclarecido qual a espécie de vínculo empregatício entre Capital e Vieira. A Rádio Bandeirantes mantém uma equipe de narradores contratados com carteira assinada, ainda que tenha demitido o experiente José Silvério, que, até o momento desta discussão, permaneceu desempregado.

As *web* rádios, se de um lado buscam mais intensamente o crescimento de seus canais do que as hertzianas, de outro, no que diz respeito ao trabalho formal, a situação é inversa. Os grupos de profissionais são reduzidos em relação às hertzianas. Penido, do Coluna do Fla, jornalista por formação, não possui vínculo empregatício e narra por cachês. César Weiler, pela Pachola, é autônomo. Beto Guerra, por sua vez, é um dos empreendedores da Web Rádio Galo e, nesse caso, além de narrar, acumula outras funções, entre elas, administrativa. Na situação de *lives*, com o intento de aumentar o faturamento e a visibilidade, Guerra transmite os jogos do Atlético-MG em um sistema cooperativo com outros canais atleticanos. E os recursos oriundos de patrocínios e da monetização são divididos.

Segundo César Weiler (2021), existe uma disputa de mercado entre "dois mundos diferentes", no contexto de rádio expandido. Enquanto as *web* rádios já são concebidas na lógica das plataformas, meios tradicionais como a Itatiaia, Tupi e Bandeirantes, vêm se adaptando ao formato de "rádio visual", porém, com uma estrutura bem mais solidificada.

A longo das entrevistas, os narradores paradigmáticos revelaram pessimismo quanto ao futuro da profissão. Considerou-se, contudo, que essa preocupação caiu em um discurso autolaudatório e, talvez, de desconhecimento. Com o crescimento do nicho das *web* rádios, sejam elas identificadas ou não, existe "uma vitrine" que, há algumas décadas, não havia. Existe renovação. Faltam oportunidades. Haroldo de Souza, Alberto Rodrigues, José Carlos Araújo e José Silvério, mantiveram-se hegemônicos. E mesmo com o natural desgaste, principalmente em relação aos recursos da voz, entre contratempos, demissões ou novos contratos, os quatro paradigmáticos, somados aos seus méritos próprios, adaptaram-se aos tempos, às tecnologias e dinâmicas de mercado, na medida do possível.

Dificilmente, porém, um narrador de futebol já começa a sua carreira formado para exercer a função. Qualquer profissional necessita de prática e sequência, que são fatores fundamentais no aprimoramento a longo prazo, levando em conta fatores como aptidão, influências, escuta crítica, treinamento e, fundamentalmente, vagas de trabalho.

Considera-se que a questão do suposto "dom", que alguns dos locutores enfatizaram ao longo do estudo, recai no âmbito da subjetividade e do gosto pessoal. Cada indivíduo possui suas próprias características, por exemplo, em relação ao biotipo físico, sua estrutura de articulação vocal, timbre de voz etc. Uma pessoa com deficiências na fala encontrará mais dificuldades, sem dúvidas, para seu desenvolvimento em comparação a outras pessoas. É normal, assim como em qualquer tipo de profissão, que alguns narradores obtenham mais destaque do que outros. Sendo assim, cursos de narração, música ou tratamentos de fonoaudiologia são úteis. O narrador Doni Vieira, como destacado na pesquisa, revelou que, durante parte de sua infância, "não falava". Contudo, hoje, é um profissional em evidência. A análise da qualidade da narração precisa ser balizada conforme a capacidade técnica demonstrada.

Considera-se que a narração de futebol, seja no estilo denotativo ou conotativo (SOARES, 1994), livre ou orientado (SCHINNER, 2004), "sobreviveu ao tempo" porque, primeiramente, enraizou-se no âmbito da cultura brasileira, a partir de meados da década de 1920. A narração acompanha o futebol desde o período de amadorismo, até o profissionalismo do esporte e sua consolidação como um produto altamente rentável. O futebol, pode-se dizer, continua gerando muito interesse na opinião pública, ainda que não seja (não é) artigo de primeira necessidade. Mas em um país de dimensões continentais conhecido como "pátria de chuteiras", o futebol é relevante e trata-se de uma paixão.

Dos anos 1920 até a atualidade, a narração, no âmbito da linguagem radiofônica, evoluiu quanto à técnica e estilos, mas, consolidou um formato que, na sua essência, tem a função de descrever lances de uma partida, a posição da bola, dos jogadores, com ênfase na emoção. Ainda que em um contexto de rádio expandido, elementos de linguagem radiofônica como a palavra, efeitos, vinhetas, trilhas, ruídos desejados, ou não, e silêncio, são absolutamente válidos e explorados.

Quanto à linguagem de persuasão, foram identificados os usos de recursos expressivos (PRIETO CASTILLO, 1984) comuns e que podem ser aplicados, até mesmo, na observação de estratégias do período dos desbravadores (GÖTZ, 2020). Entre paradigmáticos e contemporâneos, puderam ser reconhecidas figuras de universalização, via de exemplo, tópicos, personalização, inclusão, pergunta, amplificação, atenuação, divisão, acúmulo de palavras, figuras retóricas, metáfora, sinédoque, antítese e antonomásia.

Narradores como Haroldo de Souza e Doni Vieira declararam-se integrantes de um grupo denominado por ambos de "raiz". Vieira ainda registrou seu descontentamento com um outro tipo de prática, reconhecida por ele como "narração de *web*". Souza, por sua vez, criticou a narração identificada com os clubes.

Na verdade, toda e qualquer narração da atualidade, mesmo em um contexto de rádio expandido, não apresenta nenhuma novidade quanto à forma. No caso dos locutores analisados, todos, sem exceção, agregam suas influências, fórmulas, estratégias retóricas e técnicas já estabelecidas.

José Silvério está correto em afirmar que não há como criar uma narração diferente do padrão essencialmente descritivo. Não significa, contudo, que a narração está esgotada. Deve-se pensar e analisar a prática da narração conforme um determinado contexto. É justamente dessa forma que o rádio sobreviveu e se adaptou quando a TV foi implementada, com a digitalização e, agora, em um panorama expandido e *on demand*.

A narração de futebol radiofônica é cíclica e se readapta. É o caso da locução identificada ou clubista. Atualmente, com a popularização das *web* rádios, têm crescido as iniciativas empreendedoras. A narração identificada não surgiu ontem ou agora. Em Minas Gerais, como descrito com detalhes, anteriormente, a prática foi oficializada no final dos anos 1970, representada por Alberto Rodrigues. Essa identificação clubística que reencontrou espaço na atualidade, nada mais é do que um retorno ao período desbravador (GÖTZ, 2020), da era de narradores declarados como Ary Barroso, torcedor do Flamengo, de um estilo baseado no "1 a 0 pra nós". A essência descritiva da narração de futebol segue mantida. Contudo, considera-se que as plataformas digitais e as *web* rádios são agentes potenciais para provocar alterações significativas tanto no âmbito das transmissões, condições mercadológicas e nas relações com os torcedores. Como constatado, alguns narradores estudados neste trabalho entenderam e estão aplicando estratégias comunicativas pertinentes ao atual ecossistema.

O locutor de futebol da atualidade é mais do que um narrador. Trata-se de um apresentador, de um mestre de cerimônias, de um comunicador, jornalista ou mediador, imerso em um ambiente de interação instantânea. O narrador Rafa Penido, por exemplo, ressaltou que as transmissões pelo YouTube podem juntar elementos televisivos, radiofônicos, oferecendo um panorama visual não apenas de um locutor na cabine, o tempo inteiro, mas também de um representante da própria torcida de um determinado clube. Enquanto o narrador descreve os lances, o ambiente virtual oferece aos torcedores a possibilidade de participarem das transmissões via *chat*, ao interagir tanto com os comunicadores quanto entre eles próprios, sugerindo discussões que podem, até mesmo, potencializar desdobramentos.

No caso dos paradigmáticos, existe uma conexão com os ouvintes, mas que não ocupa ou não é aproveitada em meio ao universo das plataformas. O desafio dos narradores, na atualidade, não deixa de ser o mesmo que sempre foi: como chamar atenção do público? Como fazer a diferença? Os narradores têm a oportunidade não somente de compartilhar suas emoções, mas de dividirem seus sentimentos com os torcedores. Entende-se que essa relação de cumplicidade já mudou, mas pode evoluir ainda mais. *Web* rádios e plataformas como o YouTube, ampliaram nichos de mercado, algo que, há algumas décadas, não seria possível.

Considerações finais

Este trabalho, de forma alguma, pressupõe qualquer verdade absoluta. E a afirmação de que "a essência descritiva da narração de futebol radiofônica não poderia ser alterada", está colocada em evidência, a partir de agora, para o debate. Sem dúvidas, não apenas em um contexto de rádio expandido, o desafio de chamar a atenção de públicos para o consumo de um respectivo meio é cada vez mais complexo, fortalecendo a lógica da multiplicidade da oferta (BRITTOS, 1999). A partir da convergência de mídias (JENKINS, 2008) e com o avanço tecnológico que ampliou a segmentação, as pessoas passaram a escolher aquilo que desejam consumir. O público não apenas mais assiste, bem como participa e influencia.

A tese focou suas atenções na narração de futebol radiofônica e nas suas estratégias para buscar novas audiências, mas sem aprofundar o universo do receptor. Uma investigação deste "outro" lado, caso vinculada a esta, teria que ser ampliada ou repensada em um patamar de pesquisa diferente. De forma objetiva, este trabalho não entrou na discussão sobre o que o público desejaria que fosse produzido pelas rádios e narradores.

Todavia, é de fundamental importância, sim, que outras pesquisas dedicadas à narração esportiva, caso possível, levem em consideração seus públicos. Nesta tese existe uma pista importante: apesar de a narração de futebol radiofônica estar presente em um contexto de rádio expandido, o caráter das transmissões ainda preserva características regionalizadas, que atraem a atenção de grupos identificados por todo o planeta.

Apesar das amplas possibilidades de escolhas, da segmentação, dos conteúdos *on demand*, como os *podcasts*, o futebol possui uma vantagem: mantém o esporte como assunto de relevância e as coberturas esportivas e transmissões de jogos como carros-chefes na economia das empresas. O futebol ainda é capaz de pautar a sociedade, de programar os torcedores a acompanharem irradiações em determinados momentos. A diferença fica, justamente, para a diversidade de opções, como bem dita a era da multiplicidade da oferta.

Um dos maiores desafios dos criadores de conteúdo é como manter os usuários atentos em determinado tempo. E meios como o YouTube, por exemplo, possuem uma série de parâmetros que devem ser respeitados como condições para que um canal cresça. Plataformas como o TikTok, com uma proposta de compartilhamento de vídeos com durações mais curtas, os *shorts*, influenciou, inclusive, que You-Tube e Facebook revisassem e incluíssem modalidades semelhantes em suas estruturas.

Estudos sobre a narração esportiva radiofônica, tanto em relação ao passado quanto ao futuro, requerem ainda mais pesquisas para repensar processos de comunicação.

Referências

BONIN, A. P. C. *et al.* A transmissão radiofônica de jogos de futebol: a incoerente gratuidade de um espetáculo esportivo? **Revista Brasileira de Ciências do Esporte.** Brasil, v. 38, n. 2, p. 186-193, 2016.

CALDAS, W. **O Pontapé Inicial.** São Paulo: Ibrasa, 1990.

CASTILLO, D. P. **La expresión verbal en la radio.** Quito: Repositório Ciespal, 1984.

CÉSAR, C. **Como falar no rádio:** prática de locução AM e FM. São Paulo: Summus, 2009.

DIENSTMANN, C; DENARDIN, P. E. **Um século de futebol no Brasil: do Sport Club Rio Grande ao Clube dos Treze.** Porto Alegre: Aplub, 1998.

FERRARETTO, L. A. Uma proposta de periodização para a história do rádio no Brasil. **Revista Eptic.** Sergipe, v. 14, n. 2, p. 1-24, mai/ago. 2012.

_____. Rádio contemporâneo: o modelo de negócio e o poder de referência do meio sob tensão. **Revista Eptic.** Sergipe, v. 21, n. 2, p. 154-170, mai/ago. 2019.

FERRARETTO, L. A.; MORGADO, F. **Covid-19 e comunicação**: um guia prático para enfrentar a crise. Porto Alegre, NER, 2020.

FRANGE, M. B. S. N. **A produção do jornalismo esportivo na internet.** Curitiba: Appris, 2016.

GÖTZ, C. A. F. **Narradores de futebol, dos desbravadores aos contemporâneos. Estilo e técnica da locução no rádio porto-alegrense (de 1931 a 2015).** 2015. 296 f. Dissertação (Mestrado em Comunicação Social) – Faculdade de Comunicação Social, PUCRS, Porto Alegre, 2015.

_____. A narração esportiva no rádio do Brasil: uma proposta de periodização histórica. **Revista Âncora.** João Pessoa, v. 7, n. 1, p. 66-86, jan/jun. 2020.

_____. **As Vozes do Gol**: História da narração de futebol no rádio de Porto Alegre. Florianópolis: Insular, 2020.

_____. **A narração de futebol no contexto de rádio expandido**. 2022. 274 f. Tese (Doutorado em Comunicação Social) – Faculdade de Comunicação Social, PUCRS, Porto Alegre, 2022.

JENKINS, H. **Cultura da convergência**. São Paulo: Aleph, 2008.

KISCHINHEVSKY, M. **Rádio e mídias sociais**: mediações e interações radiofônicas em plataformas digitais de comunicação. Rio de Janeiro: Mauad, 2016.

_____. Notas para uma metodologia de pesquisa em rádio expandido. *In:* 44º Congresso Brasileiro de Ciências da Comunicação, 2021, Virtual. **Anais do 44º Congresso Brasileiro de Ciências da Comunicação**. Virtual: 2021, p. 1-10.

LENZI, A. **Entre discursos e práticas**: rotina multimídia em empresas jornalísticas. Animus, Santa Maria, v. 18, n. 38, p. 213-228, 2019.

MEDITSCH, E. **O rádio na era da informação**. Florianópolis: Insular, 2001.

PRATA, N. **Webradio: novos gêneros, novas formas de interação**. Tese. Doutorado em Lingüística Aplicada. Programa de Pós-Graduação em Estudos Lingüísticos da Faculdade de Letras da Universidade Federal de Minas Gerais (UFMG). Belo Horizonte, 2008.

PRATA, N., SANTOS, C. **Enciclopédia do rádio esportivo brasileiro**. Florianópolis: Insular, 2012.

_____. **Enciclopédia do rádio esportivo mineiro**. Florianópolis: Insular, 2014.

RECUERO, R. **A conversação em rede**: comunicação mediada pelo computador e redes sociais na internet. Porto Alegre: Ed. Sulina, 2012.

SCHINNER, C. F. **Manual dos locutores esportivos**: como narrar futebol e outros esportes no rádio e na televisão. São Paulo: Panda, 2004.

SILVA, J. L. O. A. **Rádio**: oralidade mediatizada: o spot e os elementos da linguagem radiofônica. São Paulo: Annablume, 1999.

SOARES, E. **A bola no ar**: O rádio esportivo em São Paulo. São Paulo: Summus, 1994.

VAMPRÉ, O. A. **Raízes e evolução do rádio e da televisão**. Porto Alegre: FEPLAM – RBS, 1979.

YIN, R. K. **Estudo de caso**: planejamento e métodos. Porto Alegre: Bookman, 2015.

Medo e persuasão: o poder das narrativas no conflito ucraniano

Angelo C. Müller[1]
Jacques A. Wainberg[2]

Nos conflitos armados, a opinião pública é espaço de luta. Neste caso, a mídia assume o papel de protagonista. Antes mesmo do primeiro tiro e por muito tempo depois dos canhões serem disparados, a guerra de palavras perdura. Histórias são contadas no embate de narrativas.

Nesse artigo, duas versões antagônicas sobre as razões do conflito ucraniano são analisadas. A primeira, veiculada pela mídia alinhada ao Kremlin, sustentou que a Rússia realizava uma operação militar na região separatista do Donbass com o objetivo de proteger a população local. A segunda, veiculada pela mídia internacional, enquadrou o conflito como uma cruzada de Vladimir Putin contra a Ucrânia, um país que desafiava a influência política de Moscou na região.

Silêncio! Estamos no Ar!

Nas primeiras horas do dia 24 de fevereiro, a CNN transmitiu o ressoar das primeiras bombas que atingiram Kiev e Cracóvia, as duas principais metrópoles ucranianas. Este início da guerra foi precedido pela análise dos comentaristas da emissora sobre o longo discurso de Vladimir Putin na TV russa. Ele anunciava a autorização parlamentar

---

[1] Doutor pela FAMECOS – Escola de Comunicação, Artes e Design, consultor em Comunicação Política.

[2] Professor titular da FAMECOS – Escola de Comunicação, Artes e Design, Doutor pela ECA-USP. Autor de quatorze obras e de quase uma centena de estudos publicados no Brasil e no exterior, Pesquisador do CNPq.

para iniciar uma campanha militar na região separatista de Donbass. Aos olhos dos observadores, o exército do país estava pronto para iniciar uma invasão total da Ucrânia. Tal previsão seria logo confirmada pelos fatos.

Nessa época, os Estados Unidos, a Inglaterra, a França e a Alemanha alertavam o mundo para a possibilidade da invasão. A resposta de Moscou, de acordo com o porta-voz russo, Dimitry Peskov, foi que "a Rússia nunca considerou, não está considerando e não irá considerar nenhum plano para atacar alguém". Vladimir Putin afirmava em rede nacional que as narrativas do Ocidente não passavam de manifestações "incendiárias" e de "histeria".

A narrativa do Kremlin tornou-se mais aguda após o reconhecimento da independência da região separatista do Donbass em 21 de fevereiro de 2022. Finalmente, na madrugada do dia 24 de fevereiro, os correspondentes da CNN, Clarissa Ward e Matthew Chance, mostravam aos telespectadores os primeiros ataques da artilharia moscovita.

Medo e desinformação

Várias são as maneiras utilizadas pelos governos para sugestionar e modelar as atitudes e o comportamento das pessoas. Exemplo é o treinamento que transforma o civil em soldado. O exército condiciona o recruta a obedecer à ordem de um superior. Esse é o pressuposto autoritário basilar de todos os exércitos do mundo. O medo dos subalternos funciona como antidoto à controvérsia e à dissidência.

Cabe lembrar, a propósito, a recomendação feita por Maquiavel. Entre ser amada ou temida, é preferível que a autoridade seja temida. A sugestão caiu ao gosto dos regimes autoritários e totalitários que surgiram ao longo da história. O temor é um alerta ao cálculo de sobrevivência que as pessoas fazem em suas relações sociais. Ele é também o principal recurso mobilizado pelos atores em suas ações de guerra psicológica. Nesse caso, as notícias, os rumores, as mentiras, a desinformação e as ameaças são meios aplicados para atormentar o opositor.

A imagem de "besta" construída do inimigo autoriza o embate e provê ao combatente álibi para o seu extermínio.

Enquanto países próximos à fronteira russa avaliavam a possibilidade de uma escalada militar, o Ministro das Relações Exteriores da Rússia, Sergey Lavrov, discursava na ONU, garantindo que a Rússia não iria atacar outros países. Sabe-se agora que era um truque ensinado na doutrina russa da chamada *maskirovka* (BEAUMONT, 1982). O mascaramento deseja confundir o inimigo com a surpresa, a negação e com informações desencontradas.

As autoridades de Kiev definiram o ziguezague das tropas inimigas e os bombardeios que se iniciaram nas regiões rebeladas de seu território como operação psicológica. Já há algum tempo os russos aplicam em seus embates militares a guerra digital, eletrônica, cognitiva e de informação.[3] Operação desse tipo foi realizada durante a guerra da Crimeia em 2014 e nos choques dos russos[4] contra os rebeldes chechenos entre 1994 e 1996, assim como, e depois entre 1999 e 2009, no Afeganistão e na Síria.[5] Experiência adicional foi adquirida em sua luta em favor dos rebeldes da Transnístria, uma região da Moldávia que declarou independência em 1990, também no conflito com a Lituânia em 1991.

Estados ocidentais aplicam técnicas similares contra seus inimigos. Tais iniciativas envolvem novas tecnologias de comunicação on-line. O que está em jogo em tais ações são os sentimentos das pessoas. Entre eles estão a honra, a raiva, o orgulho e o medo, principalmente.

A doutrina russa está referida em inúmeros documentos[6] que mencionam o ocaso da União Soviética como uma derrota no campo da propaganda. Nessa interpretação, o embate da guerra fria continua. Ela diz que a luta ideológica do Ocidente é contra a emergente identi-

---

[3] https://informnapalm.org/en/russian-psyops-against-ukrainian-soldiers-of-the-36th-marine-brigade/

[4] https://www.promoteukraine.org/units-of-psychological-operations-of-the-russian-army-operate-against-ukraine/

[5] https://www.promoteukraine.org/units-of-psychological-operations-of-the-russian-army-operate-against-ukraine/

[6] O principal deles é a Doutrina de Segurança da Informação da Federação Russa publicada em 2000.

dade pan-eslávica, fomentada pela Rússia e que se espalha pela *web* e por outros meios aos países vizinhos.

Vasta literatura foi produzida no campo da psicologia comportamental para mostrar e documentar as formas de condicionar as atitudes das pessoas, algo que acabou assumindo o nome de engenharia social. B. F. Skinner foi um pioneiro e um dos mais destacados pensadores deste campo de estudos. A publicação de sua monografia *The Behavior of Organisms: An Experimental Analysis* em 1938 registra o momento no qual o comportamentalismo se afirma (CAPSHEW, 1993). O tema assumiu especial projeção em função do conturbado ambiente político do período e da necessidade de se forjar na população um espírito competitivo. Ordem, controle e eficiência tornaram-se também objetivos da indústria interessada na melhoria da produtividade.

Nesse sentido, o condicionamento da opinião pública obedece aos princípios dessa corrente. Por analogia, no caso dos militares, as inspeções frequentes, exercícios extenuantes, ordens firmes e punições aplicadas aos menores defeitos e desvios implicam dificuldade para o soldado retornar à vida civil e ter que tomar decisões de forma solitária. Resulta desse processo educativo, a dessensibilização e a brutalização de sujeitos que eram até então "cidadãos pacíficos e normais" (BIRD, 1917).

É o que se costuma chamar de condicionamento pavloviano[7], um sistema que educa a conformidade através do reforço e da punição do indivíduo. Tal prática e entendimento têm muitos críticos. Eles abominam o treinamento como prática educativa, porque isso implica em atitudes reativas e mecânicas. Mesmo sob o tormento deste julgamento negativo, a corrente behaviorista continua viva e forte. Ela realça o medo, a recompensa e a repetição como instrumentos favoráveis à socialização das pessoas, em especial as que são condicionadas a matar e a morrer profissionalmente.

---

[7] Os resultados dos experimentos realizados por Ivan Pavlov com o treinamento e o condicionamento de cães foram publicados em 1897. https://www.youtube.com/watch?v=SFqH5QFXpaw

Desde 2014, ano da invasão da Crimeia pelas tropas de Moscou, os comentaristas utilizam com frequência a expressão "guerra híbrida" para referir a mescla das operações militares (convencionais ou não) com as psicológicas (NUIBEL, 2020). O termo foi utilizado pela primeira vez pelo comandante das forças armadas da Rússia, general Valery Gerasimov, para esta prática de propaganda que na verdade é antiga. Nos conflitos modernos, a mídia é vista como instrumento de guerra e os jornalistas são considerados soldados da nação (WAINBERG, 1996).

Cabe destacar que o amplo objetivo das operações psicológicas é administrar a percepção das pessoas e fazer valer sua interpretação dos fatos, além de, difundir, quando necessário, o terror nos opositores. A experiência acumulada nesse tipo de ação mostra o tipo de encenação que melhor funciona para cada objetivo específico.

O papel da mídia nos conflitos

Cada geração soube utilizar a tecnologia de seu tempo para produzir no campo adversário a reação de pânico coletivo. No passado predominou a oralidade, uma forma artesanal de comunicação que impediu a difusão do medo em alta velocidade. Agora, graças à mídia, isso acontece em poucos minutos em todos os lugares.

Na guerra hispano-americana do século XIX, por exemplo, os Estados Unidos se valeram do jornal para alimentar o orgulho ferido e a raiva do povo contra a Espanha, país que dominava Cuba e as Filipinas. O cinejornal foi utilizado nas duas guerras mundiais para evocar o orgulho nacional e o ódio contra o adversário. O rádio tornou-se recurso disponível às operações psicológicas dos exércitos, a partir de 1939. A televisão foi a mídia preferencial dos atores envolvidos na Guerra Fria. Ela acabaria sendo responsabilizada pelo abalo psicológico causado na opinião pública americana por causa de imagens transmitidas das batalhas e dos soldados mortos e feridos na Guerra do Vietnã. A internet utilizada originalmente pelos zapatistas em 1994 contra o governo mexicano é um novo capítulo da história da propaganda.

O papel social da mídia é controverso devido ao poder relativo que ela tem de sensibilizar a pessoa, conformando-a a modas passageiras (IZYDORCYK et al., 2020), estimulando o consumo conspícuo da gente e enquadrando sua forma de ver os acontecimentos, entre outros efeitos. Alguns deles são pró-sociais. É o caso da preservação da saúde da comunidade (KUMAR et al. 2020) e a introdução de inovações tecnológicas úteis ao desenvolvimento econômico (BARNETT & DELUCA, 2019). Outros são nocivos. Exemplo clássico é o estímulo e a catarse da violência (MAIER & GENTILE, 2012).

O interesse pelo tema do impacto da mídia na sociedade tomou impulso à medida que cresceu a exposição do público aos veículos de comunicação. Os críticos dizem que eles são controlados por atores econômicos e políticos que fazem valer seus interesses através de um forte e às vezes decisivo condicionamento das emoções coletivas (VINOGRADOVA & MELNICK, 2013).[8]

A partir de 1975 e depois da crise moral gerada na população dos Estados Unidos pela intervenção de suas tropas na guerra do Vietnã, o tema da cobertura dos conflitos pela imprensa foi profundamente estudado pelos especialistas. Resulta que o acesso ao campo de batalha passou a ser limitado aos repórteres. A medida restritiva foi aplicada pela primeira vez na invasão americana da ilha de Granada em 1983, visando melhorar o controle e a gestão da informação pelos militares. Dessa forma, a autoridade quer evitar o impacto emocional dos embates na opinião pública. O referido sistema regulatório foi utilizado também em 1990 na primeira guerra do golfo. Em função dos protestos, surgiu na invasão do Iraque, em 2003, o jornalismo integrado. Os repórteres passaram a acompanhar os esquadrões em suas missões, muito embora o acesso livre às batalhas continuasse proibido.

Em 2022, prevalece entre os cidadãos russos a imagem cultivada pelo Kremlin de que o país estava sendo seriamente ameaçado pelas potências ocidentais. Descrição oposta foi construída no Ocidente pela imprensa que ecoou a opinião das autoridades dos Estados Uni-

---

[8] https://www.vatican.va/jubilee_2000/magazine/documents/ju_mag_01071997_p-47_en.html

dos, da Grã-Bretanha, da Alemanha e da França e de outros países que afirmavam não haver razão para o avanço das tropas russas sobre a Ucrânia. A imprensa internacional repercutiu este enquadramento dos fatos e definiu a ação militar russa como agressão.

No caso ucraniano, a emissora RT (Russia Today) de televisão, criada pelo estado russo em 2005, serviu de canal preferencial para a propaganda de Moscou. Outros canais como o LifeNews, Russia24, Canal 1, NTV e REN TV e os ucranianos pró-Rússia (é o caso do Ukraina 24) também contribuíram à difusão do espírito belicoso. O medo foi disseminado igualmente nas hostes inimigas através da internet. Desde 2014, as operações russas incluem *trolls*, páginas falsas no Facebook e contas no Twitter.

O exército de comunicadores é chamado de *water army*. O termo foi inventando pelos chineses que utilizam, desde 2010, *ghostwriters* para postar comentários na internet, divulgar notícias de interesse do país, mexericar e desinformar. A prática se disseminou e são muitos os atores que a praticam. Entre eles estão empresas e corporações privadas que disputam o coração e a mente dos clientes através de campanhas maliciosas de relações públicas.

Em 2022, a retórica emocional dos russos descreve os ucranianos como nazistas, fascistas, assassinos e corruptos, enquanto a imprensa internacional enquadrava a invasão da Ucrânia como o retorno progressivo da URSS, o país imperial que se esfacelou em 1991. A mídia ocidental divulgava (e criticava) o *rationale* das autoridades de Moscou que denunciava o nacionalismo emergente nas antigas repúblicas soviéticas agora independentes.

Como sempre ocorre nos enfrentamentos, houve choque de narrativas. A guerra de palavras sempre acompanha os disparos das armas durante o conflito. O longo discurso de Vladimir Putin, divulgado em todo o mundo antes do início da invasão do território ucraniano, referiu-se à história da região, à identidade cultural russa, ao antigo império dos czares, ao sentimento de russofobia cultivado pelos inimigos, a perseguição religiosa ao Patriarcado de Moscou e o combate pelos opositores ao uso e à difusão da língua russa na Ucrânia e noutros lugares.[9] Putin demonizou o regime de Kiev classificando-o de neonazista. Era o auge da campanha psicológica cujo objetivo era fragilizar o espírito do inimigo, criar e difundir o pânico e o desânimo através de ameaças aos ucranianos.

Até a eclosão da guerra armada em 23 de fevereiro de 2022, o embate da Rússia contra a Ucrânia foi travado através da mídia. Os embates armados sempre começam com o ativismo retórico e o enquadramento enviesado dos fatos. Decorre do caso que o medo se espalhou a países como Geórgia, Polônia, Finlândia, Suécia, Estônia, República Checa e Eslováquia. Nestes e noutros locais, há tempo, difundia-se o discurso antiocidental russo e se louvava o novo papel político e moral de Moscou na Europa Oriental.

Como é usual, tal campanha persuasiva visava legitimar as decisões do Kremlin, desmoralizar o adversário, provocar a adesão de voluntários e mercenários à luta contra os ucranianos e fortalecer o espírito de união de sua população. Apesar de esse esforço, apareceram sinais de dissidência e de oposição de cidadãos da Rússia à decisão do seu governo de iniciar a guerra ao país vizinho. Manifestantes foram presos e vozes como a de Andrei Kasparov se pronunciaram contra as atitudes expansionistas de Moscou.

O uso de técnicas de condicionamento psicológico do público pelo canal televisão Rossiya 1 tinha sido denunciado pela BBC ainda em 2014.[10] Elas estavam sendo utilizadas igualmente pelos rebeldes das regiões separatistas de Donetsk e Luhansk em seu prolongado embate contra o estado ucraniano.[11]

A narrativa utilizada de forma insistente pelo regime de Putin e por seus aliados elabora sobre a "vitória ilegítima" do Ocidente em 1991.[12] Desde aquela época, a Ucrânia é alvo de uma intensa cam-

---

[9] https://www.atlanticcouncil.org/blogs/ukrainealert/putin-is-the-only-winner-of-ukraines-language-wars/

[10] https://www.stopfake.org/en/how-russian-tv-uses-psychology-over-ukraine

[11] https://www.businessinsider.com/russians-use-creepy-text-messages-scare-ukrainians-changing-warfare-2018-8

[12] https://www.stopfake.org/en/vasily-gatov-deconstructing-the-russian-infowar-and-mindset/

panha de difamação, na qual sua independência e legitimidade eram questionadas por vários atores. Entre eles estão os porta-vozes intelectuais do movimento pan-eslavista. Há bastante tempo, eles clamam pelo renascimento da Grande Rússia.

O principal porta-voz desta corrente, Alexander Dugin, enquadrou o conflito na categoria de guerra de libertação. Nessa interpretação, o valor estratégico da investida é a conquista e o domínio de todo território ucraniano. O país é considerado por Moscou uma entidade artificial que surgiu em função de uma decisão do antigo regime comunista da URSS.

País	Percentual dos etnicamente russos na população total do país	País	Percentual dos etnicamente russos na população total do país	País	Percentual dos etnicamente russos na população total do país
Lituânia	8.6	Geórgia	6.3	Uzbequistão	8.3
Bielorrússia	13.2	Armênia	2.0	Tajiquistão	3.5
Estônia	30.5	**Ucrânia**	**22.0**	Azerbaijão	5.6
Quirguistão	21.5	Letônia	33.8	Moldávia	13.0
Turquemenistão	9.8	Cazaquistão	37.0	-	-

Em 2022, a invasão da Ucrânia tornou-se, nessa interpretação, um passo dado na direção da reconquista dos eslavos. Ela começou com a anexação da Crimeia e continuou com a independência de Donbass e Lugansk. A invasão da Ucrânia servia também como alerta aos países vizinhos povoados por minorias russas. Em 2022, o pânico se alastrou à Eslováquia, onde a população local preparava-se para eventual fuga.

Desde a invasão da Crimeia multiplicaram-se os estudos sobre a estratégia comunicacional aplicada por Moscou naquele conflito e a retórica política contra a Ucrânia. Nessas manifestações, Kiev é descrita como "a mãe de todas as cidades russas", que se vendeu como prostituta ao Ocidente. É frequente, também, a denúncia de russos contra influência exercida na região por ONGs estrangeiras e por outras forças *obscuras* que disseminam valores opostos à tradição local.

Em janeiro de 2022, o projeto de lei denominado "Fundamentos da Política Pública para Preservar e Fortalecer os Valores Morais e Espirituais Tradicionais Russos" começou a ser discutido no país. Ele define valores como "a vida, a dignidade, os direitos humanos e as liberdades, o patriotismo, a cidadania, submissão à Pátria e a responsabilidade por seu destino, humanismo, misericórdia, justiça, coletivismo, apoio mútuo, memória histórica e a continuidade das gerações e a unidade dos povos da Rússia." Segundo o documento, tais valores visam combater à difusão da destrutiva (sic) ideologia do liberalismo na Rússia.

A desconfiança do mundo em relação às ações da Rússia na Ucrânia desembocou na investigação feita pelos britânicos sobre a cobertura que a emissora RT realizava do conflito. As autoridades britânicas acusaram a emissora de mentir e desinformar. Elas decidiram, então, realizar uma análise de conteúdo de 15 edições dos noticiários veiculados em 27 de fevereiro de 2022 entre às 5h da manhã e às 19 horas e nas 48 horas seguintes. A acusação levantava suspeita sobre sua parcialidade e definia sua programação como propaganda. Baseada nesse argumento, a agência reguladora britânica revogou a licença para a emissora russa funcionar na Grã-Bretanha. O mesmo aconteceu com a agência de notícias Sputnik.

Estudo

A porção empírica deste levantamento implica análise de conteúdo. Para tanto, são examinados os vídeos em inglês e espanhol do noticiário da emissora RT, dispostos no YouTube e veiculados entre 1º e 3 de março de 2022. Resulta da análise, a narrativa e os argumentos relacionados abaixo.

a.   Houve um golpe na Ucrânia. Segundo tal descrição, o governo pró-russo de Kiev foi deposto em favor da ascensão do atual regime favorável à aproximação do país ao Ocidente.

b. O governo de Volodymyr Zelensky é fascista.

c. Divulga-se o *slogan* "o nazismo não retornará". A programação apresenta imagens da Segunda Guerra Mundial e compara a realidade atual com a daquele período.

d. A população etnicamente russa das regiões rebeladas de Donbass e de Lugansk sofria perseguição do governo ucraniano. Civis destas regiões foram bombardeados pelo exército de Kiev. Depoimentos relatam o sofrimento da população local.

e. Potências estrangeiras são hostis à Rússia. O fato é documentado com vídeos de armas americanas apreendidas nos locais das batalhas.

f. Soldados ucranianos presos criticam seu governo e revelam arrependimento.

g. Refugiados das áreas separatistas são acolhidos pela Rússia.

h. Civis ucranianos escondem-se no metrô da cidade em decorrência dos ataques russos.

i. O presidente americano subestimou Putin.

j. Personalidades estrangeiras se manifestam contra o bloqueio à Rússia e destacam o prejuízo que o Ocidente terá com sua guerra econômica. É o argumento do "tiro no pé".

k. Cidadãos russos no Ocidente, entre eles atletas, músicos e artistas são perseguidos por sua nacionalidade. A língua russa é proibida em vários lugares. Surgem os termos russofobia e histeria antirussa.

l. A mídia ocidental desinforma. Boa parte da cobertura da RT divulga o argumento e deixa de lado a cobertura fatual da guerra em andamento. Este é caso da análise comparada que faz sobre o enquadramento das guerras americanas pela mídia ocidental e as da Rússia. A emissora realça a hipocrisia. Por que o Ocidente não recebeu com entusiasmo os refugiados da Síria? Por que os Estados Unidos não sofreram bloqueio econômico quando invadiram outros países? Fica claro, na comparação, o racismo ocidental contra o resto mundo.

O argumento geral presenta nas histórias contadas pela RT ecoa a política declarada de Moscou. A narrativa diz que a população russa da Ucrânia era perseguida pelo novo governo de Kiev. A Ucrânia é descrita nas reportagens como fantoche do Ocidente. A ação russa é libertadora contra um inimigo apoiado por nações estrangeiras, as mesmas que cultivam agora a russofobia. Verifica-se que a cobertura da RT é factual e jornalística. Ela dá menos destaque aos episódios táticos da guerra e mais ao valor estratégico da empreitada. A cobertura sustenta cada elemento do argumento geral com evidências e com análises de fontes ocidentais críticas aos americanos. Não há o contraditório e versões e comentários alternativos são suprimidos. Quando o fato não contribui ao argumento geral, a narrativa faz uma interpretação enviesada da ocorrência. Esse truque é utilizado na comparação que a emissora faz entre a atual ação militar contra os ucranianos e a ação militar russa realizada no passado contra os nazistas. O tom emocional da cobertura é vitimista. Derivam as emoções de orgulho ferido, de temor a um inimigo que hostiliza a Rússia, de empatia aos refugiados de Lugansk e das áreas vizinhas e da coragem do país que desafia a manifesta arrogância americana e o preconceito ocidental aos russos.

Esta análise é replicada com 25 vídeos dispostos no canal da rede CNN no Youtube entre o dia 1º e 3 de março de 2022. Aparecem as seguintes narrativas e argumentos.

- a. Combates se intensificam e os russos enfrentam a resistência ucraniana. Essa narrativa aponta para a incapacidade do exército de Moscou de vencer a guerra, graças à força dos combatentes ucranianos.
- b. Ucrânia exige cessar-fogo imediato e Rússia não concorda. A cobertura diz respeito aos desdobramentos do primeiro encontro entre as comitivas dos dois países com o objetivo de resolver o conflito.
- c. Batalhas violentas ocorrem durante a invasão russa de Kiev. Rússia intensifica ataques a cidades ucranianas.
- d. Comunidade internacional unida sobre a falta de justificativa do ataque da Rússia contra a Ucrânia.

e. Milhares de pessoas fogem da Ucrânia para escapar da guerra. A ONU prevê migração em massa de até 4 milhões de pessoas em razão do conflito.

f. Artilharia russa atinge prédios residenciais em todo o país.

g. Tribunal Criminal Internacional irá investigar agressão russa à Ucrânia. CNN reproduz discurso do presidente Vlodymyr Zelensky que acusa a Rússia de utilizar aviões de combate contra alvos civis.

h. Possibilidade de Putin invadir outros países é real. A opinião de diplomatas poloneses e de especialistas norte-americanos.

i. Milhares de civis são mortos durante a invasão.

j. Será uma guerra difícil de ser vencida por Putin. Apesar de ganhar terreno, os desafios logísticos, a falta de organização, o baixo moral e a resistência ucraniana são obstáculos importantes para a vitória da Rússia.

k. A presença da mídia internacional é fator constrangedor que impede Putin de usar toda a sua força contra cidades inteiras, como feito em Aleppo, na Síria, e em Grozny, na Chechênia.

Conclusões e considerações finais

Ao contrário do exemplo do condicionamento do recruta feito por meio de interações em pequena escala num contexto autoritário, as operações psicológicas realizadas através da mídia em ambiente de conflito armado visam atingir o humor coletivo, tanto do opositor como do *front* interno.

Controlar a informação é maneira que os atores dispõem para animar ou desanimar os alvos mediante oferta diversificada de conteúdo que cultiva ora a esperança e o orgulho, ora o medo. Isso é feito pelo enquadramento da mente das pessoas – seus pensamentos, memória, percepção e julgamentos.

Quanto mais próximo o alvo da campanha estiver do conflito, maior será o seu temor e mais fácil será mobilizar seus sentimentos. À medida que ele se afasta do perigo, surge a raiva e, mais distante, o rancor. Este sentimento sobrevive por um longo período de tempo e às vezes para sempre.

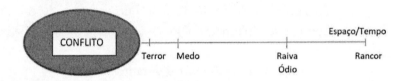

Isso aconteceu com a expulsão dos mouriscos pelos cristãos da Espanha em 1609, causando desejo de revanche cultivado pelo Estado Islâmico que almeja reconquistar o território por eles denominado de Andaluzia. Outro exemplo é o desarranjo provocado pela Segunda Guerra Mundial. Ele persiste em vários lugares do mundo a despeito dos pedidos de desculpas e dos rituais de pacificação e de aproximação entre antigos inimigos. Muitas das emoções provocadas por aquele embate perduram. Exemplo é o rancor coreano contra os japoneses.

Fica claro que é fácil fazer a guerra e que é difícil remediar seus efeitos. Os sentimentos derivados de um conflito acabam sendo exorcizados nos rituais públicos, nos livros escolares e pela mídia que elabora, em suas produções ficcionais, histórias simplificadas de embates complexos. A exposição das pessoas a tais conteúdos ocorre em função das necessidades afetivas de cada receptor em determinado momento. Assim, o sujeito administra seu humor, expondo-se de forma seletiva aos estímulos do ambiente (ZILMANN, 2000).

A guerra sempre é um embate emocional, além de militar. O jornalismo vai ao campo de batalha e descreve os fatos, mas isso não basta para liberá-lo da pecha de ser um agente da guerra psicológica. Seu poder é a pauta, a repetição e o enquadramento e não, como se supõe, a mentira. Com a seleção criteriosa dos fatos que uma imagem da realidade é construída.

Ocorre neste conflito, outra vez, a cobertura espalhada da guerra. O efeito em que a narrativa de um ator é oposta a do outro já tinha sido identificada em embates ocorridos noutros tempos. Neste caso, a mídia russa e a internacional realçam aspectos distintos da guerra. Ambas ecoam as versões dadas por seus governos.

A história apresentada pela RT russa sustenta a versão do Kremlin. Os vídeos e as reportagens da CNN dão suporte à versão da União Europeia e dos Estados Unidos. O conflito é retratado como uma guerra sem justificativa e Putin é julgado como o principal responsável pela tragédia. Aspectos relacionados ao seu temperamento e estado de espírito são abordados na cobertura. A Rússia é retratada como um Estado frio e implacável, capaz de cometer crime de guerra. A resistência ucraniana contra o gigante russo é heroica. É a luta renovada entre David e Golias.

Referências

BARNETT, Joshua & DeLuca, Kevin Michael DeLuca. "The conditions that form us: media, affect, social change." **Culture, Theory and Critique**, 60:2, 99-106. 2019.

BEAUMONT, R. "**Maskirovka:** Soviet Camouflage, Concealment and Deception". Texas A and M University College Station Center for Strategic Technology, 1982.

BIRD, Charles. "From home to the charge: a psychological study of the soldier". **The American Journal of Psychology**. v. XXVIII, n.3, 1917.

CAPSHEW, James H. "Engineering Behavior: Project Pigeon, World War II, and the Conditioning of B. F. Skinner." **Technology and Culture**, v. 34, n. 4, [The Johns Hopkins University Press, Society for the History of Technology], pp. 835-57, 1993.

KUMAR, Spandan et al. **Modelling the role of media induced fear conditioning in mitigating post-lockdown Covid-19 pandemic: perspectives on India.** 2020 https://arxiv.org/abs/2004.13777.

MAIER, Julia A. & Gentile, Douglas A. **Learning Aggression Through the Media: Comparing Psychological and Communication Approaches**. 2012 https://www.researchgate.net/publication/222094727.

IZYDORCZYK B, Sitnik-Warchulska K, Lizińczyk S, Lipowska M. "Socio-Cultural Standards Promoted by the Mass Media as Predictors of Restrictive and Bulimic Behavior." **Front Psychiatry**. 11:506. 2020.

NUBEL, Kira Anna. **The rise of new types of war**. Univ. of Twente. Munster, Alemanha. 2020.

VINOGRADOVA, Svetlana & MELNICK, Galina. "Media psychology: a new branch in mass communication – The problem of psychological protection from adverse media impacts." **İstanbul Üniversitesi İletişim Fakültesi Dergisi**, 44, 177-187. 2013/1.

WAINBERG, Jacques A. "Nação em Guerra, Repórteres em Luta." **Revista Famecos**. n.5, pp. 57-62. 1996

ZILMANN, D. "Mood management in the context of selective exposure theory." In M. E. Rodoff (Ed.). **Communication Yearbook** 23 (pp. 103-123). Thousand Oaks. CA. Sage. 2000.

Mudança de paradigma no jornalismo brasileiro: de Paris a Nova York com sinais de Pindorama

Otávio Daros[1]
Francisco Rüdiger[2]

Introdução

Os esforços recentes, verificados internacionalmente, para estabelecer os estudos de jornalismo como disciplina bem definida se caracterizam por desconhecer o fato de que isso, em certa medida, foi logrado antes da Segunda Guerra Mundial. Em geral, ignoram que antes do surgimento dos estudos de comunicação, ocorrido a partir do fim da década de 1940 (ROGERS, 1994), o jornalismo motivou o aparecimento de uma comunidade internacional de estudiosos que – apesar de não ter incluído os centros acadêmicos anglo-saxões – se estendeu por vários países europeus até chegar ao extremo oriente (RÜDIGER, 2017).

Particularmente na Alemanha, a *Zeitungswissenschaft* ou "ciência do jornalismo" encarnou o entendimento de que o jornalismo deveria ser tratado como tema de estudo acadêmico e eventual objeto de ciência (AVERBECK, 2000), em vez de se restringir à formação prática de jornalistas. O desenvolvimento de tal entendimento científico, "em graus variáveis, influenciou os meios acadêmicos soviético, francês, tcheco, holandês e, pela conexão nazifascista, austríaco e italiano, para não falar do caso japonês" (RÜDIGER, 2017, p. 28).

---

[1] Jornalista e doutorando em Comunicação Social pela Pontifícia Universidade Católica do Rio Grande do Sul. Membro do Laboratório de História da Comunicação e Mudança da Mídia da Universidade de Bremen. Orcid: http://orcid.org/0000-0003-0738-8207.
[2] Professor do Programa de Pós-Graduação em Comunicação Social da Pontifícia Universidade Católica do Rio Grande do Sul. Pesquisador do Conselho Nacional de Pesquisa Científica. Doutor em Sociologia pela Universidade de São Paulo. Orcid: https://orcid.org/0000-0002-1859-5394.

Sabe-se que, na virada para o século XX, o jornalismo passou a ser cada vez mais influenciado pelas práticas e convenções jornalísticas oriundas do meio empresarial anglo-saxão (BARNHURST; NERONE, 2001). Abriu-se a "era de ouro" da imprensa e seus magnatas como Joseph Pulitzer (1847-1911), Lord Northcliffe (1865-1922) e William Randolph Hearst (1863-1951). Nos Estados Unidos, isso importou no surgimento do ensino profissionalizante em nível universitário. Todavia, pouco ou nada houve de pesquisa estritamente acadêmica nas escolas pioneiras de jornalismo (DICKSON, 2000) – fato que abriu terreno para a posterior colonização e marginalização do jornalismo pela pesquisa em comunicação de massa (ZELIZER, 2011, p. 7-8).

Nosso objetivo é relatar como esse processo ocorreu no Brasil, por intermédio de análise das relações entre a prática jornalística, seus paradigmas teóricos e os princípios de formação da geração pioneira de jornalistas-profissionais-acadêmicos, no período que se estende do fim da Segunda Guerra até o Golpe Militar de 1964. Foi neste período que, sem abandonar sua situação de industrialização retardatária frente às potências do Norte, o país começou a se estabelecer como polo da indústria das comunicações no subcontinente, tendo a imprensa como "protagonista extremamente sensível de um processo de mudança social [mais amplo]" (GOLDENSTEIN, 1987, p. 27).

Como antigo território colonial, o Brasil e os demais países latino-americanos jamais tiveram plena autonomia no desenvolvimento da imprensa, cujas origens como órgão de opinião são europeias. Após sua independência, em 1822, o país se manteve, como ainda é hoje, vinculado econômica e tecnologicamente à ordem capitalista. A regra foi a assimilação de suas instituições aos modelos metropolitanos, não sendo exceção o jornalismo. Colonizado por Portugal, uma potência que, muito cedo, caiu na órbita do imperialismo britânico (MILLER, 1993), a influência cultural mais notável, todavia, veio da França (SUPPO, 2000). Como a imprensa portuguesa, a brasileira se desenvolveu sob os parâmetros editoriais franceses até o início do século XX, quando ainda era viva a lembrança dos jornais e revistas franceses que antes publicados em cidades como Rio de Janeiro e São Paulo (CORREA; VELLOSO; GUIMARÃES, 2020).

Significa que, enquanto o padrão baseado na exploração econômica da informação consolidava-se nos grandes centros metropolitanos mundiais, no Brasil ainda predominava, nas primeiras décadas do século passado, o jornalismo político e literário. A entrada do país na Guerra de 1914 e as mudanças de cenário geopolítico dela decorrentes precipitaram sinais de transformação nessa situação. A crescente importância adquirida pelos serviços telegráficos estimulou a racionalização dos processos de elaboração textual. A progressiva procura de informação e opiniões incentivou a capitalização das empresas, com a consequente concentração dos negócios. Por isso, parece-nos equivocado o juízo de muitos estudiosos e jornalistas brasileiros, segundo os quais a modernização nos padrões editoriais da imprensa foi relativamente brusca e teve ponto irradiador em certos jornais diários (ver, por exemplo, LAGE; FARIA; RODRIGUES, 2004).

Decerto que foi após a Segunda Guerra que as empresas jornalísticas se consolidaram, com forte influência de modelos oriundos do jornalismo norte-americano. Porém, as mudanças já estavam em curso desde, pelo menos, o período da Primeira Guerra, como dá sinal, inclusive, o estabelecimento das associações de imprensa e o aparecimento de tentativas de organização de cursos visando o preparo acadêmico do pessoal atuante na área.

Vamos no que segue examinar as inter-relações entre esses fatos, argumentando que, por meio de seus desenvolvimentos houve, no jornalismo brasileiro, a substituição de um paradigma ocidental por outro, em vez da criação de uma fórmula nativa. O ocorrido não nos permite falar em termos de pura e simples americanização do jornalismo brasileiro, dada a diversidades de instituições e atores sociais, ideias e práticas envolvidas no processo. Em termos sinópticos, contudo, a postulação nos parece válida, fornece-nos uma perspectiva com que se pode avaliar os casos e situações particulares dados à experiência.

Durante os anos 1960, começou no Brasil, em meio à hegemonia dos Estados Unidos que sucedera a da Inglaterra no pós-guerra

(BLACK, 1977), o eclipse acadêmico e filosófico do jornalismo pela figura da comunicação de massas. Em meio às condições da Guerra Fria e da guerra psicológica entre o bloco ocidental e o bloco socialista (SIMPSON, 1994), a *mass communication research* viria a se tornar instrumento de influência dos projetos de imperialismo cultural por parte dos norte-americanos. Anterior ao ciclo colonial, ocorreu, contudo, de o jornalismo brasileiro ter transferido sua dependência aos princípios e fórmulas editoriais da imprensa francesa àquelas procedentes dos Estados Unidos.

Questionamentos da dependência intelectual surgida com a assimilação latino-americana da *communication research* começaram nos anos 1970 (BELTRÁN, 1976). Deixando de lado este problema, o presente artigo limita-se a mostrar que houve recepção relativamente acrítica em torno de um padrão norte-americano de produção de informação objetiva, não sendo unânime entre os jornalistas-acadêmicos daquela época (RÜDIGER; DAROS, 2022). Atualmente, um número crescente de estudiosos tem se ocupado da questão da decolonização no jornalismo, sobre a necessidade de nos engajarmos em uma empreitada reflexiva capaz de transformar o campo por meio de teoria e prática mais diversificadas. Especificamente, alguns falam em decolonização como forma de dar origem a um novo conhecimento intercultural e transepistêmico no campo dos estudos de jornalismo (WASSERMAN; DE BEER, 2009).

Com este artigo, sugerimos que, pelo menos no Brasil, algo desse tipo, paradoxalmente, ocorreu na prática, com a substituição do modelo francês pelo modelo de informação norte-americano, mas também no campo da teoria do jornalismo, no período entre a Segunda Guerra Mundial e o início da década de 1960. Para analisar essas mudanças, cumpre, portanto, sublinhar alguns aspectos sócio-históricos da formação da imprensa no Brasil. Começaremos resumindo a trajetória do jornalismo brasileiro desde o início do século XIX até o século XX, salientando o atraso na instalação da imprensa no país; a dependência econômica do Brasil em relação à Inglaterra; o cunho colonial da visão de mundo das classes dirigentes e os elementos definidores do seu modo de pensar o jornalismo durante o período.

Depois, analisaremos a recepção e assimilação do modelo norte-americano na imprensa brasileira, no contexto mais amplo de modernização política e econômica do Estado Novo (1937-1945). Chamamos a atenção para o modo como a renovação da imprensa implicou no surgimento de um campo acadêmico que, paradoxalmente, se manteve referenciado no velho modelo humanista importado da Europa e, portanto, em descompasso com o ensino profissionalizante das escolas norte-americanas que estava sendo introduzido no negócio e conduziria à institucionalização da prática profissional.

Tendo como eixo as mudanças práticas e teóricas ocorridas no jornalismo brasileiro durante o período 1945-1964, nosso artigo fornece elementos para identificar aquilo que denominamos, epistemicamente, de dialética negativa do colonialismo intelectual. Para nós, o conceito de decolonização deve ser manejado criticamente e com reservas. Arma ideológica das guerras culturais surgidas nos Estados Unidos durante os últimos decênios, expressões como essa demonstram alcance muito limitado no trabalho de pesquisa acadêmica.

Da "Belle Époque" ao Estado Novo

Para começar, é importante notar que durante o período colonial a imprensa era um monopólio da monarquia portuguesa e não tinha permissão para ser publicada no Brasil. Todos os impressos deveriam ser importados de Portugal e estavam sujeitos à censura da Coroa e da Igreja. Na visão dos portugueses, imprensa e academia não deveriam ser implantadas no Brasil, concebido basicamente como colônia de exploração (BETHELL, 1987). Todavia, surgiram preocupações mais sérias a partir da difusão das ideias liberais na Europa durante o final do século XVIII, e que não retrocederiam, mesmo com o estabelecimento da capital do Império Português no Rio de Janeiro em 1808.

Sinal disso nos fornece a restrição imposta ao *Correio Braziliense* (1808-1822) – jornal de viés liberal publicado em Londres pelo jornalista e ex-diplomata luso-brasileiro Hipólito José da Costa (1774-1823). Apesar de a Coroa ter introduzido a imprensa e, em seguida, passado a autorizar a publicação de livros, jornais, revistas e outros impressos, não se pode dizer que tenha sido abolido o controle governamental sobre a publicidade. Até a Proclamação da Independência, em 1822, a Coroa manteve a imprensa na condição de monopólio estatal, submetendo à censura as poucas publicações autorizadas a circular pelo país (LUSTOSA, 2003). Assim como a *Gazeta de Lisboa* (1715-1820), também a *Gazeta do Rio de Janeiro* (1808-1822) e outros jornais tinham como característica principal a propaganda dos atos do governo ou a adoção de visão oficialista.

Apesar de a Independência não retirar do país a condição de sociedade economicamente dependente do comércio exterior e do trabalho escravo, abolido por completo só em 1888, verifica-se, no entanto, que houve, ao longo do século, um relativo desenvolvimento da imprensa na capital, Rio de Janeiro, e em algumas cidades maiores, como Recife, Salvador, Porto Alegre e São Paulo. Abolida a censura governamental em 1821, os jornais se multiplicaram, dividindo-se politicamente entre as agremiações conservadoras e liberais.

Por outro lado, convém não ignorar que a presença de uma enorme massa de analfabetos e o alto custo dos impressos impediam a formação de público leitor fora dos limites da oligarquia dominante (MARTINS, 2008). Considerando esse dado, mais o fato de a escravidão só ter sido totalmente abolida tardiamente, revela-se difícil, pois, falar com propriedade no surgimento de uma opinião pública no país, mesmo após a instauração da República que pôs fim à Monarquia, em 1889.

O principal a notar neste artigo, é o fato de que a influência dos hábitos e costumes franceses que havia marcado a experiência das classes dirigentes portuguesas foram transmitidos às brasileiras, não deixando de influir na formação da imprensa que se desenvolveria em ambas as nações. "A formação de uma esfera pública nacional no Brasil foi fortemente influenciada pelos intercâmbios culturais com a imprensa periódica francesa desde o final do século XVIII" (Guimarães, 2020, p. 1).

A Revolução Francesa foi vista negativamente em Portugal e teve pouco impacto sociedade lusitana. O estilo de vida parisiense, ao contrário, jamais perdeu o posto de principal referência cultural para as elites portuguesas e, como tal, se implantou duradouramente na classe dirigente da ex-colônia desde os primórdios da Independência (VIDAL; LUCA, 2011). "Tudo o que se escreveu no Brasil desde o final do século XVIII, que é quando realmente se começa a escrever alguma coisa, traz o cunho do pensamento francês: as ideias, o estilo, o modo de encarar as coisas e abordar os assuntos", ainda dizia, em meados do século passado, o historiador marxista Caio Prado Júnior (1942/2000, p. 385).

Com a derrota de Napoleão e em meio aos tumultos civis da época que lhe seguiu, franceses estabeleceram-se no Brasil como livreiros e impressores que, às vezes, tornaram-se editores de jornais e revistas. Foram, em parte, imigrantes franceses os introdutores da imprensa no Brasil, país que converteu-se no principal mercado leitor dos livros, revistas e jornais originados da França, fora desse país durante o século XIX (SODRÉ, 1966/1977, p. 227).

Pierre Plancher (1779-1844) fundou, editou e imprimiu o *Jornal do Commercio* (1827-2016), em seguida transferido a seu compatriota Junius Villeneuve (1804-1863), que o tornou a primeira folha a ser composta em linotipo e a ser impressa em máquina rotativa no Brasil. No Rio Grande do Sul, foram Claude Dubreuil (1805-?) e Claude Estivalet (1790-1844), respectivamente impressor e tipógrafo, os pioneiros da atividade, tendo publicado mais de 20 jornais. Jean Baptiste Lamberts (1821-1875), além de livreiro, impressor e editor de revistas, foi – como seu compatriota Baptiste-Louis Garnier (1823-1893) – animador da vida literária e intelectual da capital (HALLEWELL, 1982/2012).

Como consequência da presença de princípios franceses na imprensa brasileira, desenvolveu-se a leitura das oligarquias com poucas características portuguesas, até porque estas, na própria metrópole, sempre foram dominadas pelos padrões nascidos em Paris. O panfletarismo característico da imprensa francesa revelou-se mais forte entre os portugueses que ficaram na ex-colônia e na nova nacionalidade brasileira do que entre os metropolitanos. Durante o Brasil Império (1822-1889), os redatores procuraram fazer valer seu ideário de construtores do Estado nacional. Oligárquica, a classe política não precisava se dirigir aos homens livres da ordem escravocrata, lançando mão da imprensa como arma em suas disputas internas e meio para colocar em debate suas ideias. Era dominada pela figura do *homme de lettres*: isto é, o escritor patriótico, fosse liberal, fosse conservador, que, só ou com seu grupo, abria o próprio jornal para defender seus ideais e sustentar suas causas (MOREL, 2005).

Proclamada a República em 1889, praticamente não houve alteração neste cenário, fora a rápida transformação de São Paulo, capital do estado cafeeiro, em centro jornalístico capaz de rivalizar com o Rio de Janeiro. Apesar da abolição da escravatura, o país não perdeu a condição de economia agroexportadora dependente financeiramente dos bancos ingleses. A oligarquia dirigente reciclou-se ideologicamente, abraçando os ideais republicanos, mas a massa da população se manteve à margem da vida civil. O país permanecia oligárquico e predominantemente analfabeto. Tais fatores impuseram-se como limitadores para a grande imprensa que começava a querer se expandir no Brasil, desde a transição para o século XX (SODRÉ, 1966/1977).

Neste período, com efeito, o sistema de produção artesanal desapareceu das principais cidades, avançando a transformação da imprensa em indústria. Os parâmetros editoriais, no entanto, mantiveram como referência a experiência da imprensa francesa. Assimilada do país europeu, o folhetim teve seu auge no final do século XIX (HOHLFELDT, 2003) e, também introduzida por artífices franceses, prosperou a litografia, a imprensa ilustrada, exponenciada no trabalho de Angelo Agostini (1843-1910), artista de nacionalidade italiana que teve sua formação em Paris (MARINGONI, 2011).

Todavia, foi a crônica que se consolidou como forma paradigmática de exercício do jornalismo em substituição ao artigo doutrinário do período anterior. A linguagem coloquial que ela favoreceu estimulou o aumento da leitura, ao entregar ao público a experiência comentada da vida cotidiana. A apresentação gráfica, exceto em umas poucas revistas ilustradas que começaram a ser publicadas a partir da virada do século, carecia da sofisticação que, na matriz, havia feito surgir a moderna imprensa ilustrada. O conteúdo desconhecia a diversificação temática e a amplitude de horizontes ao alcance dos grandes jornais de uma potência imperialista, como era a França.

Fornecido pela agência Havas, a qual coubera o monopólio do mercado latino-americano e brasileiro, de acordo com os tratados interagências firmados nos anos 1870, o noticiário internacional e as matérias de atualidade sobre o exterior conquistaram espaço, ao lado das informações locais, disseminadas com a expansão dos serviços telegráficos, sobretudo na faixa litorânea do país. Devido a este monopólio virtual da informação internacional, "o Brasil via o mundo através de olhos franceses. E o mundo enxergava o Brasil por meio desses mesmos olhos. Esse monopólio só chegava a ser quebrado, muito tenuamente, pela ação do pequeno número de correspondentes no exterior mantidos por alguns jornais" (MOLINA, 2011).

Em território nacional, o papel do jornalista era atuar como agenciador político e literário dos acontecimentos e situações de acordo com as tendências de opinião dominantes entre os setores oligárquicos. Apesar do surgimento das primeiras associações – notadamente a Associação Brasileira de Imprensa, em 1908 –, os jornalistas só viriam a formar categoria possuidora de identidade profissional específica após a Revolução de 1930. A crônica de caráter literário sobre os temas de atualidade era a forma dominante no jornalismo, cujo sentido consistia em propiciar a intervenção de cunho político e ideológico na realidade por parte de uma intelectualidade pública prisioneira de sua vinculação ao estamento burocrático dominante. A maioria das pessoas não tinha acesso à escola e, assim, muito menos à imprensa, mantendo-se em marginalidade civil que só começaria a mudar com as reformas institucionais desencadeadas após a Revolução de 1930.

O avanço do americanismo e a metamorfose do jornalismo

Sendo conhecida no Brasil desde o século XVIII, a imprensa francesa só teve sua circulação legalizada no país após a Independência, mas marcou presença na formação da brasileira de maneira que, embora assimétrica, chegou a nutrir inúmeras trocas entre as elites locais e suas congêneres europeias até a II Guerra Mundial (GUIMARÃES, 2020).

Feita a proclamação da República, em 1889, entretanto surgiu em parte das classes dirigentes brasileiras a ideia de desvincular o desenvolvimento do país ao da velha Europa. Passou-se a promover a tese de que o estreitamento dos relacionamentos continentais era necessário para o país superar seu passado monárquico. Todas as atenções voltaram-se, contudo, para os Estados Unidos, em vez da América Latina. Acenando com adesão ao monroísmo e ao pan-americanismo (PEREIRA, 2005, p. 11), foi criada, em 1905, a primeira embaixada brasileira em Washington.

Ainda assim, seguiu dividida, por toda a República Velha (1889-1930), a visão da oligarquia republicana a respeito desta aproximação. Jornalista e membro fundador da Academia Brasileira de Letras, Eduardo Prado (1860-1901), por exemplo, preveniu contra o alinhamento do Brasil aos Estados Unidos. Defendeu as vantagens morais e políticas da manutenção de nossos laços com a Europa, notadamente com a Inglaterra e a França. Pioneira na denúncia da influência norte--americana na imprensa nacional, ele acusou o país do Norte de especular mundialmente com notícias falsas, para fazer subir ou descer o preço do café nos mercados consumidores (ver PRADO, 1893/2010, p. 95-96).

Já Monteiro Lobato (1882-1948), empresário rural que se converteu em importante intelectual público, argumentou em sentido oposto. Acalentou o projeto de revolucionar a vida nacional de acordo com os padrões que descobriu durante período de residência como adido comercial em Nova York (1927-1931). Editor da *Revista do Brasil* (1918-1925), ele pregara um novo caminho para o país, denunciando a cultura francófona como "uma força dominadora que subjugaria a espontaneidade do Brasil" (NUNES, 1989, p. 158). A seu ver, o atraso do país tinha origem na manutenção da mentalidade tradicional entre as camadas populares e na assimilação acrítica do estilo de vida parisiense entre as classes dirigentes. Admirador da obra industrial e ideológica de Ford, Lobato sonhava em modernizar o Brasil, defendendo que o *American way of life*, sustentado no progresso material e desenvolvimento tecnológico, deveria substituir o artificialismo estéril representado pelo cultivo dos costumes de origem europeia (LAMARÃO, 2002).

No final das contas, porém, a tendência que acabou se impondo com o tempo foi uma síntese entre essas duas perspectivas. Pioneiro no campo da antropologia no Brasil, Gilberto Freyre (1900-1987) foi, ainda que por breve período, jornalista. Colaborou com o *Diário de Pernambuco* e o jornal *A Província*, do Recife, na segunda metade dos anos 1920 (CHACON, 1993, p. 199-200), após passar quatro anos estudando nos Estados Unidos e obter mestrado pela Universidade de Columbia.

Conhecedor da imprensa norte-americana, argui-se que ele teria se esforçado para introduzir nas redações a ideia de escrever de forma clara, concisa e direta, no lugar do estilo rebuscado e pouco objetivo ainda dominante (FREYRE, 1975/2006, p. 319). Correspondente e admirador de Henry Louis Mencken (1880-1956), verifica-se, em última análise, todavia, que ele considerava o jornalismo profissão marcada pela "prostituição intelectual"; um negócio demagógico, preso ao "gosto da maioria"; em suma, "literatura inferior", cujos melhores momentos residiriam na reportagem carregada de ironia e no emprego da sátira (ver DALMONTE, 2009, p. 63-107).

Fruto das contradições de nossa experiência histórica, tais situações sinalizam as tendências ao sincretismo característico de nossa originalidade nacional e que não deixou de fora a esfera mais ampla da comunicação de massas. Defensor do nativismo cultural e patrono do prestigioso (*highbrow*) Museu de Arte de São Paulo, Assis Chateaubriand (1892-1968) inspirou-se na *Hearst Corporation* para erguer o primeiro conglomerado de mídia do país: os Diários Associados, fundado em 1924. Como homem de negócios, no entanto, ele se deixou mover, sobretudo, por interesses políticos (barganha e chantagem, apoio declarado a candidatos), pondo em segundo plano os motivos essencialmente econômicos (WAINBERG, 1997, p. 14).

Após a crise mundial de 1930 e o início das reformas comandadas pelo governo revolucionário de Getúlio Vargas (1930-1954), entretanto, acentuou-se a modernização da imprensa brasileira, da qual, devido ao apoio político ao regime, Chateaubriand foi um dos grandes beneficiários. Houve o surgimento da propaganda comercial como ramo específico de negócio, paulatinamente impulsionado pela chegada de agências internacionais. Expandiu-se o mercado consumidor interno e, com ele, a alfabetização nos ambientes urbanos, criadoras do público leitor de impressos em escala de massas.

Impulsionada pela crescente influência das agências internacionais de notícias, abria-se, como notaram os contemporâneos, "uma fase de profunda transformação no trabalho jornalístico no Brasil, assinalada principalmente pelo surto da reportagem à maneira norte-americana" (NOBREGA DA CUNHA, 1941, p. 18). A categoria jornalística passara a se profissionalizar, separando-se do estamento literário em meio ao qual se originou. Decisivo no abandono do velho paradigma literário, decalcado do modelo francês, foi, no entanto, o período do Estado Novo (1937-1945).

Instaurado por Vargas, o regime submeteu o velho sistema oligárquico à liderança política de ditadura modernizadora, que impactou em quase todas as instituições da vida nacional, não sendo exceção os órgãos de informação. Houve uma concertação política que, se por um lado, submeteu a imprensa ao controle e à censura, inclusive fechando empreendimentos que se desviaram das normas consideradas adequadas; por outro lado, ajudou a financiar e incentivou a modernização administrativa e tecnológica de outros que se revelaram dispostos a cooperar com o regime (WILLIAMS, 2001). Em meio a um período marcado pela censura seletiva, os políticos e literatos estavam se retirando das redações e, em seu lugar, passaram a despontar, como figuras típicas, os editores, repórteres, noticiaristas, fotógrafos e ilustradores. Proibidas a propagação do discurso partidário e a veiculação das colunas políticas independentes, os jornais começaram a focar na reportagem e no noticiário, que se diversificaram e, em pouco tempo, vieram a assimilar de todo o modelo dominante na imprensa norte-americana.

A influência norte-americana e o paradoxo da formação profissional

Teríamos uma explanação limitada deste processo, contudo, se não levássemos em conta a cooperação entre Brasil e Estados Unidos que se estabeleceu durante a Segunda Guerra. Apesar da identidade com os regimes autoritários dos anos 1930, o país acabou agindo pragmaticamente no curso do conflito. Aproveitou as propostas apresentadas pelos Estados Unidos para investir em seu parque industrial e infraestrutura econômica.

No tocante ao desenvolvimento da convergência ideológica, papel expressivo foi desempenhado pelo *Office of the Coordinator of Inter-American Affairs* na década de 1940, chefiado por Nelson Rockefeller (SMITH, 2010, p. 119-120). Coube-lhe, por exemplo, planejar e distribuir matérias e notícias para a imprensa local, além de promover visitas e viagens de jornalistas aos Estados Unidos (LINS DA SILVA, 1991, p. 79). Interessado em obter compensações e não se deixar levar unilateralmente pela política norte-americana, a mediação deste processo, do lado brasileiro, foi feita pelo Departamento de Imprensa e Propaganda (DIP).

Ninguém negará e, à época, todos tinham claro que os Estados Unidos desejavam exercer influência, porém seria ingênuo pensar que houve pura e simples imposição de seus objetivos de sua parte. O pessoal brasileiro igualmente procurou explorar em benefício próprio, entrevendo oportunidades de desenvolvimento profissional, por exemplo, as situações de cooptação criadas pelas agências norte-americanas. O resultado, de todo modo, foi o avanço do americanismo no modo de fazer jornalismo brasileiro.

Criara-se no Rio de Janeiro, já em 1937, o Instituto Brasil-Estados Unidos, para promover intercâmbios culturais entre os dois países. Carlos Alberto Nóbrega da Cunha (1897-1974) incluiu-se entre os que se beneficiaram com a iniciativa. Fundador do *Diário de Notícias* (1930-1974), figura influente nos círculos educacionais inspirados pelas doutrinas de John Dewey, ele veio a atuar como redator da *Associated Press* e da *Reuters*. Converteu-se em propagandista dos esquemas definidores do jornalismo feito na América do Norte. Conferenciando na Associação Brasileira de Imprensa, ele foi um dos primeiros a falar da técnica do *lead* no país, observando que "toda matéria destinada à imprensa norte-americana deve ser redigida de tal forma que o primeiro parágrafo contenha um resumo do acontecimento, apta a dar ideia globalizada do seu valor" (NÓBREGA DA CUNHA, 1941, p. 25).

Membro da Associação Paulista de Profissionais da Imprensa, Vitorino Prata Castelo Branco (1904-1986) foi outro impulsionador deste entendimento, ao transformar em curso por correspondência o ciclo de conferência com o qual difundiu a concepção norte-americana de jornalismo de informação no início dos anos 1940. Logo na terceira apostila do curso, abordava o jornalista, as regras para redigir uma notícia. De acordo com elas, a decadência do "artigo de fundo" e sua substituição pelo "editorial" seria evidência do influxo positivo da influência anglo-saxã sobre a imprensa brasileira. "Para escrever uma notícia, dizem os mestres norte-americanos, é preciso observar a regra dos cinco W e um H", porque, para "o leitor ficar perfeitamente a par do caso", logo no começo, é preciso usar a técnica do "lead" (CASTELO BRANCO, 1945, p. 60).

Contrários ao ensino à distância por ele promovido, a ABI e os sindicatos, em vez disso, entrementes, estavam atuando junto aos círculos governamentais, para institucionalizar o ensino de jornalismo na universidade. Ainda que sua concretização interessasse à ditadura estado-novista, o assunto, todavia, só começou a se pôr em marcha após a derrubada do regime em 1945, já em plena Guerra Fria. Iniciando com a Escola de Jornalismo "Cásper Líbero" criada, em 1947, junto à Faculdade de Filosofia, Ciências e Letras da Universidade Católica de São Paulo, o processo teve importante prosseguimento com abertura do curso da Faculdade Nacional de Filosofia da antiga Universidade do Brasil, no Rio de Janeiro, em 1948.

Carente de laboratórios e bibliotecas especializadas, o ensino, entretanto, se revelou, nestes e nos que que viriam a surgir na década seguinte, precário, seja na teoria, seja na prática, como não deixaram de perceber suas principais lideranças. Havia, entre elas, a pretensão de que, idealmente, as escolas seguissem os parâmetros das escolas de jornalismo dos Estados Unidos, fossem os da Universidade do Missouri, fossem os da Universidade de Columbia, fundada por Joseph Pulitzer. Semelhante a esta última, pelo menos em sua origem, a escola pioneira de São Paulo, foi montada a partir de herança deixada pelo jornalista e empresário Cásper Líbero (1889-1943). Porém, ela acabou vinculada "muito mais a um projeto pessoal de construção de seu próprio monumento histórico do que a uma conscientização do empresariado jornalístico quanto à significação do treinamento acadêmico dos seus profissionais" (MARQUES DE MELO, 1976, p. 80).

Braço direito do magnata da mídia Assis Chateaubriand, Carlos Rizzini (1898-1972) foi também professor da antiga Universidade do Brasil, antes de assumir a direção da Cásper Líbero, na primeira metade dos anos 1960. Ao iniciar a carreira acadêmica, ele viajou aos Estados Unidos, para conhecer a pedagogia do jornalismo, tendo retornado com algumas lições. Atento às desconfianças da classe jornalística em relação aos cursos, seu entendimento era o de que o papel do "bacharel em jornalismo" é fazer um melhor jornal, em vez de meramente "saber" a respeito do mesmo (RIZZINI, 1953, p. 55). Em seu ver, as escolas brasileiras deveriam abrir mão das pretensões beletristas e se comprometer com o pragmatismo pedagógico e o ensino prático. Sua ideia era fazer aqui o que viu nos cursos norte-americanos, em que "os alunos executam, eles próprios, as tarefas jornalísticas e acompanham pessoalmente a sequência das operações mecânicas complementares" (RIZZINI, 1953, p. 55).

Integradas às faculdades de filosofia, as escolas de jornalismo, todavia, enfrentavam enorme desafio para se desenvolver nesta direção — e isso, não apenas pela carência das devidas instalações. Tanto eles quanto os acadêmicos de outras áreas viam na área um "corpo estranho" à universidade, devido a sua inclinação humanística, inspirada nas instituições francesas e alemãs do século XIX. Quase inexistiam professores que fossem jornalistas profissionais, sendo aproveitados nos cursos docentes oriundos de outras especialidades, como letras, história, sociologia e artes.

Personagem de destaque no primeiro grupo e responsável pela fundação do curso de jornalismo da Universidade do Rio de Janeiro (CALLADO, 2006, p. 158), Danton Jobim (1906-1978) também chefiava redações de grandes órgãos de imprensa, tendo, como Rizzini, militado para americanizar o ensino de jornalismo no Brasil. Em 1954, ele recebeu o Prêmio Maria Cabot na Universidade de Columbia por seu ativismo em defesa da liberdade de imprensa no continente, e um ano depois presidiu um seminário sobre jornalismo latino-americano na Universidade do Texas.

Para Jobim, era inegável que a imprensa norte-americana vinha melhorando os padrões da informação jornalística em nível internacional e que a imprensa latino-americana deveria seguir esse caminho e se afastar dos padrões europeus. Estava na hora dos profissionais brasileiros adquirirem consciência de que o jornalismo é um negócio e de que as notícias devem ser redigidas com exatidão e objetividade (JOBIM, 1954).

Assistente de Jobim no *Diário Carioca* (1928-1965), considerado o primeiro jornal a completar a revolução na imprensa advinda da adoção do modelo norte-americano, Pompeu de Sousa (1914-1991) foi outro a defender esta doutrina. Tido, por muitos, como um dos introdutores do *lead* e do *stylebook* no país, nos anos 1950, ele, paralelamente, fez carreira acadêmica, combatendo o jornalismo literário de corte europeu que ainda existia no Brasil. Durante o Estado Novo, Pompeu foi um dos jornalistas indicados pelo Departamento de Imprensa e Propaganda para realizar intercâmbio profissional e servir aos interesses brasileiros nos Estados Unidos, tendo trabalhado nas rádios NBC e CBS, entre 1942 e 1943. De volta ao Brasil, ajudou a difundir nos impressos do centro do país a revolução estilística que, observadas as diferenças, havia começado a fazer no rádio a versão brasileira do *Repórter Esso* (1941-1968).

> [Com este] foram implantadas no país as técnicas da síntese noticiosa, transmitida com pontualidade, com o texto sucinto, direto, vibrante, aparentando imparcialidade, contrapondo-se aos longos jornais falados, característicos da época (KLÖCKNER, 2008, p. 16).

Fora os casos citados acima, a concepção do ensino de jornalismo, no entanto, continuou, como dito, sendo essencialmente humanística, voltada para a formação cultural e literária, inclusive depois que os cursos se emanciparam das faculdades de filosofia e foram subordinados à nova área dos estudos de comunicação, por volta de 1970. Ainda que, no final dos anos 1950, começassem a aparecer traduções dos manuais de origem norte-americana (BOND, 1959; HOHEN-BERG, 1962), seguiu havendo descompasso entre a formação acadêmica dos que desejavam trabalhar na área e as expectativas ou exigências no sentido da americanização da profissão existente na indústria.

E apesar de a teorização do jornalismo como forma de literatura ter perdido força entre seus pensadores e profissionais, o processo de assimilação do americanismo na prática também enfrentou reações negativas dentro das redações. Houve "uma enorme resistência entre os jornalistas brasileiros para aceitar que métodos de gerenciamento industrial dominassem a rotina de produção de notícias. Talvez porque a maioria deles fosse (ou se considerasse) de formação marxista, o que não ocorreu nos Estados Unidos" (LINS DA SILVA, 1991, p. 139; ver RÜDIGER; DAROS, 2022).

Convertido em indústria plenamente capitalista, sucedeu que o jornalismo praticado no país "já não tinha [por volta de 1970] qualquer ponto de contato com o beletrismo" (DINES, 1974, p. 12). Impusera-se a tese de que o jornalismo consistiria essencialmente em uma técnica de informação, que deveria "ser impessoal, no sentido de que a participação de quem a transmite ao público é puramente mecânica", como expunha Luiz Beltrão (1918-1986). Para ele, jornalista de ofício e fundador do curso de jornalismo da Universidade Católica de Pernambuco, "o jornalista [ao elaborar a notícia] apenas recolhe e narra os fatos. Não dá opinião, não torna públicas as suas reações pessoais. Procura atingir o máximo de imparcialidade, porque – vale repetir agora o axioma da profissional – os fatos são sagrados; só o comentário é que é livre. Ora, a notícia, que é um registro fiel do fato, deve ser tão sagrada e inviolável, tão inalterável como o próprio fato" (BELTRÃO, 1969, p. 107).

Por mais que, nos anos 1970, o número de cursos tenha se estendido pelas cinco principais regiões do território nacional e chegasse à meia centena (ver LAGO; ROMANCINI, 2010, p. 183), seria enganoso, porém, supor que o processo meramente respondeu à modernização da imprensa que acabara se impondo na indústria. Ou que a influência no campo da prática teria se transferido automaticamente ao campo acadêmico. Porque, no final das contas, mesmo nessa época, predominava nos cursos uma formação muito mais ligada ao jornalismo praticado no período anterior do que o portador da visão tecnicista da informação, que, ao menos nos grandes centros urbanos, se tornara hegemônico após o Golpe Militar de 1964.

Conclusão

Argumentamos ao longo do texto que o jornalismo brasileiro se inscreveu em dois paradigmas, sem chegar a desenvolver fórmula nativa, assimilando-os sem crítica prática e imanente. Deixando de transformá-los de acordo com projetos próprios, aconteceu, no entanto, que o país adaptou-os às circunstâncias, suas conveniências e limitações. Quando se transitou do paradigma parisiense para o nova-yorkino, não foi tanto por rejeição do primeiro, quanto adesão ao que parecia mais útil e moderno aos seus sujeitos. Tornando-se hegemônico o segundo, nunca faltaram acusações a seu cunho pasteurizado, sugestões para driblar o modelo e tentar criar um outro. Em suma, "mesmo quando a ideologia hegemônica no jornalismo é claramente a do modelo americano, isso não significa que os seus valores se reproduzirão de forma mecânica e idêntica" (LINS DA SILVA, 1991, p. 147).

Desprezar este aspecto em nome da fidelidade a um paradigma que, na prática, sempre se revela idealizado, isto é, vê-lo como "uma versão incompleta ou frustrada de um original norte-americano", seria fonte de engano, já que implicaria no julgamento do "jornalismo brasileiro a partir de suas qualidades supostamente ausentes" (ALBUQUERQUE, 2005, p. 492). Devemos levar em conta as condições sociais gerais e circunstâncias culturais específicas que geram sua situação (SCHUDSON, 2001, p. 165-166), ao considerar a assimilação de uma instituição, como o jornalismo, em contextos que só parcialmente revelam-se possuidores das mesmas características que deram origem ao que nele está em jogo.

Também argumentamos que a reforma do jornalismo brasileiro foi, em parte, espontânea, fruto de adaptação de seus sujeitos às novas circunstâncias históricas. Noutra resultado da ação intencional de determinados atores sociais e empresas, que procuraram se valer da situação para desfrutar de vantagens. Aos poucos, ocorreu a assimilação, impulsionada pela conjuntura econômica e política, da visão modernizadora, mas também o engajamento de certos sujeitos nos projetos, visando superar o jornalismo literário do passado, transformá-lo em profissão regida por critérios técnico-especializados (RIBEIRO, 2007, p. 343).

Logo, seria igualmente errôneo, como alguns, embalados no discurso "decolonial", ainda almejam hoje, resumir o seu processo de desenvolvimento na pura e simples sujeição de seus atores aos projetos de dominação emanados das grandes metrópoles jornalísticas internacionais. As pretensões foram sempre matizadas pelo interesse de muitos jornalistas brasileiros no sentido de explorar em benefício próprio, como oportunidades profissionais, as situações de cooptação criadas pelas agências estrangeiras. Revisando o processo resumido nestas páginas, pode-se dizer que, em última análise, houve uma "revolução passiva" (GRAMSCI, 1980) contra o velho jornalismo político-literário, por parte das empresas e das vanguardas modernizantes da classe jornalística.

Por outro lado, constatou-se também que, se a influência norte-americana não ficou restrita ao campo de profissionalização e produção noticiosa na imprensa nacional, ao influenciar a formação do respectivo campo acadêmico no país, isso não teve, ao menos no período estudado por nós, grande impacto no desenvolvimento do jornalismo brasileiro. A formação do respectivo pessoal seguiu, basicamente, dependendo da prática profissional, com pouca ou nenhuma transação entre a indústria e a universidade. A assimilação dos padrões norte-americanos por parte da primeira não apenas enfrentou resistência e desvios durante sua fase inicial, mas, há poucas décadas atrás, teve influência limitada na vida acadêmica até pela integração dos cursos de jornalismo na área de comunicação ocorrida no início dos anos 1970 (ver MEDITSCH, 1992).

Referências

ALBUQUERQUE, A. Another 'fourth branch': press and political culture in Brazil. **Journalism**, v. 6, n. 4, p. 486-504, 2005.

AVERBECK, S. The post-1933 emigration of communication researchers from Germany. **European Journal of Communication**, v. 16, n. 4, p. 451-475, 2001.

BARNHURST, K. G.; NERONE, J. C. **The form of news**: a history. Nova York: Guilford Press, 2001.

BELTRÁN, S. L. R. Alien premises, objects, and methods in Latin American communication research. **Communication Research**, v. 3, n. 2, p. 107-134, 1976.

BELTRÃO, L. **A imprensa informativa**. São Paulo: Folco Masucci, 1969.

BETHELL, L. (org.). **Colonial Brazil**. Cambridge: Cambridge University Press, 1987.

BLACK, J. K. **United States penetration of Brazil**. Filadélfia: University of Pennsylvania Press, 1977.

BOND, F. F. **Introdução ao jornalismo**. Rio de Janeiro: Agir, 1959.

CASTELO BRANCO, V. P. **Curso de jornalismo**. São Paulo: Tipografia Cultura, 1945.

CASTILHO, C. The press and Brazilian narratives of Uncle Tom's Cabin: slavery and the public sphere in Rio de Janeiro, ca. 1855. **The Americas**, v. 76, n. 1, p. 77-106, 2019.

CHACON, V. **Gilberto Freyre: uma biografia intelectual**. Rio de Janeiro: Nacional, 1993.

CORREA, F. B.; VELLOSO, M. P.; GUIMARÃES, V. (org.). **Magazines and modernity in Brazil**: Transnationalisms and cross-cultural exchanges. Londres: Anthem Press, 2020.

DALMONTE, E. **Mídia: fonte & palanque do pensamento cultural de Gilberto Freyre**. Salvador: EdUFBA, 2009.

DICKSON, T. **Mass media education in transition: preparing for the 21st century**. Mahwah: Lawrence Erlbaum, 2000.

DINES, A. **O papel do jornal**: tendências da comunicação e do jornalismo no mundo em crise. Rio de Janeiro: Artenova, 1974.

FREYRE, G. **Tempo morto e outros tempos**: trechos de um diário de adolescência e primeira mocidade, 1915-1930. São Paulo: Global, 1975/2006.

GOLDENSTEIN, G. T. **Do jornalismo político à indústria cultural**. São Paulo: Summus, 1987.

GRAMSCI, A. **Maquiavel, a política e o Estado Moderno.** Rio de Janeiro: Civilização Brasileira, 1980.

GUIMARÃES, V. The French periodical print culture in Brasi. *In:* CORREA, F., VELLOSO, M., GUIMARÃES, V. (orgs.) **Magazines and modernity in Brazil.** Nova York: Anthem, 2020.

HALLEWELL, L. **O livro no Brasil.** São Paulo: Universidade de São Paulo, 1982/2012.

HOHENBERG, J. **Manual de jornalismo.** Rio de Janeiro: Fundo de Cultura, 1962.

HOHLFELDT, A. **Deus escreve direito por linhas tortas**: o romance-folhetim dos jornais de Porto Alegre entre 1850 e 1900. Porto Alegre: EDIPUCRS, 2003.

JOBIM, D. French and U. S. influences upon the Latin American Press. **Journalism Quarterly,** v. 31, n. 1, p. 61-66, 1954.

KLÖCKNER, L. **O Repórter Esso:** a síntese radiofônica mundial que fez história. Porto Alegre: EdiPUC, 2008.

LAGE, N. L.; FARIA, T.; RODRIGUES, S. Diário Carioca: o primeiro degrau para a modernidade. **Estudos em Jornalismo e Mídia,** v. 1, n. 1, p. 132-144, 2004.

LAGO, C.; ROMANCINI, R. Aspects of journalism education in Brazil. *In:* JOSEPHI, B. U. (org.). **Journalism education in countries with limited media freedom.** Nova York: Peter Lang, 2010. p. 175-195.

LAMARÃO, S. Os Estados Unidos de Monteiro Lobato e as respostas ao «atraso» brasileiro. **Lusotopie,** v. 9, n. 1, p. 51-68, 2002.

LINS DA SILVA, C. E. **O adiantado da hora:** a influência americana sobre o jornalismo brasileiro. São Paulo: Summus, 1991.

LUSTOSA, I. **O nascimento da imprensa brasileira.** Rio de Janeiro: Jorge Zahar Editor, 2003.L

MARQUES DE MELO, J. **Contribuições para uma pedagogia da comunicação.** São Paulo: Paulinas, 1974.

MARQUES DE MELO, J. **Subdesenvolvimento, urbanização e comunicação.** Petrópolis: Vozes, 1976.

MARINGONI, G. **Angelo Agostini:** a imprensa ilustrada, da Corte à Capital Federal. São Paulo: Devir, 2011.

MARTINS, A. L. Imprensa em tempos de Império. *In*: MARTINS, A. L.; LUCA, T. R. (org.). **História da imprensa no Brasil**. São Paulo: Contexto, 2008. p. 45-80.

MEDITSCH, E. **O conhecimento do jornalismo**. Florianópolis: UFSC, 1992.

MILLER, R. **Britain and Latin America in the 19th and 20th centuries**. Londres: Longman, 1993.

MOLINA, M. M. O monopólio da informação. **Observatório da Imprensa**, 2011. Disponível em: www.observatoriodaimprensa.com.br/imprensa-em-questao/o-monopolio-da-informacao/. Acesso em: 12 nov. 2021.

MOREL, M. **As transformações dos espaços públicos**: imprensa, atores políticos e sociabilidade no Rio de Janeiro. São Paulo: Hcitec, 2005.

NOBREGA DA CUNHA, C. A. **A imprensa americana e seus reflexos no Brasil**. Rio de Janeiro: Instituto Brasil-Estados Unidos, 1941.

NUNES, C. Monteiro Lobato: aplausos e apupos à cultura francesa. **Travessia**, v. 16, n. 17, p. 158-167, 1989.

PEREIRA, P. J. R. A política externa da Primeira República e os Estados Unidos: a atuação de Joaquim Nabuco em Washigton (1905-1910). **Revista Brasileira de Política Internacional**, v. 48, n. 2, p. 111-128, 2005.

PRADO, E. **A ilusão americana**. Brasília: Senado Federal, 1893/2010.

PRADO JÚNIOR, C. **Formação do Brasil contemporâneo**. São Paulo: Publifolha, 1942/2000.

RIBEIRO, A. P. G. **Imprensa e história no Rio de Janeiro dos anos 50**. Rio de Janeiro: E-papers, 2007.

RIZZINI, C. **O ensino do jornalismo**. Rio de Janeiro: Imprensa Nacional, 1953.

ROGERS, E. M. **A history of communication study**: a biographical approach. Nova York: The Free Press, 1994.

RÜDIGER, F. **Origens do pensamento acadêmico em jornalismo**: Alemanha, União Soviética e Japão. Florianópolis: Insular, 2017.

RÜDIGER, F.; DAROS, O. Marxist thinking and journalism theory in Brazil. **Rethinking Marxism**, 2022. [no prelo].

SCHUDSON, M. The objectivity norm in American journalism. **Journalism**, v. 2, n. 2, p. 149-170, 2001.

SIMPSON, C. **Science of coercion**: communication research and psychological warfare, 1945-1960. Nova York: Oxford University Press, 1994.

SMITH, J. **Brazil and the United States**: convergence and divergence. Athens: University of Georgia Press, 2010.

SODRÉ, N. W. **História da imprensa no Brasil**. Rio de Janeiro: Graal, 966/1977.

SUPPO, H. R. **La politique culturelle française au Brésil entre les années 1920-1950**. Villeneuve d'Ascq: Presses Universitaires du Septentrion, 2000.

VIDAL, L.; LUCA, T. R. Les Français au Brésil: enjeux historiographiques d'une présence oubliée. *In*: VIDAL, L.; LUCA, T. R. (org.). **Les Français au Brésil: XIXe-XXe siècles**. Paris: Les Indes Savantes, 2011. p. 7-22.

ZELIZER, B. Journalism in the service of communication. **Journal of Communication**, v. 61, n. 1, p. 1-21, 2011.

WAINBERG, J. A. **Império das palavras**. Porto Alegre: EdiPUC, 1997.

WASSERMAN, H.; DE BEER, A. S. Towards de-westernizing journalism studies. *In*: WAHL-JORGENSEN, K.; HANITZSCH, T. (org.). **The handbook of journalism studies**. Nova York: Routledge, 2009. p. 428-38.

WILLIAMS, D. **Culture wars in Brazil**: the first Vargas regime, 1930-1945. Durham: Duke University Press, 2001.

Estudo folkcomunicacional dos primórdios da formação da cultura gaúcha aos anos 80 do século XX

Ana Paula Almeida Miranda[1]
Beatriz Dornelles[2]

Para entender as mudanças sociais, os métodos científicos da antropologia, iniciados no século XIX, evoluíram e ampliaram-se os estudos dos costumes da cultura popular nas localidades rurais e urbanas. Beltrão (1967), em suas pesquisas jornalísticas, observou a reação dos não letrados ao impacto da moderna comunicação de massa e sua força condutora de audiência, verificando a criatividade espontânea popular na criação de elementos de mediação com suas próprias modalidades comunicacionais, dando surgimento à palavra Folkcomunicação, na defesa de sua tese de doutorado, na Universidade de Brasília, em 1967, intitulada *Folkcomunicação: um estudo dos agentes e meios populares de informação de fatos e expressões de idéias*.

Neste estudo, buscamos nas origens da colonização do Rio Grande do Sul até o século XIX traços da identidade do gaúcho, presentes ainda hoje na música tradicionalista e nas poesias, disseminadas entre a população especialmente pelo rádio nos anos 80 do século XX. Trata-se de pesquisa bibliográfica, a partir de estudos etnográficos com foco na Folkcomunicação, e análise da letra de três canções gaúchas como evidência do folclore e comunicação entre populações rurais e urbanas. A relevância deste estudo está no fato de que a Teoria da

---

[1] Doutoranda do Programa de Pós-Graduação em Comunicação da Escola de Comunicação, Artes e Design da Pontifícia Universidade Católica do Rio Grande do Sul.
[2] Doutora em Jornalismo pela USP, professora titular do Programa de Pós-Graduação em Comunicação da Escola de Comunicação, Artes e Design da Pontifícia Universidade Católica do Rio Grande do Sul.

Folkcomunicação, como base de estudo da cultura gaúcha, praticamente inexiste.

Como traço cultural, Carneiro (2013, p. 67), ao discutir as bases conceituais do folclore brasileiro, define que ele "nada tem de morto, parado ou imutável". Ao contrário, como fenômeno social "é dinâmico em sua essência e está em constante transformação". Segundo ele, "através do folclore, o povo se faz presente na sociedade, afirma-se no âmbito da superestrutura ideológica – e nela encontra a sua tribuna". Pois, "se o povo utiliza formas antigas para se exprimir, não o faz apenas porque essas formas tenham tido importância no passado, mas porque tem importância para seu futuro" (2008, p. 24). O folclore como reivindicação encontra-se na literatura oral contra injustiças sociais, econômicas ou políticas.

A socióloga brasileira Maria Isaura Queiroz, em uma de suas reflexões, (1969) entende o folclore como o conjunto de conhecimentos, provérbios, cantos, mitos, legenda, crenças que se incorporam à tradição de uma comunidade [...]. O termo tradição, segundo a antropóloga (2013, p. 81), é compreendido como

> transmissão, durante longo espaço de tempo, de doutrinas, de lendas, de costumes etc., efetuada principalmente pela palavra e pelo exemplo. Nem tudo que é vulgar, que é espontâneo, que é anônimo, que é coletivo, é por isso mesmo folclórico; para que o seja é necessário que tenha tido duração apreciável num meio social, e que tenha sido transmitido informalmente de uma geração para outra (QUEIROZ, 2013, p. 81-82).

Quando lançou seus primeiros estudos sobre comunicação, Beltrão buscava responder como as populações rurais, mais afastadas dos centros urbanos, se comunicavam. Ou seja, "quais eram os canais, veículos, meios de comunicação por onde essas opiniões podiam ser manifestadas e como essas eram atendidas pela produção jornalística?" (BELTRÃO, 2001, p. 74). O que intrigava o mestre era o alheamento em que os jornalistas e governos se mantinham ante essa realidade enigmática, "que é a comunicação sub-reptícia de alguns milhões de cidadãos alienados do pensamento das elites dirigentes", explica Gobbi (2013, p. 105).

Essa preocupação de Beltrão pode ser vista hoje, transformada pela evolução das tecnologias, em que existem milhões de brasileiros excluídos da comunicação digital e das mídias tradicionais (rádio, televisão, jornal, revista etc.), sem saberem ao certo o que acontece em sua região, no país e no mundo. São as zonas de deserto de notícias. Para piorar, surgiram, com a mesma velocidade de um cometa, as *fake news*, palavra da língua inglesa desconhecida por milhões de brasileiros. Como será que essa parcela da população decide seu futuro? Que tipo de comunicação existe entre eles? Quais suas preocupações? Independentemente de questões como essas, sabemos que a tradição é um elemento importante para o cotidiano desses cidadãos, muitas vezes, inclusive, para sua sobrevivência. É um dos exemplos da importância social da cultura e tradição.

Trigueiro (2013) conta que quando Beltrão leu as publicações de folcloristas como Câmara Cascudo, Alceu Maynard, Edison Carneiro e do sociólogo Joffre Dumazedier, percebeu que existiam outros processos de comunicação além daqueles já consagrados nos estudos acadêmicos. Descobriu que as classes populares ou marginalizadas socialmente, através de seus ritos, sabenças, linguagens, artes e técnicas organizavam-se e interagiam socialmente usando canais próprios de comunicação que possibilitavam a perpetuação dos seus valores culturais – simbólicos e materiais – de geração a geração, através de processos dinâmicos sociais.

Para fins de estudo de folclore ou de cultura popular do Brasil, adotamos para este estudo as definições apresentadas por Manuel Diégues Júnior em 1970, durante Simpósio sobre Folclore e Turismo Cultural, em São Paulo, publicado na Revista Brasileira de Folclore. Em seu estudo, Diégues Júnior afirma que é evidente que o folclórico é regional, espaço ou território onde o fato surge, criado ou inventado, com seus aspectos peculiares. Isso não retira o aspecto universal do folclore, a universalidade das manifestações folclóricas, a existência de ideias, crenças, fatos que estão presentes no folclore. "O regional recebe do universal o seu sentido peculiar, sua originalidade social, sua característica mais íntima" (DIÉGUES JÚNIOR, 2013, p. 379).

Importante salientar que em seu estudo, Diégues Júnior esclarece que o que entende por região para fins de estudo folclórico ou de natureza social ou cultural é o espaço físico-social ou físico-cultural, ou seja, aquele em que os aspectos sociais e os traços culturais apresentam características comuns.

> O regional não é estadual nem municipal; podem em alguns casos, coincidir. Há sempre, na ideia regional, uma base física de ambiente formado por condições climáticas, de vegetação, de solo, de animais, de água; e de base social, de formação de grupo humano, do processo de ocupação pelo homem, nas relações sociais que se estabelecem, com traços culturais que o distinguem ou o caracterizam mais especificamente (DIÉGUES JÚNIOR, 2013, p. 379).

São esses traços que distinguem uma região em face de outra região. Portanto, a base regional é fundamental para qualquer estudo cultural ou folclórico, considerando técnicas de trabalho, tipos de vestuário, lendas, mitos, crenças religiosas, entre outros aspectos. As peculiaridades da região, de grupo étnico, de formação cultural, de gênero de vida da região imprimem no folclore sua feição regional, sem prejuízo de seu caráter universal.

Grande maioria dos antropólogos e folkcomunicadores de destaque nacional, que se propuseram a classificar o folclore brasileiro, destacaram a região Sul – Paraná, Santa Catarina e Rio Grande do Sul – com aspectos semelhantes, distinguindo-se das demais regiões e microrregiões do Brasil. Entretanto, no Rio Grande do Sul há uma região que possui especificidades únicas, não comparáveis com o Paraná, Santa Catarina e mesmo com o próprio Estado. Trata-se da região das Missões e fronteiriças, ricas em mitos, folclores e histórias de guerras. A comunicação dos gaúchos dessa região muito se dá pela cultura e tradição: festivais, danças típicas, músicas, gastronomia, festejos, futebol, churrasco, chimarrão, versos em prosa, poesias, romances, contos, todas com ênfase no modo de vida, nos costumes e nos feitos de heróis de guerra.

Sobre o Rio Grande do Sul

O Rio Grande do Sul é responsável pela mais longa rebelião do período regencial contra a monarquia portuguesa, quando o Brasil ainda era uma colônia de Portugal. A revolta chamou-se Revolução Farroupilha, mas também é conhecida por Guerra dos Farrapos ou Decênio Heróico (1835-1845). Durante quase dez anos, os rebeldes do Rio Grande do Sul buscaram legitimar seu movimento contra o Império do Brasil. Nesse sentido, as ideias liberais, republicanas e federalistas que haviam se difundido a partir da Revolução de Maio, no Rio da Prata, ganharam corpo entre algumas lideranças da República Rio-Grandense. Cientes de que a imprensa poderia se constituir num veículo eficiente de propaganda, sucessivamente foram editados os jornais oficiais do governo revolucionário (GUAZZELLI, 2005).

A guerra eclodiu em 1835 e estendeu-se até 1845. Durou 10 anos e foi liderada pela classe dominante gaúcha, formada por criadores de gado. Lutaram na guerra os escravos, que receberam a promessa de serem libertados, índios e brancos das camadas mais pobres da população.

O Estado foi palco das disputas entre portugueses e espanhóis desde o século XVII. Para os líderes locais, o fim dos conflitos deveria inspirar o governo central a incentivar o crescimento econômico do Sul como pagamento às gerações de famílias que lutaram em defesa das terras portuguesas por muitos anos, mas isso não aconteceu.

A partir de 1821, o governo central passou a impor a cobrança de taxas pesadas sobre os produtos rio-grandenses, como charque, erva-mate e couros. No início da década de 30, do século XIX, o governo aliou a cobrança de uma taxa extorsiva sobre o charque gaúcho a incentivos para a importação do Prata. Ao mesmo tempo, aumentou a taxa de importação do sal, insumo básico para a fabricação do produto. Além disso, se as tropas que lutavam nas guerras entre Portugal e Espanha eram gaúchas, seus comandantes vinham do centro do país. Tudo isso causou grande revolta na elite rio-grandense (GUAZZELLI, 2005).

Em 20 de setembro de 1835, os rebeldes entraram em Porto Alegre, capital do Estado, obrigando o presidente da província, Fernandes Braga, a fugir para a cidade litorânea de Rio Grande. O general Bento Gonçalves, que planejou o ataque, empossou no cargo o vice, Marciano Ribeiro. O governo imperial nomeou José de Araújo Ribeiro para o lugar de Fernandes Braga, mas esse nome não agradou os farroupilhas (o principal objetivo da revolta era a nomeação de um presidente que defendesse os interesses rio-grandenses) e esses decidiram prorrogar o mandato de Marciano Ribeiro até 9 de dezembro. Araújo Ribeiro, então, decidiu partir para Rio Grande e tomou posse no Conselho Municipal da cidade portuária. Bento Manoel, um dos líderes do 20 de setembro, decidiu apoiá-lo e rompeu com os farroupilhas.

Bento Gonçalves convidou Araújo Ribeiro a tomar posse em Porto Alegre, mas esse recusou. Com a ajuda de Bento Manoel, o traidor, Araújo conseguiu a adesão de outros líderes militares, conforme A Revolução Farroupilha – história documental para a juventude (1985). Em 3 de março de 1836, o governo ordena a transferência das repartições da capital para Rio Grande. Em represália, os farroupilhas prenderam em Pelotas o conceituado major Manuel Marques de Souza, levando-o para Porto Alegre e confinando-o em um navio-prisão.

Os imperiais passaram a planejar a retomada de Porto Alegre, o que ocorreu em 15 de julho. Bento Gonçalves tentou reconquistar a cidade duas semanas depois, mas foi batido. Entre 1836 e 1840 Porto Alegre sofreu 1.283 dias de sítio, mas nunca mais os farrapos conseguiriam penetrar na cidade.

Em 9 de setembro de 1836, os farrapos, comandados pelo General Netto, impuseram uma violenta derrota ao coronel João da Silva Tavares, no Arroio Seival, próximo à cidade de Bagé, fronteira com o país vizinho, o Uruguai. Empolgados pela grande vitória, os chefes farrapos no local decidiram, em virtude do impasse político em que o conflito havia chegado, pela proclamação da República Rio-Grandense. O movimento transformou-se na independência do Rio Grande do Sul, tendo como presidente o general Bento Gonçalves.

A República Rio-Grandense teve três capitais: Piratini, Caçapava do Sul e Alegrete, três cidades localizadas na região de fronteira do Estado com os países vizinhos Argentina e Uruguai. Alegrete foi a última capital da República Rio-Grandense, onde foi escrita e promulgada a Constituição do novo país. Também fez parte do movimento farroupilha, a edição de três jornais.

O Povo foi o mais importante periódico oficial da República Rio-grandense. Autointitulava-se "jornal político, literário e ministerial da República Rio-grandense". Foi editado por Luigi Rossetti, italiano carbonário que se aliou aos rebeldes, junto com seu conterrâneo Giuseppe Garibaldi, o herói dos dois mundos. As prensas foram compradas pelo fazendeiro e intelectual Domingos José de Almeida, em Montevidéu, com o produto da venda de 17 escravos de sua propriedade no mesmo local. A tipografia e redação foram inicialmente instaladas na casa de Rossetti e de Giuseppe Garibaldi.

Foi o primeiro periódico publicado depois da proclamação da República Rio-grandense, iniciando suas funções, com sede em Piratini, de 1º de setembro de 1838 a 6 de março de 1839. Depois o jornal transferiu-se para Caçapava do Sul, com a mudança da capital da República, continuando a ser editado até 22 de maio de 1840. Foi brevemente editado por Giovanni Battista Cuneo[3], depois da saída de

---

[3] **Giovanni Battista Cuneo** – nasceu em Oneglia, Itália, em 1809 e morreu em Florença, a 18 de dezembro de 1875. Foi marinheiro de profissão, destacou-se posteriormente como jornalista, político, escritor e revolucionário italiano, com passagem pela Argentina, Uruguai e Rio Grande do Sul, na ocasião em que se formavam as repúblicas do sul da América. Aderiu ao movimento Jovem Itália e em 1833 conheceu Giuseppe Garibaldi em Taganrog, no sul do Mar Negro, a quem apresentou a organização. Mais tarde se encarregou de difundir as ideias de Giuseppe Mazzini entre os imigrantes italianos na Argentina. Morando no Uruguai, apoiou a Revolução Farroupilha, intermediando negócios com Montevidéu. Após a saída de Luigi Rossetti da redação do jornal O Povo, viajou de Montevidéu para o território rio-grandense, onde permaneceu pouco tempo. Iniciou suas atividades no jornal farroupilha em sua edição de número 156, do dia 6 de maio, permanecendo no cargo apenas até a publicação do 160º número do periódico, de 22 de maio. Cuneo resolveu não ingressar nas fileiras de guerra dos republicanos e retornou ao Uruguai. Disponível em: https://pt.wikipedia.org/wiki/Giovanni_Battista_Cuneo. Acesso em: 27 jan. 2021.

Rossetti, pouco menos de um mês antes do término do jornal, já que a tipografia farroupilha foi atacada por tropas imperiais e destruída.

O Povo era bissemanal, circulava às quartas-feiras e aos sábados, quando não havia interrupção devido a circunstâncias da guerra. Durou mais tempo e teve mais números de edições publicadas do que o jornal farroupilha anterior, O Mensageiro, que tivera pouco mais de um ano de atividade, entre 22 de abril de 1835 e 3 de maio de 1836. O jornal contou com 160 edições – duas por semana – de 1º de setembro de 1838 a 22 de maio de 1840, em Piratini, e depois em Caçapava.

Em Alegrete, foram publicados os 36 números de "O Americano", seguidos dos três exemplares do "Estrella do Sul", cobrindo o período de 24 de setembro de 1842 a 15 de março de 1843. Esses periódicos eram oficiais, mas seu conteúdo continha uma variedade enorme de assuntos – humorismo, poesia, ditados e máximas populares –, que incluíam as notícias sobre a sedição, propaladas pela imprensa legalista da província e de fora dela. As matérias doutrinárias quase nunca eram assinadas. No caso de *O Povo*, a maioria delas foi escrita por Rossetti.

Já nos jornais editados em Alegrete (O Americano e Estrella do Sul), sem a participação do italiano Rossetti, as matérias de cunho político, que tratavam de representação parlamentar, direitos individuais e públicos, matérias constitucionais e organização do Estado, normalmente reproduziam artigos de pensadores universalmente famosos (Benjamin Constant, Ramón Salas e outros), trazendo a público ideias de Maquiavel, Montesquieu, Rousseau, Voltaire, Hobbes, Hume, Jefferson etc.

Antes e após a Revolução Farroupilha, os alegretenses e a população da fronteira, participaram de várias guerras e batalhas envolvendo os países vizinhos e também com seus concidadãos de ideologias opostas. Essa realidade tornou-se cultura em Alegrete e até hoje a população é vista como "guerreira", bem como as demais que compõem a região fronteiriça. E como destacou Beltrão (2004), não há melhor laboratório para observar o fenômeno comunicacional do que uma região. É nela que se definem os diferentes sistemas de comunicação cultural, "do intercâmbio de ideias, informações e sentimentos" (BELTRÃO, 2004, p. 57).

O português falado na cidade contém muitos vocábulos espanhóis, herdados de uruguaios e argentinos, o que não acontece em outras regiões do Brasil, onde se percebe uma cultura muito ligada ao sincretismo religioso entre portugueses, índios e negros. Porém, ao tratar do gaúcho, deve-se apreciar devidamente o fator econômico como a principal causa de sua formação, bem como deve ser levado em consideração o estudo das relações entre os colonos europeus e os índios, fator importante em sua formação (ANTUNES, 1995).

Desde seu aparecimento, o gaúcho, ainda sem nome, era desprezado pelos colonizadores. Dedicava-se à caça de gado selvagem para vender couros de contrabando aos comerciantes europeus que traziam as utilidades de que necessitavam e cuja entrada era proibida severamente pelas leis espanholas e portuguesas. Assim, o gaúcho é um tipo social genuinamente crioulo. Nasceu e se formou inteiramente no meio criado pela introdução do cavalo e do boi, sendo mais marcante a sua presença nas planícies rio-grandenses da região sudoeste, oeste e planícies platinas, conforme narra Antunes (1995).

> Os gaúchos, nômades, habituados nas margens do Rio da Prata, principalmente das campinas ao norte de Montevidéu, estendem-se igualmente em todo o território banhado pelo Paraguai, Paraná e Uruguai, até o oceano, em todas as partes onde há estâncias ou charqueadas em que servem de peões. Carregavam gosto por uma vida fácil e de perfeita liberdade. Sem chefes, sem leis, sem polícia, os gaúchos não têm, da moral social, senão as ideias vulgares, e sobretudo uma sorte de probidade condicional que os leva a respeitar a propriedade de quem lhes faz benefício ou de quem os emprega, ou neles deposita confiança (DREYS, 1839 apud ANTUNES, 1995, p. 180).

Essa citação, publicada em Notícia Descritiva da Província do Rio Grande de São Pedro do Sul, descreve bem as características comportamentais na origem da formação do gaúcho. E mais, segundo Dreys, esses gaúchos andavam sempre armados e em marcha, combatendo soldados, milícias e os guardas fiscais das duas nações, como também os índios e bugres, viviam como uma tribo mista, não pertencendo politicamente nem aos portugueses, nem aos espanhóis, nem aos indígenas. Comunicavam-se com todos em busca do contrabando. E esses foram os primeiros habitantes a circularem pelos campos do Rio Grande.

Mais recentemente, Oliven (2006), ao escrever sobre a construção social da identidade gaúcha, observou as manifestações culturais do Rio Grande do Sul na década de 80, do século passado, destacando o impressionante número de atividades ligadas às tradições. Segundo ele, o renascimento das coisas gaúchas, na época, era responsável pela existência de quase 2.500 entidades tradicionalistas no Brasil, mais de 40 festivais de música nativistas, envolvendo um público de aproximadamente um milhão de pessoas, e de vários rodeios.

Esse movimento tradicionalista ajuda a explicar o consumo de produtos culturais voltados a temática gaúcha como programas de televisão e rádio, colunas jornalísticas, revistas e jornais especializados, editoras, livros, livrarias e feiras de livros regionais, publicidade que faz referência direta aos valores gaúchos, bailões, conjuntos musicais, cantores e discos, restaurantes típicos com shows de músicas e danças, lojas de roupas gauchescas etc. "Trata-se de um mercado de bens materiais e simbólicos de dimensões muito significativas que movimenta grande número de pessoas e recursos e que, pelo visto, está em expansão" (OLIVEN, 2006, p. 152).

Algumas atividades ligadas às tradições gaúchas alcançam cifras impressionantes, como é o caso das atividades da Semana Farroupilha, que se realizam anualmente em quase todos os municípios do Rio Grande do Sul, entre 14 e 20 de setembro, Dia do Gaúcho, data da eclosão da Revolução Farroupilha.

O vocabulário das regiões de agropecuária foi introjetado em outras localidades do Rio Grande do Sul, incluindo sua capital, no período que se consolida a cultura no estado, especialmente pela popularização de músicas gaúchas, com temas da fronteira-oeste, culinária, dança, hábitos, entre outros.

Adotando o conceito de Cortazar (1959, apud BELTRÃO, 2004), entendemos por "folclore" o conjunto completo de manifestações que refletem quase todos os aspectos da vida tradicional de um povo, envolvendo todas as expressões da vida do grupo popular em estudo, respondendo "às características folclóricas de regionalismo, funcionalidade e tradição" (CORTAZAR, 1959, apud BELTRÃO, 2004, p. 68). Essas características foram estudadas por Beltrão (2004) para analisar a forma de comunicação de comunidades excluídas dos veículos da época: jornais, rádios e televisão, teoria que leva o nome de Folkcomunicação. Ela congrega camadas da sociedade rural e urbana, alienadas das políticas públicas, com baixa escolaridade e que utilizam meios de folk para a expressão de suas informações, costumes, ideias e anseios, como as trovas, as poesias, as músicas, os contos, as danças, o artesanato, a gastronomia, as vestimentas, os rituais etc.

Para análise da comunicação popular, através da qual se reflete a cultura regional e sua tradição, é fundamental conhecermos a origem e a história social de determinada comunidade, ampliando os estudos dos costumes da cultura popular rural e urbana. Aplicando essa etnografia das camadas populares urbanas em suas pesquisas jornalísticas, Beltrão observou a reação dos não letrados ao impacto da moderna comunicação de massa e sua força condutora de audiência, verificando a criatividade espontânea popular na criação de elementos de mediação com suas próprias modalidades comunicacionais, dando surgimento à palavra Folkcomunicação, ao defender sua tese de doutorado, na Universidade de Brasília, em 1967, intitulada *Folkcomunicação: um estudo dos agentes e meios populares de informação de fatos e expressões de ideias.*

Dentro desta perspectiva cultural, analisamos a presença do linguajar do campo, das lutas que marcaram essa região, da chegada da tecnologia, da valentia, do sentimento de injustiça e outros sinais da formação da identidade do gaúcho, em três composições famosas no Rio Grande do Sul, até hoje cantada e apreciada por sua população.

Essas músicas foram apresentadas nos Festivais da Califórnia da Canção Nativa[4], na cidade de Uruguaiana, divisa com Paso de los Libres, na Argentina, interpretadas pelo nativista Leopoldo Rassier[5]. As letras das canções revelam, em tom poético, a essência da identidade e cultura gaúchas, presente no imaginário da população.

Na interpretação das músicas nativistas, a voz de Rassier foi reproduzida em todas as rádios do Estado e cantada com orgulho pelo povo gaúcho desde os anos de 1970 do século passado. É considerado um dos maiores intérpretes do Rio Grande do Sul, com destaque para as músicas: "Não Podemos se Entregá Pros Home", "Veterano" e

---

[4] O movimento nativista gaúcho surgiu com a criação da Califórnia da Canção Nativa do Rio Grande do Sul, na cidade de Uruguaiana, em 1971. Nas mais diversas cidades do país havia grande movimentação cultural com a realização de festivais de música popular brasileira. O mercado da música gaúcha estava voltado para o regionalismo e o tradicionalismo. A Califórnia da Canção foi promovida por um grupo ligado ao Centro de Tradições Gaúchas (CTG) Sinuelo do Pago, em Uruguaiana. Chegou a atrair 60 mil pessoas. Na década de 80, surgem novos festivais e um verdadeiro turbilhão nativista começa a tomar conta do Estado. Os jovens passam a vestir bombachas e alpargatas, sair às ruas dos grandes centros com suas mateiras e formar rodas de mate nas praças. Na década de 80 surge a primeira emissora de rádio segmentada exclusivamente na cultura gaúcha, a Rádio Liberdade FM. Antes disso, algumas emissoras já faziam cobertura jornalística dos festivais de música e aos eventos da tradição. O primeiro disco da Califórnia foi gravado em São Paulo. O movimento estruturou o mercado de trabalho, gerando uma espécie de indústria cultural gaudéria. O consumo discográfico gaúcho alcançou nos anos 70, 80 e 90 a expressiva cota de 2 milhões de discos ao ano. Assim como o tradicionalismo dá sustentação aos conjuntos musicais em seus fandangos, o nativismo faz surgir novos valores que em breve tornam-se profissionais e passam a atuar como contratados dos próprios festivais para espetáculos especiais. Alguns deles já se orgulham da conquista do Disco de Ouro pela vendagem de 100 mil cópias de seus CDs. Apesar de ter dado uma nova vida aos festivais, a Califórnia da Canção Nativa não acontece mais, embora a lei que a cria não tenha sido revogada (MENDONÇA, 2018).

[5] Leopoldo Souza Soares Rassier nasceu e se educou em Pelotas, querência de tradições aristocráticas. Era de família rica, de grandes terra-tenentes, bisneto do barão de Souza Soares, da nobreza portuguesa. Rico, "bonito como um puma", dono de preciosa voz de tenor, o Leopoldo era o *enfant gaté* do sucesso. Criado em estância, era o campeiro sem bravatas, mas homem de pé no estribo. Leopoldo Rassier foi *praetor peregrinus*, juiz do trabalho aprovado em curso, mas não empossado, professor, comunista militante, consultor da Assembleia Legislativa do Estado, fazendeiro, poliglota, viajante incansável (morou em Moscou por dois anos), um dos cinco filhos de Gaston e Olenka. Depois de se aposentar do serviço público, advogava e cuidava da fazenda que herdara dos pais. O músico e advogado Leopoldo Rassier, morreu aos 63 anos, no dia 6 de fevereiro, em Porto Alegre, vítima de câncer. Apesar do sucesso das inúmeras músicas que apresentou nos festivais do estado, o cantor gravou apenas um disco próprio: *Não Podemo se Entregá pros Home* (1986). Sua voz era inconfundível. A história da Califórnia jamais poderá ser contada sem que sejam citadas as participações de Leopoldo Rassier no evento. Em 1972, na segunda edição da Califórnia, interpretou *Gaudêncio Sete Luas*, mais tarde *Sabe Moço* e *Não Podemo Se Entregá Pros Home* receberam o Prêmio de Música Mais Popular. Veterano, em 1980, no auge do movimento nativista, recebeu a Calhandra de Ouro – o prêmio máximo do festival.

"Sabe Moço". A leitura das letras das composições ajudam a identificar elementos da identidade do gaúcho[6].

Análise das letras de músicas interpretadas por Rassier
NÃO PODEMOS SE ENTREGAR PROS HOME

De: Humberto Gabbi Zanatta
O gaúcho desde piá vai aprendendo
A ser valente, não ter medo, ter coragem
Em manotaços dos tempos e em bochinchos
Retempera e moldura a sua imagem

(Não podemos se entregar pros home
Mas de jeito nenhum amigo e companheiro
Não tá morto quem luta e quem peleia
Pois lutar é a marca do campeiro)

Com lança, cavalo e no peitaço
Foi implantada a fronteira deste chão
Toscas cruzes solitárias nas coxilhas
A relembrar a valentia de tanto irmão

E apesar dos bons cavalos e dos arreios
De façanhas, garruchas, carreiradas
E *a lo largo* o tempo foi passando
Plantando novo rumo em suas pousadas

E eram cercas, porteiras, aramados
Veio o trator com seu ronco matraqueiro
E no tranco sem fim da evolução
Transformou a paisagem dos potreiros

---

[6] As três músicas estão disponíveis em: https://www.letras.mus.br/leopoldo-rassier/286028/#radio:leopoldo-rassier. Acesso em: 6 nov. 2021.

E ao contemplar o agora dos seus campos
O lugar onde seu porte ainda fulgura
O velho taura dá de rédeas no seu eu
E esporeia o futuro com bravura

O título desta canção – *Não podemo se entregá pros home* – faz referência à disposição do gaúcho em lutar e protestar contra políticas de governos que sufocam as atividades econômicas do campo ou na vida social, disposição adquirida desde o início da colonização rio-grandina. A frase "Não tá morto quem luta e quem peleia, pois lutar é a marca do campeiro" fala exatamente dos anos de luta contra os impérios português e espanhol, que acabou resultando na Revolução Farroupilha.

Na estrofe "em manotaços dos tempos e em bochinchos, retempera e moldura a sua imagem" é usada uma metáfora, pois refere-se aos golpes e pancadas dadas pelos cavalos, significando os combates que foram travados ao longo da vida, as brigas, as desordens, que fortificaram o homem, marcando sua imagem.

No estribilho aparece um diálogo entre dois gaúchos, onde se reforça a coragem de não se entregar em uma briga para os poderosos, "mas de jeito nenhum", amigo e companheiro. E lembra o gaúcho que não tá morto quem luta e quem peleia, pois lutar é a marca do campeiro. Mais uma vez se vê na frase a memória do homem do campo em relação às lutas e combates. E o gaúcho lembra, que no passado, enfrentaram os inimigos com lança, cavalo e no peitaço (na coragem de lutar homem a homem, de peito aberto), com a valentia de muitos irmãos mortos, fato que possibilitou a marcação da fronteira com uruguaios e argentinos.

E o gaúcho que narra a história nessa canção, relembra que apesar dos bons cavalos e dos arreios, de façanhas, garruchas e carreiradas, o tempo foi passando e a vida tomou um novo rumo com a chegada do trator, que modificou a paisagem e o som dos potreiros.

Um narrador toma a palavra na última estrofe para relatar o presente do velho taura, valentão, destemido, corajoso em sua morada.

Com outra metáfora, conta que ele assume o seu "eu" e enfrenta com bravura o seu futuro, contemplando seus campos onde sua figura ainda brilha.

A segunda canção a demonstrar a identidade e cultura do povo gaúcho, chama-se

SABE MOÇO
De: Francisco Alves

Sabe, moço
Que no meio do alvoroço
Tive um lenço no pescoço
Que foi bandeira pra mim.
Que andei em mil peleias
Em lutas brutas e feias
Desde o começo até o fim.

Sabe, moço
Depois das revoluções
Vi esbanjarem brasões
Pra caudilhos coronéis.
Vi cintilarem anéis
Assinatura em papéis
Honrarias para heróis

É duro, moço
Olhar agora pra história
E ver páginas de glórias
E retratos de imortais.
Sabe, moço
Fui guerreiro como tantos
Que andaram nos quatro cantos
Sempre seguindo um clarim

E o que restou?
Ah, sim
No peito em vez de medalhas,
Cicatrizes de batalhas
Foi o que sobrou pra mim

Ah, sim
No peito em vez de medalhas,
Cicatrizes de batalhas
Foi o que sobrou pra mim

Esta canção é a história de um combatente gaúcho, que conta para um moço sua participação em lutas brutas e feias, com um lenço no pescoço, que representou sua bandeira do começo ao fim das batalhas. Ele se mostra inconformado com o que viu após as revoluções e faz um protesto ao esquecimento dos soldados que lutaram em defesa do Rio Grande do Sul, muito provavelmente referindo-se à Revolução Farroupilha.

Viu esbanjarem brasões de bravura para caudilhos coronéis, os grandes fazendeiros que comandavam as tropas, formadas por índios e escravos. Viu cintilarem os anéis, condecorações em papéis e honrarias para os heróis. Mas, para ele, é duro, difícil olhar para história, ler páginas de glórias e retratos de caudilhos imortais, sendo ele um guerreiro como tantos que lutaram, que andaram pelos quatro cantos, sempre seguindo um clarim, instrumento de comunicação utilizado pelo Exército brasileiro em batalhas no século XIX, representando comandos como Atacar, Recuar, Atirar.

O soldado, ao interpretar o pós-guerra, compreende que o que restou para ele, enquanto um dos guerreiros, em vez de medalhas no peito, foram as cicatrizes de batalha. Mostra a solidão que os combatentes enfrentam, a exclusão dos círculos sociais da elite, o descaso com a participação de cada soldado na guerra e nenhuma honraria.

Essa é outra composição que também relembra os tempos de guerra e revoluções no Rio Grande do Sul e a coragem e bravura dos soldados que participaram das peleias.

A terceira canção, intitulada Veterano, homenageia o cavalo, a liberdade nos campos, a coragem como sustentação da honra, o chimarrão e outros traços de identificação dos gaúchos do campo, misturando-se

VETERANO
De: Antonio Augusto / Ewerton Ferreira

Está findando meu tempo
A tarde encerra mais cedo
Meu mundo ficou pequeno
E eu sou menor do que penso

O bagual tá mais ligeiro
O braço fraqueja as vezes
Demoro mais do que quero
Mas alço a perna sem medo

Encilho o cavalo manso
mas boto o laço nos tentos
Se força falta no braço
Na coragem me sustento

(Se lembro o tempo de quebra
A vida volta pra traz
Sou bagual que não se entrega
Assim no mais).

Nas manhãs de primavera
Quando vou para rodeio
Sou menino de alma leve
Voando sobre o pelego

Cavalo do meu potreiro
Mete a cabeça no freio
Encilho no parapeito
Mas não ato nem maneio

Se desencilha o pelego
Cai o banco onde me sento
Água quente de erva buena
para matear em silêncio.

Neste fogo onde me aquento
Remôo as coisas que penso
Repasso o que tenho feito
Para ver o que mereço.

Quando chegar meu inverno
Que me vem branqueando o cerro
Vai me encontrar venta-aberta
De coração estreleiro.

Mui carregado dos sonhos
Que habitam o meu peito
E que irão morar comigo
No meu novo paradeiro.

A primeira estrofe fala do envelhecer do gaúcho, que se sente menor do que pensa, pois o mundo ficou pequeno. Mas continua um homem forte, ligeiro na lida campeira. E destaca que a força do braço pode fraquejar, demorar mais tempo do que anteriormente, mas executa a tarefa sem medo, aparecendo nesta canção a coragem onde o homem do campo se sustenta em companhia de seu cavalo. Reforça que é homem que não se entrega por pouca coisa.

O cavalo, nessa poesia, aparece como uma personificação do próprio gaúcho, em que o eu lírico substitui a palavra "morte" por "inverno", pois os cavalos velhos costumam morrer no inverno e afirma que ainda estará animado, resfolegante como um cavalo de "ventas abertas" e com o coração "estreleiro" como os cavalos que levantam a cabeça de impaciência (COPETTI, 2014).

A letra da música faz menção também à primavera, estação muito apreciada por ter uma temperatura amena, nem muito frio, nem muito quente. É nessa estação que o gaúcho participa de rodeios, voando sobre o cavalo, sentindo-se como um menino de alma leve. Sobre o costume do campo, destaca que encilha seu cavalo no parapeito, mas não ata nem maneia. E se desencilha o pelego, cai o banco onde se senta. Em silêncio, mateia com erva boa e água quente.

Outro elemento do cotidiano gaúcho é o fogo para se aquecer. Sentado, tomando mate, repassa as coisas que tem feito para ver o que merece. Pensa na chegada do inverno, quando estará com o coração aberto e pronto para enfrentar a geada que branqueia os campos. Além disso, estará cheio de sonhos em seu novo paradeiro.

Considerações finais

O que podemos perceber nessas canções são histórias que evidenciam costumes, crenças, folclore, presentes em diferentes e diversas manifestações e que repercutem intensamente nas camadas mais populares da fronteira, especialmente dos trabalhadores rurais, que lidam no campo aberto nas estâncias. São as formas culturais do viver de um povo, incorporadas ao universo simbólico da comunidade gaúcha.

Essas manifestações culturais rompem o isolamento social que comunidades inteiras são submetidas por imposição das elites. É neste cenário que as manifestações locais – que permeiam as diferenças regionais – eclodem com implicações sociais, econômicas, políticas e culturais, surgindo assim as manifestações de cultura regional como produto derivado das diferenças histórico-geográficas-culturais.

A música gaúcha de origem tradicionalista, segundo análise de Copetti (2014) parece ter origem na "escola literária do parnasianismo", por sua semelhança quando canta coisas da natureza e do ambiente como: a terra, o chão, os costumes, o cavalo – e pela musicalidade, "sempre buscando a rima num arranjo muito acertado com as melodias, criando entre letra, música e dramatização, uma dinâmica que rebusca origens e paixões" (COPETTI, 2014).

O estilo musical gauchesco mostra também origens fortes na música flamenca espanhola e na música portuguesa. Os campos harmônicos bem arranjados, denotam ritmos bem elaborados e melodias com dois ou mais violões. "Com uma formação harmônica/melódica complexa, a música tradicionalista torna-se difícil de ser interpretada em alguns casos, por outros grupos ou músicos que não possuem ligação direta com a cultura gaúcha", avalia Copetti (2014). Algumas metáforas e temas são particularmente frequentes na música gaúcha. A primeira delas é o amor pelo Rio Grande do Sul.

O amor pelo Rio Grande do Sul muitas vezes toma a forma de um amor pelo mundo rural do peão gaúcho, mundo este muitas vezes retratado como em extinção. O segundo tema muito presente é o cavalo (geralmente da raça crioula, mas isso nem sempre fica explícito), que aparece de diversas maneiras; primeiro, como um objeto de admiração e companheiro de trabalho. Segundo, o cavalo também aparece como uma personificação do próprio gaúcho, como no verso da música "Veterano", acima analisada.

Referências

ANTUNES, Maria Ignácia de Souza. **Raízes Sócio-econômicas de Alegrete**. Porto Alegre: Evangraf, 1995.

A REVOLUÇÃO FARROUPILHA: história documental para a juventude. Sesquicentenário da Revolução Farroupilha, 1985.

BELTRÃO, Luiz. Folkcomunicação: um estudo dos agentes e dos meios populares de informação dos fatos e expressão de ideias. Coleção Comunicação, v. 12, Porto Alegre: Edipucrs, 2001. In: MARQUES DE MELO, José e FERNANDES, Guilherme (orgs.). **Metamorfose da Folkcomunicação – Antologia Brasileira**. São Paulo: Editae! Cultural, 2013.

BELTRÃO, Luiz. **O ex-voto como veículo jornalístico**. In: Folkcomunicação: teoria e metodologia. São Bernardo do Campo: UMESP, 2004, p. 117-124.

CARNEIRO, Edison. Dinâmica do Folclore. Rio de Janeiro: Civilização Brasileira, 1965. In: MARQUES DE MELO, José e FERNANDES, Guilherme (orgs.). **Metamorfose da Folkcomunicação – Antologia Brasileira**. São Paulo: Editae! Cultural, 2013.

COPETTI, André (2014). «Música nativista». Página pessoal. Disponível em: https://pt.wikipedia.org/wiki/M%C3%BAsica_nativista. Acesso em: 14 mar. 2022.

DIÉGUES JÚNIOR, Manuel. Regiões Culturais para o estudo do folclore brasileiro. In: MARQUES DE MELO, José e FERNANDES, Guilherme (orgs.). **Metamorfose da Folkcomunicação – Antologia Brasileira**. São Paulo: Editae! Cultural, 2013. 1.100 págs.

DREYS, Nicolau. **Notícia descritiva da Província do Rio Grande de São Pedro do Sul**. Porto Alegre: Edipucrs, 1990.

ESTRELLA DO SUL. Alegrete: Typographia Republicana Rio-Grandense, 1843.

FAGUNDES, Antonio Augusto. Morre um dos símbolos da Califórnia. **Zero Hora Digital**, em 7 fev. 2000. Disponível em: http://www.paginadogaucho. com.br/musi/i-lr.htm (página desativada). Acesso em: 12 jan. 2020.

FERREIRA, Fábio. **A trajetória política de Artigas**: da Revolução de Maio à Província Cisplatina. Revista Tema Livre, ed. 03. Disponível em: http://www. revistatemalivre.com. Acesso em: 15 mar. 2022.

GOBBI, Maria Cristina. Folkcomunicação: Intercâmbio de Mensagens segundo Luiz Beltrão. In: MARQUES DE MELO, José e FERNANDES, Guilherme (orgs.). **Metamorfose da Folkcomunicação – Antologia Brasileira**. São Paulo: Editae! Cultural, 2013.

GUAZZELLI, Cesar Augusto Barcellos. Textos e lenços: representações de federalismo na República Rio-Grandense (1836-1845). **Revista e-a,** n. 1, 2005. DOI: https://doi.org/10.11606/issn.1808-8139.v0i1p54-66. Disponível em: https://www.revistas.usp.br/alb/article/view/11604/0. Acesso em: 15 mar. 2022.

MENDONÇA, Paulo de Freitas. **Regionalismo Gaúcho.** Nativismo. Disponível em: www.nativismo.com.br. Acesso em: 15 mar. 2022.

O AMERICANO. Jornal Político, literário e ministerial da República Rio-Grandense. Alegrete: Typographia Republicana Rio-Grandense, 1842/1843.

OLIVEN, Ruben George. **A Parte e o Todo** – A diversidade cultural no Brasil-nação. Porto Alegre: Vozes, 2006.

O POVO. Jornal Político, literário e ministerial da República Rio Grandense. In: Documentos Interessantes para o estudo da grande revolução de 1835-1845. Publicação do Terceiro Departamento (História Nacional). Porto Alegre, 1930.

QUEIROZ, Maria Isaura Pereira. Funções sociais do folclore. In: MARQUES DE MELO, José e FERNANDES, Guilherme (orgs.). **Metamorfose da Folkcomunicação – Antologia Brasileira**. São Paulo: Editae! Cultural, 2013.

SÓ HISTÓRIA. Revolução Farroupilha. Disponível em: https://www.sohistoria.com.br/ef2/revolucaofarroupilha/. Acesso em: 15 mar. 2022.

TRIGUEIRO, Osvaldo. Precursores e Pioneiros. In: MARQUES DE MELO, José e FERNANDES, Guilherme (orgs.). **Metamorfose da Folkcomunicação – Antologia Brasileira**. São Paulo: Editae! Cultural, 2013.

O trabalho em publicidade: organização, arranjos econômicos e futuros possíveis

Tais Valente[1]
Cristiane Mafacioli Carvalho[2]

Introdução

A identidade moderna de trabalho assalariado e carreira estável, linear e duradoura, construída ao longo da vida produtiva de um indivíduo, parece ceder lugar a um trabalho de contingência profundamente modificado pelas transformações socioeconômicas da pós-modernidade. Para Antunes (2004), o trabalho sofre uma dupla transformação quando exige indivíduos mais estáveis, autônomos e responsáveis pelas atividades que exercem, ao mesmo tempo em que as relações de trabalho tornam-se mais flexibilizadas e, por conseguinte, precarizadas. A mediação das TIC (Tecnologia da Informação e Comunicação) rompe com as barreiras físicas e temporais e torna possível que o trabalho seja realizado de qualquer lugar, a qualquer momento, processo esse que foi acelerado em função da pandemia da Covid-19. Mesmo antes da pandemia, o teletrabalho já era exercido por muitos profissionais com modalidades mais flexíveis de trabalho. E assim como o *home office*, a pejotização, a terceirização de atividades-fins e o crescimento do mercado de *free lancers*, apontados pelos estudiosos do trabalho como fenômenos potencializados pelo trabalho digital, há muito, são práticas observadas no mercado de trabalho em publicidade. Um trabalho considerado essencialmente criativo, inovador e muito aproximado das artes, mas que se torna cada vez mais dependente das tecnologias digitais e do

---

[1] Doutoranda do Programa de Pós-Graduação em Comunicação da PUCRS.
[2] Professora do Programa de Pós-Graduação em Comunicação da PUCRS.

processamento de dados e que vivencia a padronização dos seus processos produtivos.

Conhecimento em construção, o presente artigo teórico-crítico é parte de tese que analisa as condições de trabalho em publicidade, a partir do perfil do profissional, dos modos de organização do trabalho e dos arranjos econômicos que viabilizam essas relações. Acredita-se que a tomada de consciência sobre as condições de trabalho em publicidade é o primeiro passo para identificar tendências para o futuro e preparar os profissionais para que, de fato, possam escolher os rumos que darão à sua trajetória profissional. Entende-se que este estudo pode contribuir também na perspectiva de revisão teórica sobre a área, uma vez que a escassa literatura encontrada sobre o tema necessita de constante atualização em função das transformações sofridas pelo campo publicitário e pelo mundo do trabalho.

A atividade publicitária: lugares de atuação, dinâmicas produtivas e arranjos econômicos

Estudo realizado pela Deloitte sob encomenda do Conselho Executivo das Normas-Padrão (CENP) demonstra que, no ano de 2019, 435 mil indivíduos possuíam vínculo empregatício com o setor publicitário. Os empregos diretos gerados pela produção publicitária estão fortemente concentrados na região sudeste, que abriga 56,1% dos postos de trabalho, seguida pela região Sul, com 17,6%, e pela região Nordeste, com 13,5% e são, em sua maioria, atividades no segmento da televisão aberta, rádio, agências de publicidade, portais e provedores de conteúdo e serviços de impressão de material publicitário, representando a ocupação de 196.300 trabalhadores brasileiros. Já os empregos indiretos ocupam mais de 239 mil pessoas em segmentos relacionados à indústria da publicidade, considerando empresas que possuem parte da sua receita proveniente do setor, como desenvolvedoras de *software* e aplicativos, serviços de editoria e impressão, produção e edição de som, vídeo e música, entre outras.

No Brasil, a atividade publicitária começa a articular-se no final do século XIX e profissionaliza-se a partir dos anos 1920, após a chegada das agências americanas no país. Nos anos 1960, a propaganda e a profissão de publicitário foram normatizadas no Brasil. O surgimento da agência DPZ, no final dessa década, marca o início de uma nova concepção de publicidade no país, onde a criatividade e a valorização das "pausas criativas" passam a imprimir o ritmo e a caracterizar o trabalho nessas organizações, de modo a "proporcionar condições de trabalho diferenciadas a seus talentos, a fim de estimular a sua genialidade" (CARRASCOZA, 2011, p. 7).

A partir da década de 1960 nos Estados Unidos e dos anos 1970 no Brasil, os publicitários passam a atuar em duplas criativas compostas pelo redator, responsável pela composição textual, e pelo diretor de arte, encarregado da parte gráfica dos anúncios, e supervisionados pelo diretor de criação. Já nos anos 1980, intensifica-se a hibridização da linguagem publicitária, exigindo mudanças constantes na maneira do publicitário trabalhar, na medida em que a expansão tecnológica amplia possibilidades e exige desse profissional a habilidade da flexibilidade: "Camaleões singulares, eles mimetizam estilos, formatos, estratégias. O dilema, contudo, com a expansão da *web* 2.0, é que o ecossistema midiático muda a todo momento e torna mais difícil a absorção de seus numerosos matizes" (CARRASCOZA, 2011, p. 9).

Com a instauração da formação universitária em publicidade no Brasil, a partir da segunda metade do século XX, e depois da "euforia publicitária que se seguiu ao final do regime militar (1964-1985)", um grande contingente de estudantes passou a almejar a carreira profissional que possibilitava aliar produção artística e entretenimento a uma boa remuneração (CASAQUI *et al,* 2011, p. 34). A imagem de si que o publicitário passaria para a sociedade é a de um profissional cujos ganhos são supervalorizados, não só como mecanismo de valorização, mas também para a sobrevivência do campo, intentando a sedução de novos talentos através da ideia de *glamour*, sofisticação e riqueza atrelados à profissão. O mito dos altos salários serviria para justificar, inclusive, a imposição de longas jornadas sem remuneração de horas extras, uma prática comum nesse mercado de trabalho: "Trabalha-se muito mais nesses tempos de capitalismo líquido e as glórias têm se mostrado tão descartáveis quanto os produtos anunciados" (CARRASCOZA, 2011, p.12). Uma década depois, o que muda e o que permanece desta realidade percebida pelo autor? Qual o lugar da prática publicitária? E como se dão as rotinas de trabalho do profissional de publicidade?

Diante de todas as metamorfoses que o campo vem sofrendo, estes não são questionamentos simples de responder. Tradicionalmente, o trabalho publicitário acontece no ambiente de uma agência, que é a empresa especializada na arte e técnica da comunicação publicitária, reunindo profissionais de diversas áreas, com experiência e tecnologias específicas para prestar serviço a sua carteira de clientes (SAMPAIO, 1999).

As agências costumam mediar a relação entre o anunciante ou cliente (a partir do produto ou serviço que esse tem a oferecer) e o consumidor através da produção de campanhas publicitárias, reunindo profissionais de múltiplas especialidades com o intuito de resolver o problema comunicacional de um cliente, através da produção e circulação de anúncios que estimulam o consumo de bens e serviços. O modelo tradicional de agência de publicidade está estruturado nos departamentos de atendimento, planejamento, criação, mídia e produção gráfica e eletrônica (CARVALHO; CHRISTO-FOLI, 2015a).

Quanto ao fluxo do trabalho dentro da agência, de uma maneira simplificada, após o atendimento apontar a necessidade do cliente através do *briefing*[3], o trabalho segue sequencialmente para as áreas de planejamento, criação, mídia e produção para que cada profissional contribua com a sua especialidade na resolução do problema de comunicação do anunciante. Porém, o que se observa no dia a dia das

---

[3] Briefing é um documento que reúne as informações necessárias para a construção de um anúncio publicitário, tais como objetivos, público, canais de veiculação e orçamento da peça ou campanha.

agências são inúmeros "jeitos de fazer" menos departamentalizados e mais integrados do fazer publicitário, que variam de acordo com as necessidades do *briefing*, as características do cliente, as *expertises* da equipe e as especificidades de cada trabalho.

Se por um lado, o tempo e a prática das atividades rotineiras fazem com que a atividade laboral seja aprendida e executada com excelência pelos profissionais, por outro, a rotina e os processos produtivos padronizados dificultam a inovação. No dia a dia da publicidade, "a divisão de tarefas e o cumprimento de códigos disciplinares das agências, embora ainda predominantes no mercado, têm sido, por vezes, substituídos por estruturas que, ancoradas em facilidades digitais, conseguem baratear custos e agilizar resultados" (ROCHA; AUCAR, 2019, p. 20).

É o caso da agência Leo Burnett Tailor Made, que há dez anos adotou o conceito de operações "sob medida" e exclusivas para cada anunciante, estruturadas para atender as necessidades específicas de cada um de seus clientes, agrupando profissionais de diferentes *expertises*. Dessa forma, na visão de Fabio Brito, vice-presidente de atendimento da agência, essas estruturas tornam-se mais ágeis, eficientes e especializadas. Além dos profissionais dedicados a cada cliente, a agência agrega ao trabalho profissionais parceiros com especialidades que não estão disponíveis dentro do seu quadro de funcionários: "Trabalhamos quase como um modelo de API[4] e a Leo é um agente integrador", explica Brito[5].

Pode-se observar que, historicamente, a linguagem e o produto publicitários interferem e moldam a dinâmica produtiva da publicidade, ao mesmo tempo que sofrem interferência das tecnologias empregues na sua elaboração. A lógica tecnológica impacta significativamente a noção de tempo no campo publicitário, posto que agiliza a

---

[4] API é a sigla em inglês para Interface de Programação de Aplicativos. Constitui-se em um conjunto de aplicações que interligam diferentes sistemas de forma que conversem entre si, dispensando intervenção humana na transferência de dados entre os sistemas.

[5] Disponível em: <https://www.meioemensagem.com.br/home/patrocinado/leo-burnett/2021/09/09/sob-medida-como-o-modelo-tailor-made-da-leo-burnett-reverbera-nos-negocios-dos-clientes.html>. Acesso em: 21 nov 2021.

produção e a recepção de anúncios e torna possível a interação entre os sujeitos produtor e receptor das mensagens publicitárias. A despeito dessas transformações que seguem constantemente em curso, Carvalho e Christofoli (2015b, p. 3) oferecem uma reflexão: "se o consumidor, o mercado e o cliente mudaram e se a cultura social e simbólica se transformou – alterando práticas, hábitos e significados para os sujeitos –, o que, verdadeiramente, mudou nas agências e no modo de fazer publicidade?".

Além do modelo de remuneração das empresas, que já não deve mais depender das comissões pagas relativas ao volume de anúncios propagados pelos grandes veículos de comunicação off-line, a função das agências como intermediadoras entre clientes anunciantes e público consumidor não é mais uma exclusividade, uma vez que "plataformas de comunicação, *bureaus* de criação, diversidades de consultorias especializadas em consumo, tecnologia e automação anunciam-se como substituição ao modelo tradicional de publicização" (MOREIRA, 2020, p. 1).

Da necessidade de reinvenção das agências, surge uma gama de proclamados modelos inovadores de negócios, gestão e formatos de atuação da prática publicitária, inovações ligadas à ideologia do empreendedorismo. A retórica da "inovação surge em expressões cada vez mais populares como 'reinventar-se', 'adaptar-se', 'flexível' que inspiram a doutrinação do 'empreender a si'", que responsabiliza unicamente o indivíduo pelas suas conquistas e autorrealização (MOREIRA, 2020, p. 4).

Ao refletir sobre a prática profissional jornalística, Fígaro (2018) chama de "novos arranjos econômicos do trabalho do jornalista" as organizações formadas por esses profissionais, buscando uma forma de subsistência fora dos quadros funcionais das grandes empresas de comunicação, para que possam exercer sua profissão de forma autônoma, realizar uma atividade laboral digna e produzir informação de qualidade para a sociedade. Transpõe-se o conceito apresentado acima para a publicidade, considerando-se como novos arranjos econômicos do trabalho do publicitário as formas de atuação alternativas aos quadros regulares de trabalho nas agências de publicidade que, como se pôde verificar, é o lugar tradicional da produção publicitária.

Schuch (2019) elenca alguns "novos modelos de negócio em publicidade" de empresas que não operam nos moldes das tradicionais agências de propaganda, mesmo que continuem entregando um produto semelhante às suas predecessoras. Essas empresas subvertem as práticas institucionalizadas no mercado de trabalho publicitário quando procuram por novos métodos de trabalho justificados pela necessidade da entrega de soluções mais ágeis aos problemas de comunicação dos clientes, assim como a formação de equipes mais diversas que conseguem falar de uma forma mais genuína com o consumidor final. Entre os "novos modelos" apontados pelo autor está a Mesa&-Cadeira, que promete entregar, por meio da cocriação com o cliente e da utilização de metodologias ágeis, uma solução já pré-produzida e testada num curto espaço de tempo. Outro exemplo é a agência Oliver, especializada em montar agências *in-house* que prometem entregar produtos de comunicação mais ágeis e adequados às marcas, uma vez que estão muito mais próximas do anunciante, através de equipes dedicadas que operam inseridas no ambiente dos clientes, mas que continuam sob a gerência e supervisão da Oliver.

A Fábrica Comunicação, considerada uma das agências mais inovadoras do mercado publicitário, sofreu um reposicionamento no ano de 2015, passando a apresentar-se como uma "boutique de ideias". A empresa, que antes possuía 100 colaboradores dispostos em quatro andares de um prédio, reduziu o seu quadro de funcionários para dez trabalhadores acomodados em um espaço de *coworking*. Além dos colaboradores fixos, conta ainda com "30 associados no sistema de trabalho em rede colaborativa", que participam pontualmente dos trabalhos e eliminando, assim, custos trabalhistas convencionais (MOREIRA, 2020).

Alexandre Gama, considerado pelo portal Meio&Mensagem como um dos principais nomes da criatividade publicitária da atualidade, está certo de que no futuro da indústria de comunicação não existirão agências de publicidade no modelo atual, que está ultrapassado e precisa ser totalmente reinventado. A Inovnation, sua nova empresa, atua em diversas frentes do negócio publicitário, acoplando as especialidades necessárias a cada trabalho. Para isso, dispõe de um grupo de 250 profissionais alocados em diversas partes do mundo e que são "plugados" aos projetos na medida em que se tornam necessários para a realização de determinado trabalho[6].

Retomando a reflexão de Carvalho e Christofoli (2015b), em que aspectos os "novos" modelos de negócio são realmente inovadores? Como esses formatos subvertem, de fato, as práticas institucionalizadas de um campo que, como vimos, está em constante reinvenção? A diminuição dos postos regulares de trabalho e a contratação de profissionais terceirizados, assim como a ruptura com o ambiente físico tradicional de uma agência de propaganda, pretende materializar o discurso de modernidade, inovação e leveza dos novos modelos de negócio, porém sem comprovação de uma mudança efetiva no produto ou atividade publicitários.

> Há uma dissimulação da diversidade, do trabalho colaborativo, ruptura da intimidade em nome de uma certa autenticidade, desconstrução das simbologias que conferem a identidade publicitária conhecida até o momento. Não encontra-se uma melhoria da realidade social da atividade publicitária, mas uma tentativa de sobrevivência a partir da adaptação ao sistema econômico vigente (MOREIRA, 2020, p. 14).

Muito além da interdependência das tecnologias digitais e da mediação dos processos produtivos pelas TIC, a publicidade também parece viver a realidade da plataformização, onde as relações de trabalho passam a ser organizadas, gerenciadas e controladas por plataformas que conectam trabalhadores criativos a possíveis contratantes,

---

[6] https://www.maximidia.com.br/noticias2020/2020/09/28/ale-gama-o-futuro-nao-comporta-mais-uma-visao-de-agencia/

mediando esses acordos laborais. Nesse tipo de relação, os trabalhadores criativos são demandados por projetos ou são contratados por um período específico, resultando em relações de trabalho cada vez mais casuais numa lógica *just in time* de prestação de serviços.

Uma empresa que ilustra essa realidade é a plataforma Creators, que usa algoritmos para refinar buscas e conectar profissionais criativos e grandes empresas dentro de um período de até 24 horas. Seu fundador, Rodrigo Allgayer, declara que o desafio é diminuir a burocracia e os riscos na contratação, estabelecendo um modelo estruturado que beneficie ambos, profissionais e empresas, na prestação de trabalho criativo, estratégico, de conteúdo e design[7]. Segundo os fundadores da Creators, que intermediou mais de quatro milhões de contratos de trabalho temporário num período de quatro anos, as contratações flexíveis complementarão cada vez mais os quadros de funcionários fixos das empresas. A reestruturação da produção criativa faz com que talentos específicos sejam necessários para determinados projetos, atuando com uma extensão da equipe interna.

A Creators representa cerca de dois mil profissionais que buscam por autonomia e jornadas de trabalho flexíveis e que se preocupam em contratar planos de saúde e formar reservas de emergência, preparando-se para uma trajetória profissional construída sob relações flexibilizadas de trabalho: "Um dos principais desafios [...] é estabelecer um modelo confiável e estruturado que combata a precarização do talento independente" (LESSA, 2021).

Essa individualização do trabalho caracteriza, para Allgayer (2021), a era da *open talent economy*: "estamos construindo uma diversidade de maneiras de trabalhar, mais livres e autônomas. Isso vai muito além da procura de empresas por *freelancers*. São mudanças estruturais cujas raízes se encontram tanto na vida pessoal quanto nos anseios profissionais das pessoas"[8]. O fundador da Creators afirma

---

[7] Disponível em: <https://fastcompanybrasil.com/worklife/os-desafios-para-a-open-talent-economy--no-brasil/>. Acesso em: 23 nov. 2021.
[8] Disponível em: <https://www.meioemensagem.com.br/home/opiniao/2021/08/05/sua-agencia-esta-preparada-para-a-open-talent-economy.html>. Acesso em: 23 nov. 2021.

que, durante a pandemia, muitos profissionais repensaram suas carreiras e tornaram prioridade vivências como controle independente de uma agenda flexível, participação em projetos distintos e estar próximo da família. Esses profissionais, detentores de alto nível escolar e de várias habilidades pessoais e profissionais, não estariam mais dispostos a submeterem-se a práticas de trabalho antiquadas e engessadas, ao mesmo tempo que gostariam de contribuir com vários empregadores de culturas empresariais que tenham afinidade com os seus valores pessoais.

Allgayer (2021) defende ainda que a lei trabalhista do Brasil também precisa de mais flexibilidade, mesmo considerando a regulamentação do trabalho intermitente como um avanço. Para ele, "encontrar meios de oferecer maior suporte para esses profissionais é imprescindível para o crescimento desse mercado", uma vez que, com a flexibilização, as empresas deixam de ser as responsáveis pela segurança social do trabalhador.

Se para Allgayer (2021) as plataformas são o suporte de um modelo confiável e estruturado de trabalho que combate a precarização do talento independente, para Grohmann (2020c, p.5) elas constituem-se em meios de produção, circulação e comunicação que promovem a circulação desenfreada de conteúdos, o que significa dizer que "a comunicação mobiliza os sentidos e a própria circulação de mercadorias, contribuindo para a aceleração dos fluxos do capital e seus movimentos espaçotemporais".

Como instâncias inseparáveis, a linguagem e o trabalho atuam na formação e transformação do capital e da sociedade, podendo fazer surgir novos sentidos que objetivam "dar uma aparência de 'novidade' à dimensão discursivo-narrativa do capital" (GROHMANN, 2020, p. 6). Esse sentido de aparente novidade é muito caro para a publicidade e não fica restrito ao discurso das empresas que gerenciam o trabalho por plataformas, como se pôde ver através dos arranjos de trabalho apresentados até agora. Nos seus discursos impregnados pelo sentido de inovação e disrupção, as empresas citadas esforçam-se em fazer parecer que seus modelos de trabalho rompem com as antigas práticas do campo, que a forma de organização do trabalho que praticam é menos engessada e departamentalizada, que as equipes com as quais trabalham são sempre plurais, formadas pelos melhores talentos com as habilidades específicas necessárias para cada projeto realizado, que esses talentos são profissionais independentes, respeitados e não estão sujeitos às perversidades institucionalizadas no mercado de trabalho publicitário.

Futuros possíveis

E quanto à viabilidade de arranjos alternativos que possibilitem relações de trabalho mais justas para os profissionais de comunicação?

Pode-se pensar nas cooperativas como "uma tentativa ou uma possibilidade de enfrentamentos críticos em relação à racionalidade neoliberal, incluindo a individualização das situações de trabalho" (GROHMANN, 2019, p. 88), uma vez que o cooperativismo é uma prática baseada em princípios como o trabalho associado com remuneração decente, seguridade de renda, propriedade coletiva e transparência (GROHMANN; ZANATTA, 2020).

As cooperativas de trabalho são organizações autogestionadas e coletivas que buscam alternativas ou "utopias reais" para confrontar a individualização do trabalho "com um senso de possibilidade real de mudança social" (GROHMANN, 2019, p. 79). Apesar dos limites e contradições do modelo, uma vez que "as cooperativas não se encontram fora, mas dentro do mesmo mundo do trabalho que envolve a lógica da flexibilização apontada anteriormente" (GROHMANN, 2019, p. 80), várias formas de organização são possíveis, desde que sejam valorizados os princípios de propriedade dos trabalhadores e a democratização das relações de trabalho, da governança e da política no ambiente laboral. No setor da comunicação, em nível mundial, as cooperativas são mais numerosas na área de jornalismo, mas também existem em diversas outras iniciativas que agrupam trabalhadores em produção audiovisual, fotografia, mídias digitais, *streaming* audiovisual e publicidade.

Grohmann e Zanatta (2020) acreditam que uma possível reação à "uberização generalizada" das relações de trabalho estaria no cooperativismo de plataforma, aliando o potencial das plataformas digitais à organização das cooperativas a fim de intermediar relações de consumo e formar arranjos econômicos alternativos. Segundo os autores, as cooperativas de plataformas ainda são pilotos em fase de construção, mas já evidenciam outros futuros possíveis.

Considerações finais

Através do percurso teórico traçado, permite-se antever alguns aspectos que já puderam ser percebidos a respeito das condições de trabalho em publicidade, levando em conta o perfil do profissional, os modos de organização do trabalho e os arranjos econômicos que viabilizam a atividade. A respeito do perfil do profissional, fica clara a necessidade de que os indivíduos sejam capazes de autogerenciar o seu tempo, tenham autonomia e sejam totalmente responsáveis pela atividade que exercem. Observa-se também que o trabalhador publicitário parece dar indícios de que não pretende mais sujeitar-se às perversidades instituídas neste campo de atuação. A grande rotatividade nas posições formais de emprego e a ampliação do número de profissionais optantes por romper vínculos empregatícios e que procuram arranjos flexibilizados de trabalho são movimentos observados diariamente de dentro das agências.

Um contingente crescente começa a repensar a carreira, visando ter mais controle do tempo produtivo, do tempo de lazer, do tempo com a família. Não possuir vínculos com uma única empresa permitiria ao profissional trabalhar em projetos variados mais próximos aos seus valores pessoais, com equipes diversas montadas com as *expertises* exigidas por cada *job*, vivenciando metodologias inovadoras de organização do trabalho que permitem a liberdade criativa e conferem agilidade e excelência nas soluções oferecidas ao cliente. A flexibilização das relações de trabalho tende a esvaziar o quadro fixo de funcionários nas empresas e ampliar a lista de prestadores de serviço que são "plugados" a equipes temporárias que se dissolvem ao término de um projeto. A relação desses profissionais com o trabalho é ocasional, independente e não aceita horas extras não remuneradas.

Mas que novas perversidades surgem das relações flexibilizadas de trabalho? A pressão da produtividade? A insegurança financeira? A responsabilização única do trabalhador pela sua qualificação, seus equipamentos, suas garantias para o futuro, seu sucesso ou seu fracasso? A precarização?

Acredita-se que, ao compreender as práticas, é possível oferecer um olhar de conscientização sobre a atuação profissional em publicidade, colaborando para a formação de profissionais melhor preparados para o mercado de trabalho, assim como facilitando a adaptação daqueles indivíduos que já atuam profissionalmente e que se deparam com a necessidade constante de aprimoramento e reinvenção. Além disso, com o olhar nas futuras políticas e (des)regulações profissionais do setor, pretende-se, como resultado deste estudo, contribuir ao promover o debate, mobilizar profissionais e grupos representativos do setor a tomar decisões em torno destes novos arranjos produtivos. Que seja possível, em processo colaborativo, avançar organizando diretrizes que orientem a melhoria das condições de trabalho em publicidade que seja ao mesmo tempo produtivo e saudável.

Referências

ALLGAYER, Rodrigo. Sua agência está preparada para a Open Talent Economy? **Meio&Mensagem**, 05 ago. 2021. Disponível em: <https://www.meioemensagem.com.br/home/comunicacao/2020/03/20/duplas-reinventam-processo-criativo-em-trabalho-remoto.html>. Acesso em: 23 nov. 2021.

ANTUNES, Ricardo. Anotações sobre o capitalismo recente e a reestruturação produtiva no Brasil. In: ANTUNES, Ricardo; SILVA, Maria Aparecida Moraes. (Org.). **O avesso do trabalho**. São Paulo: Expressão Popular, 2004. p. 13-27.

CARRASCOZA, João Anzanello. E o vento mudou... as transformações do trabalho publicitário. In: CASAQUI, Vander; LIMA, Manolita Correia; RIEGEL, Viviane. (Org.). **Trabalho em publicidade e propaganda**: história, formação pessoal, comunicação e imaginário. São Paulo: Atlas, 2011. cap 1, p.1-30.

CARVALHO, Cristiane Mafacioli; CHRISTOFOLI, Marcia P. O campo publicitário, a agência e a noção de aceleração do tempo: questões iniciais para pensar novos modelos e negócios na prática do mercado publicitário. **Sessões do Imaginário**, Porto Alegre, v. 20, n. 34, 2015a, p. 91-99. Disponível em: <https://revistaseletronicas.pucrs.br/ojs/index.php/famecos/article/view/20665>. Acesso em: 15 nov. 2021.

CARVALHO, Cristiane Mafacioli; CHRISTOFOLI, Marcia P. Da força das mídias ao poder do conteúdo: revisão de modelos de negócio na publicidade. **Revista da Associação Nacional dos Programas de Pós-Graduação em Comunicação**, E-compós, Brasília, v.18, n.3, set/dez. 2015b. Disponível em: <https://repositorio.pucrs.br/dspace/bitstream/10923/9921/2/Da_forca_das_midias_ao_poder_do_conteudo_revisao_de_modelos_de_negocio_na_publicidade.pdf>. Acesso em: 15 nov. 2021.

CASAQUI, Vander; RIEGEL, Viviane; BUDAG, Fernanda Elouise. Publicidade imaginada: a visão dos estudantes sobre o mundo do trabalho publicitário. *In*: CASAQUI, Vander; LIMA, Manolita Correia; RIEGEL, Viviane. (Orgs.). **Trabalho em publicidade e propaganda**: história, formação pessoal, comunicação e imaginário. São Paulo: Atlas, 2011. cap 2, p. 31-74.

CONSELHO EXECUTIVO DAS NORMAS PADRÃO (CENP); DELOITTE. O valor da publicidade no Brasil: O impacto do setor nos negócios, na economia e na sociedade. **Relatório**. 2021. On-line. Disponível em: <https://cenp.com.br/deloitte/O_valor_da_publicidade_no_Brasil>. Acesso em: 18 nov. 2021.

FIGARO, Roseli (Org). **As relações de comunicação e as condições de produção no trabalho de jornalistas em arranjos econômicos alternativos às corporações de mídia.** São Paulo: ECA-USP, 2018.

GROHMANN, Rafael. Cooperativas de Comunicadores: possibilidades, contradições e cenário argentino. **Intercom: Revista Brasileira de Ciências da Comunicação**, 2019, v. 42, n. 3, p. 77-90. On-line. Disponível em: <https://www.scielo.br/j/interc/a/d5zrcy353PxzKNZS5mQLmRq/?lang=pt#>. Acesso em: 16 nov. 2021.

GROHMANN, Rafael. A Comunicação na Circulação do Capital em Contexto de Plataformização. **Liinc em Revista**, [S. l.], v. 16, n. 1, p. e5145, 2020. Disponível em: <http://revista.ibict.br/liinc/article/view/5145>. Acesso em: 21 jun. 2021.

GROHMANN, Rafael; ZANATTA, Rafael. Cooperativismo de plataforma: quais as possibilidades. **Nexo**, 19 ago. 2020. Disponível em: <https://www.nexojornal.com.br/ensaio/2020/Cooperativismo-de-plataforma-quais-as-possibilidades>. Acesso em: 26 nov 2021.

LESSA, Isabella. Os desafios para a open talent economy no mercado criativo. **Fast Company Brasil**, 15 mar. 2021. Disponível em: <https://fastcompanybrasil.com/worklife/os-desafios-para-a-open-talent-economy-no-brasil/>. Acesso em: 23 nov. 2021.

MOREIRA, Lina. O que há de "novo" nos modelos de negócios publicitários inovadores? *In*: XVIII Congresso Brasileiro de Ciências da Comunicação, virtual, 2020. **Anais**. Disponível em: <https://www.portalintercom.org.br/eventos1/congresso-nacional/2020>. Acesso em: 15 nov. 2021.

ROCHA, Everardo e AUCAR, Bruna. A publicidade como ação coletiva: agências, modelos de negócios e campos profissionais. **Revista Brasileira de História da Mídia**, v. 8, n. 1, p. 8-24, jan./jun. 2019. On-line. Disponível em: <https://revistas.ufpi.br/index.php/rbhm/article/view/7414/5304>. Acesso em: 18 mar. 2021.

SACCHITIELLO, Bárbara. Ale Gama: "O futuro não comporta mais uma visão de agência". **Meio&Mensagem**, 28 set 2020. Disponível em: <https://www.maximidia.com.br/noticias2020/2020/09/28/ale-gama-o-futuro-nao-comporta-mais-uma-visao-de-agencia/>. Acesso em: 15 nov 2021.

SAMPAIO, Rafael. **Propaganda de A a Z**: como usar a propaganda para construir marcas de sucesso. 2. ed. Rio de Janeiro, RJ: Campus, 1999.

SCHUCH, Lucas A. **Transformações na propaganda: um olhar rizomático sobre a prática publicitária**. Dissertação (mestrado) Programa de Pós Graduação em Comunicação, Universidade Federal de Santa Maria – RS, 151p., 2019.

SOB MEDIDA: como o modelo Tailor Made da Leo Burnett reverbera nos negócios dos clientes. **Meio&Mensagem**, 9 set 2021. Disponível em: <https://www.meioemensagem.com.br/home/patrocinado/leo-burnett/2021/09/09/sob-medida-como-o-modelo-tailor-made-da-leo-burnett-reverbera-nos-negocios-dos-clientes.html>. Acesso em: 21 nov 2021.

2ª parte
Produção
e consumo midiáticos

Liderança política e a pandemia de Covid-19: as estratégias discursivas de Jair Bolsonaro no Twitter

Bianca Garrido[1]
Cleusa Maria Andrade Scroferneker[2]

Breve contextualização: o que (não) está acontecendo?

Desde março de 2020, o Brasil enfrenta talvez uma das mais significativas e impactantes crises sanitárias da sua história. São mais de 29 milhões de casos confirmados de Covid-19 e cerca de 652 mil mortes (MINISTÉRIO DA SAÚDE, 2022). Em todo o mundo, aproximadamente 448 milhões de pessoas já contraíram o vírus e mais de 6 milhões morreram (JHU.EDU, 2022).

No decorrer dessa crise, o Ministério da Saúde, principal órgão responsável pelas políticas públicas na área, na instância federal, esteve sob o comando de quatro ministros. Os dois primeiros, Luiz Henrique Mandetta, médico e ex-deputado federal pelo Partido Democratas, e o oncologista Nelson Teich, que esteve à frente da pasta por 28 dias – ingressou em 17 de abril de 2020 e saiu em 15 de maio de 2020 – divergiam de Bolsonaro na condução das políticas públicas na área da saúde e, principalmente, sobre a recomendação do uso do medicamento cloroquina em pacientes que procurassem os hospitais desde os primeiros sintomas.

---

[1] Jornalista, doutoranda em Comunicação Social pelo Programa de Pós-Graduação em Comunicação Social da Pontifícia Universidade Católica do Rio Grande do Sul. Mestre em Comunicação Social pela mesma instituição. Membro do Grupo de Pesquisa em Estudos Avançados em Comunicação Organizacional – GEACOR/CNPq. E-mail: bianca.garridodias@gmail.com

[2] Professora Titular da Escola de Comunicação, Artes e Design – Famecos da Pontifícia Universidade Católica do Rio Grande do Sul. Pós-Doutorado e Doutorado em Ciências da Comunicação pela Universidade de São Paulo. Coordenadora do Grupo de Pesquisa GEACOR/CNPq. Bolsista Produtividade CNPq 2.

Eduardo Pazuello esteve na pasta como interino até 16 de setembro de 2020 e, como titular, até 15 de março de 2021, em uma gestão marcada pela militarização do Ministério (nomeação de militares para postos estratégicos) (G1, 2021) e por um discurso alinhado ao do presidente, o que incluiu a defesa do tratamento precoce. Ele esteve à frente das negociações para compra de vacinas, na logística de distribuição das primeiras doses que chegaram ao País, e, sob sua gestão, ocorreu também o colapso[3] do sistema de saúde, após o Carnaval de 2021 – com falta de oxigênio e medicamentos para intubação de pacientes graves de Covid-19.

Desde 23 de março de 2021, o gestor é o médico cardiologista Marcelo Queiroga, que tem obtido sucesso com a vacinação, apesar de contradições na condução do órgão. Após dois anos de pandemia, a vacinação avançou no Brasil. Entretanto, o Presidente da República optou por não tomar a vacina, pois, segundo ele, já está imunizado (por ter contraído a doença). Outra alegação utilizada é a de que ele é "livre" para escolher se quer ou não receber o imunizante: "Para mim, a liberdade acima de tudo. Se o cidadão não quer tomar a vacina, é um direito dele e ponto final" (CORREIO BRAZILIENSE, 2021).

Atitudes como essas, de negar a gravidade dos fatos e defender tratamentos sem eficácia comprovada contra a Covid-19 (SANTOS, 2020), além de outros posicionamentos, especialmente em suas redes sociais, têm marcado a sua atuação diante da pandemia. Acreditamos que os líderes precisam estar "preparados" para atuar com o novo, com o dissenso (MARQUES; MAFRA, 2017), buscando promover o diálogo (BOHN, 2005; BUBER, 2009) e a compreensão, "[...] com a pluralidade dos outros e com o mundo" (SODRÉ, 2006, p. 68). A figura do líder personifica um corpo social formado por um "conjunto de indivíduos antes dispersos", e suas vontades precisam representar

---

[3] Boletim divulgado pela Fiocruz em 3 de março de 2021 mostrou que, das 27 unidades federativas, 24 estados e o Distrito Federal estavam com taxas de ocupação de leitos de UTI Covid-19 para adultos no Sistema Único de Saúde (SUS) iguais ou superiores a 80% (15 com taxas iguais ou superiores a 90%). Em relação às capitais, 25 das 27 tinham taxas iguais ou superiores a 80% (19 delas superiores a 90%) (FIOCRUZ, 2021).

desejos coletivos, resultado de um poder simbólico, "poder invisível o qual só pode ser exercido com a cumplicidade daqueles que não querem saber que lhe estão sujeitos ou mesmo que o exercem" (BOURDIEU, 2012 p. 7-8). Na política, o 'líder' representa o outro, torna presente este outro, que são muitos e não estão lá. Mas o veem, pois "O poder de representar é concedido pelo indivíduo que, assim, estabelece uma relação de força inversa" (WEBER, 2009, p. 12).

Na mídia tradicional, Bolsonaro aparece como um líder polêmico, agressivo, apoiador de uma política liberal, que tem se mostrado indiferente a questões que envolvem a saúde pública, a preservação do meio ambiente e as leis trabalhistas. Durante sua trajetória de candidato à presidência, inclusive enquanto deputado federal pelo Rio de Janeiro, destacou-se por discursos de ódio (CIOCCARI; PERSICHETTI, 2018, p. 115), com frases sobre racismo, preconceito e misoginia.

Com esses discursos performa, por meio de fachadas sociais (GOFFMAN, 2014), utilizando-se, principalmente, das redes/mídias sociais como um "[...] *showman*" (CIOCCARI, PERSICHETTI, 2018, p. 115), alternando na ambiência digital publicações de acusações contra a imprensa e inimigos políticos, com a divulgação de ações do Governo, construindo suas narrativas e/ou discursos na busca em atender aos desejos dos seus públicos, que "enxergam" uma "[...] fachada" (GOFFMAN, 2014, p. 34) de Bolsonaro fora da mídia tradicional (rádios, TV e jornais impressos). De acordo com Cioccari e Persichetti (2018, p. 115), "esse parece ser o espetáculo mais rentável; quando constrói sua imagem atrás da audiência que a mídia lhe tira". Se a imprensa o confronta, responde em suas redes/mídias sociais como se fosse num campo de batalha em que tem sua voz reverberada, aliando-se ao conceito de comunicação política a partir de "[...] um discurso ou ação na conquista da opinião pública, em busca do poder" (DUARTE, 2001, p. 126).

A partir disso, propomos, neste artigo, apresentar os resultados da análise realizada sobre as estratégias discursivas utilizadas pela principal liderança política brasileira durante a pandemia de Covid-19, considerando as dimensões de transparência, cidadania e solidariedade, que precisam estar presentes na comunicação pública – sempre regida pelo interesse público (CARNIELLI, 2016).

Consideramos para a análise, a ambiência digital, espaço que permite a "interconexão geral de tudo em tempo real" (LÉVY, 2000, p. 66), um hiperespaço plural [...] em um sistema de trocas e reciprocidade" (SANTAELLA, 2013, p. 45), que afeta as relações sociais em todos os níveis, na comunicação, nas relações pessoais, interpessoais, no trabalho, nas instituições, na indústria" (TERRA, 2010, p. 128). Bolsonaro pauta a imprensa pelas redes sociais, entre elas o Twitter, "ágora digital global: universidade, clube de entretenimento, 'termômetro' social e político, instrumento de resistência civil, palco cultural, arena de conversações contínuas" (SANTAELLA; LEMOS, 2010a, p. 66) e que utilizaremos para análise.

Na referida rede social, o presidente possui mais de 13,3 mil postagens desde março de 2020 e cerca de 7,4 milhões de seguidores. O Twitter nos parece adequado também por sua característica de "[...] meio multidirecional de captação de informações personalizadas; um veículo de difusão contínua de ideias; um espaço colaborativo, no qual questões [...] podem ser livremente debatidas e respondidas" (SANTAELLA; LEMOS, 2010a, p. 66). Ainda, estimula o usuário[4] a responder à pergunta: o que está acontecendo? Tal questão remete a uma "definição da situação" (GASTALDO, 2008, p. 149-150), central no pensamento goffmaniano e na Escola de Chicago, que atribui sentidos ao contexto vivido, buscando entender o que está acontecendo para se alinhar adequadamente às diferentes situações (GASTALDO, 2008). A história e o contexto nos quais esses discursos se inserem estão presentes, estabelecendo as relações que eles mantêm com sua memória, "visto que os sentidos não estão nas palavras elas mesmas, estão aquém e além delas" (ORLANDI, 2009, p. 42).

Justificamos a escolha pela análise das estratégias discursivas do líder no Twitter, a partir da importância desse espaço na atualidade

---

[4] Expressão utilizada pelas autoras.

da comunicação, considerando também o protagonismo de quem o utiliza. Interessa-nos, portanto, saber quem fala, de onde fala, para quem fala, em quais condições os discursos foram proferidos, já que os sujeitos ocupando posições discursivas diferentes podem produzir diferentes sentidos. O lugar (ou os lugares) do sujeito (ou dos sujeitos) nos discursos assume importância – sobretudo em se tratando de um Presidente da República. Os discursos e suas formações são heterogêneos e para Pêcheux (2006, 1999) não há univocidade nem unicidade.

Os acontecimentos analisados no *corpus* deste artigo – as publicações de Bolsonaro no Twitter no período entre 16 de março de 2020, um dia antes da data da divulgação da primeira morte confirmada pela doença no Brasil, até 31 de agosto de 2020, quando diversos estados brasileiros começam a sinalizar a reabertura de estabelecimentos comerciais e das atividades escolares – levam a não ditos e já ditos, transparências e opacidades, peculiaridades e generalizações, contextos e detalhes, condições de produção heterogêneas, sujeitos em jogo e de posições distintas, enfim, lugares e efeitos de sentido que tivemos de recortar metodologicamente para "encontrar".

Foram definidos acontecimentos durante o período delimitado: a divulgação da primeira morte por Covid-19 no Brasil; a demissão do cargo do primeiro Ministro da Saúde do governo Bolsonaro, Luiz Henrique Mandetta; o pedido de demissão do então Ministro da Justiça, Sergio Moro; a divulgação, pela Revista *The Intercept Brasil*, de reportagens sobre rachadinhas no antigo gabinete de Flávio Bolsonaro, filho do presidente, na Assembleia Legislativa do Rio de Janeiro, e o envolvimento da família Bolsonaro com as milícias da capital carioca; o pedido de demissão do Ministro da Saúde que substituiu Mandetta, Nelson Teich; o retorno gradual das atividades comerciais e de aulas presenciais nas escolas em alguns estados do País.

Os caminhos metodológicos percorridos

Entendendo que, na Análise de Discurso, as formações discursivas não apresentam contornos definidos, mas devem seguir uma regularidade, uma ordem, ter correlações, posições e funcionamentos (FOUCAULT, 2017), atravessadas tanto por objetos instáveis quanto por categorizações, propomos a pensar em uma estratégia de mapeamento, observando as regularidades em que certas palavras aparecem. Na 1ª etapa, da passagem da superfície linguística para o texto (discurso), analisamos todos os tuítes selecionados no *corpus*, que somam 153 *posts* (quadro 1); na 2ª etapa, da passagem do objeto discursivo para a formação discursiva foi realizada uma análise descritiva dos ditos e não ditos, indicação das paráfrases e polissemias e dos silenciamentos e relação dos tuítes com o contexto sócio-histórico e a materialidade pandemia de Covid-19; por fim, na 3ª etapa, de processo discursivo e formação ideológica realizamos a interpretação/reinterpretação (THOMPSON, 2002) dos discursos de Bolsonaro, relacionando-os aos conceitos de discurso propostos pela AD (ORLANDI, 2002, 2003, 2005, 2007, PÊCHEUX, 2006, 1999, FOUCAULT, 1999, 2007a, 2007b, 2008) e as dimensões de transparência, cidadania e solidariedade essenciais na comunicação pública.

É importante mencionarmos que ao nos referirmos aos fragmentos dos discursos de Bolsonaro para análise, utilizamos *itálico*. As paráfrases e a polissemia, que trabalham em conjunto, retomando um termo e produzindo uma filiação de novos sentidos, são identificadas em **negrito.** Bolsonaro utiliza-se desses mecanismos, mantendo-se em retorno constante ao já dito (paráfrase) e produzindo novos dizeres, gerando, assim, sentidos diferentes (polissemia). Esses pontos nos auxiliam a depreender quais formações ideológicas manifestam-se na língua e em que condições de produção esses efeitos de sentidos foram gerados.

Para a coleta dos dados, utilizamos a ferramenta de busca do Twitter, que possibilita personalizar os resultados para períodos específicos. Selecionamos, a partir dessa ferramenta, todos os tuítes de Bolsonaro encontrados nessas datas (quadro 1). Identificamos nove menções ao termo Solidariedade, uma para Transparência e nenhuma menção à Cidadania. Dessas, somente três menções à palavra Solidariedade se encontram nas semanas definidas. A palavra Transparência foi mencionada por Bolsonaro em um tuíte no dia 3 de junho de 2020, data não incluída em nosso *corpus*.

Quadro 1 – *Posts* e períodos que serão analisados em nossa pesquisa.

Acontecimento	Período	Número de Posts
Data da divulgação da primeira morte por Covid-19 no Brasil	16 a 22 de março de 2020	29 posts
Demissão do ministro Mandetta	13 a 19 de abri de 2020	19 posts
Saída do ministro da Justiça Sergio Moro	20 a 26 de abril de 2020	11 posts
Divulgação de esquemas ilegais no gabinete de Flávio Bolsonaro	27 de abril a 2 de maio de 2020	24 posts
Saída do ministro da Saúde, Nelson Teich	11 a 17 de maio de 2020	34 posts
Reabertura gradual das atividades comerciais e de aulas presenciais	24 a 31 de agosto de 2020	36 posts

Fonte: elaborado pelas autoras a partir do Twitter de Bolsonaro (2020)

Conforme citado, anteriormente, relacionamos as 153 publicações, analisando-as individualmente. Com a proposta de uma melhor visualização desses materiais inclusos no *corpus* e atentando para características presentes nesses discursos, optamos por classificá-los a partir de três categorias.

Na 1ª categoria, Agenda/Governo, estão expostas 66 publicações, relacionadas a ações do governo com foco na economia, como liberação de créditos, renegociação de dívidas, mudanças em tarifas, Auxílio Emergencial, entre outras. Também é mostrada a extensa lista de *cards* e materiais gráficos do governo, referentes a obras e programas sociais, além das relações com outros países. Nessa categoria, aparecem ainda formações discursivas relacionadas à saída do primeiro Ministro da Saúde do governo, Luiz Henrique Mandetta. Em razão do número significativo de material coletado, a categoria Agenda/Governo foi dividida em três subcategorias identificadas como: Auxílios e Benefícios, Obras e Entregas e Relações Externas. Na Figura 1, apresentamos um exemplo de análise dessa categoria.

Figura 1: Postagem de reunião com empresários sobre o desemprego no país, em que Bolsonaro declara que exigiria a utilização da cloroquina em pacientes com Covid-19.

Fonte: Twitter Jair Bolsonaro (2020)

Assim, por diversos momentos em nossa análise, identificamos a preocupação do presidente em divulgar feitos do governo (paráfrase) e manter a economia em pleno vapor (polissemia), contribuindo na construção de efeitos de sentidos de que o país seguia seu curso normal de desenvolvimento. As palavras *saúde e emprego andam juntas*, por exemplo, aparecem por mais de uma vez, sendo marcas da linguagem de Bolsonaro, presentes em outras formações discursivas. *Uma economia devastada afetará diretamente na saúde*; uma polissemia de discursos que provocam efeitos de sentidos contraditórios na população, no caso, os "principais afetados" pela situação.

A segunda categoria, Ações pró e contra Covid-19, versa sobre publicações de Bolsonaro relacionadas à área da saúde, como a compra de insumos para hospitais, máscaras de proteção, respiradores, testes de Covid-19, abertura de leitos de UTI, além de postagens relacionadas ao tratamento precoce com Cloroquina e Hidroxicloroquina (figura 2), apoiado pelo presidente, mesmo sem comprovação científica. Apontamos nessa categoria a "campanha" do sujeito em questão pela abertura de estabelecimentos comerciais, indo de encontro a medidas sanitárias internacionais, e a "despedida", com um mês de gestão, do segundo Ministro da Saúde, Nelson Teich.

Figura 2 – Cloroquina e hidroxicloroquina são pauta de postagens do presidente.

Fonte: Twitter Jair Bolsonaro (2020)

A cloroquina e a hidroxicloroquina ingressam nos discursos de Bolsonaro ainda em 21 de março de 2020, quatro dias após a divulgação do primeiro óbito no Brasil. Na postagem, escreve: *Hospital Albert Einstein e a possível cura dos pacientes com Covid-19*, seguida de um vídeo em que anuncia que o exército brasileiro (**paráfrase**) ampliaria a produção do medicamento. A publicação repercute na imprensa brasileira. Na sequência do vídeo publicado, Bolsonaro posta um *print* de manchete divulgada pelo jornal *Folha de São Paulo* e declara que seu governo *busca soluções para proteger o país*, enquanto outros (**polissemia de discursos**), referindo-se ao jornal, *buscam o caos* (figura 2).

Em continuidade, segue na defesa do medicamento e de sua utilização, argumenta que ainda *não há comprovação de sua eficácia contra a Covid-19*, mas escreve que *a cloroquina é segura por já ser utilizada em doenças como a malária* (figura 2) (**paráfrase que confunde o leitor**). A **polissemia** de discursos se mostra mais uma vez, quando o presidente fala em *possível cura*, gerando um **efeito de sentido** de esperança e expectativa, aliado à reputação de um hospital de relevância internacional como o Albert Einstein em São Paulo.

Em Apologia, trazemos para a análise a saída do cargo do então Ministro da Justiça e Segurança Pública, Sergio Moro e as estratégias discursivas utilizadas por Bolsonaro para vangloriar-se de suas qualidades enquanto gestor – compartilhando vídeos de jornalistas, políticos ou pessoas comuns, incluindo crianças, e elogiando a gestão da pandemia.

Na semana da saída do então Ministro da Justiça e Segurança Pública, Sergio Moro, entre 20 e 26 de abril de 2020, por exemplo, não foram registrados silenciamentos do presidente. Ao contrário, Bolsonaro fez publicações antes da demissão e após os fatos como que no intuito de justificar e desconstruir a narrativa criada. No dia 24 de abril de 2020, data da saída de Moro, a primeira postagem na rede social do presidente ocorreu às 9h58min e foi um *print* da exoneração do então diretor-geral da Polícia Federal, Maurício Valeixo, no Diário Oficial, na manhã daquele dia. A imagem destaca, em amarelo, que a exoneração acontecia a pedido, isto é, havia sido uma solicitação do servidor (figura 3).

Figura 3 – Publicação de Bolsonaro sobre a exoneração de Valeixo como diretor-geral da Polícia Federal

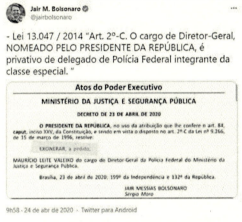

Fonte: Twitter Jair Bolsonaro (2020)

Na publicação referida há uma **marca da linguagem** de Bolsonaro, ressaltando que a nomeação (escrito em caixa alta) ao cargo de diretor-geral da Polícia Federal era uma prerrogativa dele, provocando os **efeitos de sentido** para desconstruir a narrativa de Moro, ou seja, seria permitido a ele, como o chefe, escolher quem desejasse para assumir o posto, pois ele é o líder máximo da nação.

Sobre as dimensões analisadas

A partir da perspectiva discursiva apresentada, buscamos compreender como esses enunciados produzem sentidos, destacando os processos de significação instaurados no texto. Resgatamos os discursos no período definido para análise, para considerar as dimensões de transparência, cidadania e solidariedade que constituem a essência, os fundamentos da comunicação pública.

A história e o contexto nos quais esses discursos se inserem estão presentes, estabelecendo as relações que mantêm com sua memória. Pêcheux (2006) menciona que não há palavras neutras, elas estão sempre carregadas de uma força dada pelo imaginário e pela ideologia na relação entre os lugares sociais. "Todo enunciado", diz Pêcheux (2006, p. 53), "[...] é linguisticamente descritível como uma série de pontos de deriva possível oferecendo lugar à interpretação", cabendo ao analista debruçar-se sobre um *corpus* para "escavar" muito além do que está posto, "[...] não se colocando fora da história, do simbólico ou da ideologia, mas em uma posição deslocada que lhe permite contemplar o processo de produção de sentidos em suas condições" (ORLANDI, 2005, p. 61).

Para Foucault (2008), o discurso é o exercício de poder, empreende influência na sociedade. É importante mencionarmos, que esses discursos não precisam ser unânimes. O que precisa ser evitado, e Aristóteles reafirma na obra *A Política* (2002), é que o interesse particular de governantes predomine. Se isso ocorre, há um "desvio". A pertinência de aspectos privados ou segmentados devem ser evitados enquanto medida política, ainda mais se não se basear em resultados de diálogos e debates públicos, diz o autor (ARISTÓTELES, 2002).

À guisa de considerações...

A partir do exposto, reiteramos que as palavras em um texto ganham sentido a partir das posições em que são empregadas, ou seja, desde as formações discursivas nas quais são produzidas. Em seus discursos no Twitter, Bolsonaro citou a cloroquina nove vezes, mais que a palavra saúde, mencionada seis vezes. Vida, palavra que precisaria ser celebrada quando muitos perguntavam-se sobre o real sentido de tudo que estava ocorrendo, foi dita apenas uma vez, assim como a vacina. A economia era a prioridade. Emprego, desemprego e economia são expressões presentes em mais de 15 publicações. A solidariedade é citada em dois momentos da nossa análise e somente em uma delas se refere à noção de compaixão. Práticas como as de divulgação de vídeos de pessoas comuns desrespeitando o isolamento social, provocando aglomerações, sem utilizar máscara, denotam a ausência desse sentimento.

O que constatamos em seus discursos foram disputas de interesses e de sentidos ideológicos (ORLANDI, 2005). Não ditos que tudo dizem (FOUCAULT, 2008 p. 28), pela análise histórica, que busca uma repetição ou que se destina a ser interpretação ou "escuta de um já dito que seria, ao mesmo tempo, um não dito, em jogos de uma "ausência sempre reconduzida". Conforme nos aponta Foucault (2008, p. 28-29), cabe ao analista estar pronto para acolher cada momento do discurso em sua "irrupção de acontecimentos", nessa pontualidade em que aparece e nessa dispersão temporal que lhe permite ser "repetido, sabido, esquecido, transformado, apagado até nos menores traços, escondido bem longe de todos os olhares" (FOUCAULT, 2008, p. 28-29).

A principal liderança política brasileira apropria-se de um discurso populista (WEBER, 2020) e autoritário (ORLANDI, 2005), que estimula as disputas de verdades discursivas entre a política, a religião, a lei, a ciência e outros atores sociais. Em suas falas, as expressões povo, ou nosso povo, tradicionais na retórica populista (WAIMBERG, 2018), repetem-se por mais de dez vezes – "significado implicado na manifestação e por ser vago e impreciso o povo ora inclui e ora exclui atores e grupos variados, dependendo das intenções persuasivas do orador" (WAIMBERG, 2018, p. 79). Aristóteles cita, na obra *A Política*, um provérbio desconhecido (2002, p. 177): "Para bem comandar é preciso ter antes obedecido". Questionamo-nos, Bolsonaro já obedeceu?

Lembramos que, para Foucault (1999), o poder não se dá, nem se troca, nem se retoma, é essencialmente o que reprime – a natureza, os instintos, uma classe, indivíduos. Também não é um bem possuído por todo ser humano e que pode ser somado ou subtraído por meio de contrato, mas enquanto relação de força que se exerce em rede, na qual "não só os indivíduos circulam, mas estão sempre em posição de ser submetidos a esse poder e também de exercê-lo" (FOUCAULT, 1999, p. 35).

É na tática de silenciamento de quaisquer argumentos contrários que o autoritarismo se firma (SOUZA COSTA, SILVEIRA, 2018), na "ambiguidade e na vaguidade" (WAIMBERG, 2018, p. 73), que dão espaço para os efeitos de sentidos polissêmicos, a imprecisão, "com o orador livrando-se da obrigação de apresentar provas que sustentem seu argumento". Para Souza Costa e Silveira (2018, p. 33), o vozeamento, a insistência no debate e na argumentação "devem ser intensificados, para que os vieses autoritários não preponderem". A liderança autoritária [e populista] de Jair Bolsonaro desconsidera que a democracia se faz com a pluralidade e com o diálogo.

Referências

BOHN, David. **Diálogo:** comunicação e redes de convivência. São Paulo: Palas Athena, 2005.

BUBER, Martin. **Do diálogo e do dialógico**. Tradução de Marta Ekstein de Souza Queiroz e Regina Weinberg. São Paulo: Perspectiva, 2009.

CIOCCARI, Deysi. Bolsonaro, o homem e o mito. **Revista Congresso em Foco**, Brasília, n. 26, 2017.

CIOCCARI, Deysi; PERSICHETTI, Simonetta. Jair Bolsonaro: mídia, imagem e espetáculo na política brasileira. **Anais de Resumos Expandidos do Seminário Internacional de Pesquisas em Midiatização e Processos Sociais**, v. 1, n. 2, set. 2019. Disponível em: https://midiaticom.org/anais/index.php/seminario-midiatizacao-resumos/article/view/769. Acesso em: 26 out. 2021.

CIOCCARI, Deysi; PERSICHETTI, Simonetta. Armas, ódio, medo e espetáculo em Jair Bolsonaro. **Revista Alterjor**, v. 18, n. 2, p. 201-214, 2018. Disponível em: https://www.revistas.usp.br/alterjor/article/view/144688. Acesso em: 29 jan. 2022.

CIOCCARI, Deysi; PERSICHETTI, Simonetta. A política e o espetáculo em Jair Bolsonaro, João Doria e Nelson Marchezan. Estudos em Jornalismo e Mídia, Florianópolis, v. 15, n. 2, p. 112-129, jan. 2019. Disponível em: https://periodicos.ufsc.br/index.php/jornalismo/article/view/1984-6924.2018v15n2p112. Acesso em: 27 set. 2020.

COSTA, Leonard Christy Souza; DA SILVEIRA, Éderson Luís. Efeito Bolsonaro: anatomia do autoritarismo. DA SILVEIRA, Éderson Luís–**Os efeitos do**

autoritarismo: práticas, silenciamentos e resistência (im) possíveis. São Paulo: Pimenta Cultural, 2018.

FOUCAULT, Michel. **Microfísica do Poder**. 16. ed. Rio de Janeiro: Graal, 2001.

FOUCAULT, Michel. **A arqueologia do saber**. 7 ed. Rio de Janeiro: Forense Universitária, 2007a.

FOUCAULT, Michel. **A ordem do discurso**. 15 ed. São Paulo: Loyola, 2007b.

FOUCAULT, Michel. **História da Sexualidade:** A vontade de saber. v.1. 19 ed. Rio de Janeiro: Graal, 2009.

GASTALDO, Édison. Goffman e as relações de poder na vida cotidiana. **Revista Brasileira de Ciências Sociais**, São Paulo, v. 23, n. 68, p. 149-153, out. 2008. Disponível em: http://www.scielo.br/scielo.php?script=sci_arttext&pid=S0102-69092008000300013&lng=pt&nrm=iso. Acesso em: 27 set. 2020.

JOHN HOPKINS UNIVERSITY & MEDICINE. Coronavirus Resource Center. Disponível em: https://coronavirus.jhu.edu/map.html. Acesso em 13 mar. 2022.

ORLANDI. **Análise do discurso:** princípios e procedimentos. 5. ed. Campinas, SP: Pontes, 2005.

ORLANDI, Eni Puccinelli. **Análise de discurso:** princípios & procedimentos. 8 ed. Campinas: Pontes, 2009.

PÊCHEUX, Michel. **Semântica e discurso:** uma crítica à afirmação do óbvio. Tradução de Eni Pulccinelli Orlandi et al. 3ª ed. Editora da Unicamp, Campinas, SP, 1997

PÊCHEUX, Michel. **Estrutura ou acontecimento**. Tradução de Eni Pulcinelli Orlandi. 4ª ed. Pontes, Campinas, SP, 2006.

SANTAELLA, Lucia. Desafios da ubiquidade para a educação. **Revista Ensino Superior Unicamp**, v. 9, 2013, p. 19-28.Disponível em: https://www.revistaensinosuperior.gr.unicamp.br/artigos/desafios-da-ubiquidade-para-a-educacao. Acesso em: 29 jan. 2022.

SANTAELLA, Lucia; LEMOS, Renata. Inflow vs. Outflow: Twitter e microdesign de ideias. *In:* SANTAELLA, Lucia; LEMOS, Renata. **Redes sociais digitais:** a cognição conectiva do Twitter. São Paulo: Summus, 2010a.

SANTAELLA, Lucia; LEMOS, Renata. Visualizando laços sociais no Twitter: o continuum na era dos fluxos. *In:* SANTAELLA, Lucia; LEMOS, Renata. **Redes sociais digitais:** a cognição conectiva do Twitter. São Paulo: Summus, 2010b.

SANTOS, Romer Mottinha; CIOCCARI, Deysi. DE MORAES, Thiago Perez Berbardes. **Mediapolis**, n. 10, 2020. Disponível em: https://impactum-journals. uc.pt/mediapolis/article/view/2183-6019_10_5. Acesso em 26 jan. 2022.

SODRÉ, Muniz. **As estratégias sensíveis:** afeto, mídia e política. Petrópolis, RJ: Vozes, 2006.

TERRA, Carolina Frazon. **Usuário-mídia:** a relação entre a comunicação organizacional e o conteúdo gerado pelo internauta nas mídias sociais. 2011. 217 f. Tese (Doutorado em Interfaces Sociais da Comunicação) – Escola de Comunicações e Artes, Universidade de São Paulo, São Paulo, 2011. Disponível em: https://www.teses.usp.br/teses/disponiveis/27/27154/tde-02062011-151144/pt-br.php. Acesso em: 13 jan. 2022.

THOMPSON, John B. **Ideologia e cultura moderna:** teoria social crítica na era dos meios de comunicação de massa. Petrópolis, RJ: Vozes, 1995, 427 p.

WAIMBERG, Jacques Alkalai. (2018). Mensagens fakes, as emoções coletivas e as teorias conspiratórias. In Galáxia (São Paulo, on-line), ISSN: 1982-2553, n. 39, set-dez., p. 150- 164. Disponível em: //bit.ly/2Vw4W0w. Acesso em: 9 de Jan 2022.

WEBER, Maria Helena. Na Comunicação Pública, a captura do voto. **LOGOS 27: Mídia e Democracia**, Rio de Janeiro, ano 14, p. 21-42, 2007. Disponível em: http://www.logos.uerj.br/antigos/logos_27/logos_27.htm. Acesso em: 13 out. 2020.

A casa que virou um estúdio: mesclas entre o público e o privado durante a pandemia

Roberto Tietzmann[1]
Carlos Roberto Gaspar Teixeira[2]
Samara Kalil[3]
Patrícia Cristiane da Silva[4]

Introdução

A pandemia de Covid-19 forçou alterações nas estratégias de produção audiovisual, a partir do primeiro semestre de 2020. Atendendo às recomendações sanitárias da Organização Mundial da Saúde (OMS), distanciamento social, uso de máscaras e redução de mobilidade impactaram produções da ficção ao documentário, das mídias sociais ao telejornalismo. Tradicionalmente conhecidas como atividades em que uma equipe e elenco estão reunidos em espaços restritos, os diversos campos da realização audiovisual precisaram encontrar novas maneiras de continuar a produzir conteúdos.

Entre todos os campos, a produção diária de telejornalismo precisou se adaptar com especial rapidez, ampliando o uso de ferramentas de videochamada, adotando estéticas que mesclam o profissional e o doméstico e, assim, criando padrões visuais emergentes que continuam presentes quando da redação do texto, no terceiro ano da pandemia.

---

[1] Doutor, pesquisador e docente na PUCRS. E-mail: rtietz@pucrs.br; https://orcid.org/0000-0002-8270-0865.

[2] Mestre e doutorando na PUCRS. E-mail: eu@ocarlosteixeira.com.br; https://orcid.org/0000-0001-6829-1682.

[3] Doutora pela PUCRS. E-mail: samarakalil@gmail.com; http://orcid.org/0000-0003-3162-3799.

[4] Bolsista de Iniciação Científica na PUCRS. E-mail: patricia.cristiane@edu.pucrs.br; https://orcid.org/0000-0001-7899-4541.

Neste capítulo questionamos quais as marcas e os padrões visuais que se tornaram recorrentes em telejornais brasileiros assim que tiveram de deslocar as entrevistas e os comentários de seus profissionais para transmissões de suas residências através de videochamadas. Neste contexto, os espaços privados se tornaram parte de performances profissionais, incluindo mobiliários diversos, como estantes de livros e elementos decorativos, como quadros, vasos de flores etc. Tal movimento indica a existência de uma "produção de cenário", mesmo que de forma limitada, na qual é possível inferir uma preocupação estética com o enquadramento e com os elementos visuais que aparecem na composição do plano, caracterizando formas de *design* e expressão pessoal.

Para responder a questão acima, coletamos imagens de telejornais transmitidos de março a outubro de 2020 e identificamos os padrões recorrentes através de ferramentas de reconhecimento e rotulação de imagens, gerando um banco de dados que teve categorias consolidadas, descritas ao longo do texto. Este capítulo reuniu uma equipe de muitos níveis, da iniciação científica ao doutorado, e complementa e aprofunda reflexões sobre o tema debatidas em outros espaços e publicações[5] fruto desta pesquisa.

Isolamento e telejornalismo: um contexto em transição

Mesmo antes da pandemia de Covid-19, o uso de videochamadas para a gravação de entrevistas e comentários já era conhecido, ainda que não fosse central na produção de reportagens e demais formatos em meios mais tradicionais, como a televisão e o circuito de documentários. Em espaços nativos da internet, como canais pessoais e de influenciadores digitais ou *streamers* de jogos digitais e *e-sports*, estes recursos já ocupavam um espaço antes exclusivo de tecnologias dedicadas ao mercado profissional de audiovisual por oferecer a possibili-

---

[5] Este capítulo aprofunda a discussão iniciada no artigo visual "Breaking The News From Home: The Visual Features Of Brazilian Broadcast Journalism During The Pandemic", publicado na revista Digital Culture and Education (ISSN 1836-8301) Vol 14.2 em 2022.

dade de fazer transmissões de vídeo com satisfatória agilidade, confiabilidade e baixo custo. Como em todo meio tecnológico emergente, a diversidade de fabricantes torna confuso estabelecer uma cronologia e as diferenças, frequentemente, são discretas entre os produtos em constante competição. É possível afirmar que, em meados de 2020, uma massa crítica para a adoção de transmissões domésticas pode ser observada pelo crescimento da disponibilidade da banda larga próxima das capitais no Brasil, verificada junto à Agência Nacional de Telecomunicações[6]. Em pesquisa do Comitê Gestor da Internet do Brasil (2020) para o período, foram contabilizadas cerca de 152 milhões de pessoas com acesso à internet, sendo 98% por meio de telefones celulares, uma ferramenta importante para profissionais e fontes jornalísticas. A pesquisa "reiterou o aumento na realização de atividades on-line durante a pandemia" (CRESCE…, 2021) e mostrou, ainda, que a pandemia elevou os indicadores de acesso à internet, com o maior crescimento dos 16 anos da série histórica (LEÓN, 2021). Segundo estudo do Centro Regional de Estudos para o Desenvolvimento da Sociedade da Informação, igualmente realizada em 2020, com o avanço da necessidade de isolamento social em virtude da pandemia, quatro em cada dez usuários de internet realizaram algum tipo de atividade de trabalho de forma remota e on-line, isso quando o celular não era o meio principal de trabalho. O apoio das empresas para os colaboradores na realização das atividades em domicílio também foi investigado e mostrou que "os usuários das classes AB foram os que mais receberam esse tipo de suporte, como *notebooks*, celulares ou suporte técnico. Nos demais estratos, menos de um terço recebeu suporte das empresas" (CELULAR… 2020).

No país, após março de 2020, foi possível verificar o crescimento gradual do uso de videochamadas em telejornais, iniciando pelos programas de alcance nacional, priorizando relatos de convidados ligados às áreas da saúde e políticas públicas. Nas primeiras entrevistas on-line

---

[6] Disponível em: https://informacoes.anatel.gov.br/paineis/acessos/banda-larga-fixa. Acesso em: 14 mar. 2022; Disponível em: https://dados.gov.br/dataset/densidade_banda_larga. Acesso em: 14 mar. 2022.

parecia não haver uma preocupação estética, com o enquadramento, cenários, iluminação ou com a fonte de gravação. Contudo, esse contexto foi se transformando com o passar do tempo, com as medidas de isolamento e a recorrência de transmissões feitas em casa.

> [...] o modelo se volta para a fala dos especialistas, convidados, e comentaristas que, em isolamento, falam de suas casas. Isso implica na perda de controle do material veiculado, principalmente no que diz respeito a qualidade da imagem, mas também uma valorização do material opinativo (EMERIM, 2020, p. 73).

Esse foi mais um conjunto de adaptações que se apresentou ao jornalismo. A consolidação de novos formatos e a capacidade de adaptação ao longo da história da imprensa brasileira aparecem comumente ligados à tecnologia dos meios, vide a consolidação do rádio (1930) e o posterior surgimento da televisão (1950) (SODRÉ, 1998). A internet, difundida no Brasil a partir da metade da década de 1990, também repercute de diversas maneiras na produção do setor, sobretudo, possibilita as transmissões com mais mobilidade e em tempo real, reconfigurando as principais atividades do campo e trazendo inúmeros desafios (PODGER, 2020; CUSHION, 2011). No entanto, os processos que já aconteciam de forma gradativa, com a pandemia global, tiveram uma aceleração abrupta, que ainda está em curso. O jornalismo digital e o jornalismo tradicional, em especial o televisivo, cruzaram-se mais do que nunca para entregar informação à população. Nessa perspectiva, as produções jornalísticas dos telejornais, até então mais formais e neutras (HOLM, 2012; OWENS, 2019), incorporaram características performáticas e identitárias de seus mediadores nas cenas, ao mostrarem diariamente salas de estar, escritórios, até mesmo, quartos de dormir como estúdios improvisados, e encurtam ainda mais o senso de distância do público em relação ao espaço de notícias – características que remontam aspectos das transmissões on-line de influenciadores, *youtubers, instagramers* e outros.

Olhares teóricos: aproximando-se de um objeto em constante transformação

A pandemia exigiu uma mudança brusca de práticas profissionais, uma ruptura em que as soluções pragmáticas tendem a ser valorizadas em detrimento de uma reflexão mais aprofundada, pelo menos no primeiro momento. Quando iniciamos esta pesquisa, no segundo semestre de 2020, foi possível perceber de maneira ainda não sistematizada a presença de alguns padrões já estáveis na produção destas entradas a partir das residências. Mas a percepção superficial precisava ser melhor explorada.

A partir daí, foram iniciadas as coletas de materiais e a construção de um referencial teórico que permitisse um olhar e análise para além da apreciação das soluções de maneira imediata. Esse movimento levou à elaboração de um referencial apoiado em três frentes. A primeira utiliza Meyrowitz (2001) e o conceito de materialidades digitais. Então, levando em conta Manovich (2020), a próxima seguiu Humanidades Digitais à medida que a pesquisa aplicou recursos humanos e computacionais para atingir seus objetivos. Por fim, a análise se baseia em explicações visuais inspiradas em Rand (1993, 1996) e visualizações de dados de Tufte (1990, 1992, 1997), destacando padrões dos conjuntos de dados.

Meyrowitz (2001), que define a mídia como um condutor que transmite mensagens, propôs em seus estudos sobre alfabetização midiática, que é necessário entender variáveis de produção dentro de cada meio ou as características relativamente fixas de cada meio. Ele retrata em sua pesquisa as diferenças e as relações entre tipos de conhecimento sobre as mídias através de metáforas. Dentre os elementos do conteúdo midiático, o autor indica aqueles em que temas, tópicos, valores, objetos, personagens, narrativas, informação etc. "se movem de modo relativamente fácil de meio a meio e entre a interação ao vivo e os mídia" (2001, p. 89) e possuem questões típicas recorrentes, como as aproximações e afastamentos entre o conteúdo dos meios e a realidade – algo bastante discutível e limitado na opinião de outros pesquisadores. Todavia, o autor postula que "a importância do conteúdo midiático é mais visível quando outros elementos das comunicações mediadas são ignorados e quando um elemento A é contrastado com um elemento B real ou hipotético" (2001, p. 89). Sendo assim, segundo ele, saber acessar, interpretar e avaliar os conteúdos de uma variedade de mídia é essencial para qualquer alfabetização midiática.

De toda forma, ele indica que, para uma alfabetização da gramática dos mídia, é preciso ver cada veículo com sua própria linguagem, ou seja, "as formas através das quais as variáveis de produção de cada veículo interagem com outros elementos" (2001, p. 91). Segundo ele: "Ao contrário da maioria dos elementos de conteúdo, que passam facilmente de veículo a veículo e da interação não mediada à interação mediada, as variáveis da gramática dos *media* são peculiares ao veículo" (2001, p. 91). Além disso, ele destaca que uma alfabetização mais avançada envolve a compreensão de forças culturais e institucionais que tendem a encorajar alguns usos gramaticais em vez de outros.

Meyrowitz (2001) especifica que variáveis gramáticas podem ser manipuladas dentro de cada meio para alterar a percepção do conteúdo da mensagem. No caso da televisão, cortes, *zooms*, panorâmicas, movimentos de câmera, imagens divididas e outras são citadas. Para ele, programas de computador e *websites* estão incorporando muitas das variáveis de texto, fotografia, som e movimento. Mesmo assim, apesar do cruzamento de variáveis, cada veículo tende a oferecer sua forma única de mesclar as variáveis. O autor traz a possibilidade de inclusão e questionamento na alfabetização da gramática – acerca das variáveis da gramática visual – usadas, principalmente, para guiar a atenção. E, também, do impacto das variáveis que não são facilmente vistas, como os elementos sonoros, com diferentes perspectivas de som.

Há, no entanto, uma reflexão importante levantada pelo próprio Meyrowitz (2004, p. 26), no que tange às implicações da comunicação móvel em nosso tempo. Segundo ele, com mais interações ocorrendo digitalmente, a copresença física está diminuindo como um fator determinante da natureza das interações. "As definições das situações agora são altamente fluidas e mutáveis. Além disso, as situações que surgem por meio de misturas eletrônicas podem não corresponder a nenhuma definição anterior", (p. 26). De acordo com o pesquisador, neste contexto as aproximações são mais estreitas entre diversas variáveis, como: aqui e ali; público e privado; líderes e cidadãos comuns; notícias e entretenimento; escritório e casa; marginal e *mainstream*. Para ele, "à medida que os limites se tornam mais porosos, mais permeáveis, mais transparentes, não estamos experimentando uma simples homogeneização. Estamos experimentando novas formas de fusão e novas formas de desintegração" (2004, p. 27), destaca. Com isso ele afirma a existência de mais semelhanças entre sistemas que costumavam ser muito diferentes e mais variações dentro de sistemas que costumavam ser relativamente homogêneos.

> O mundo está se unindo – e se desintegrando – de novas maneiras. As mudanças na natureza de praticamente todas as fronteiras fundamentam o que é comumente chamado de "globalização" e o que é frequentemente descrito como "pós-modernismo". As novas formas de fusão e desintegração que emergem de tais mudanças de fronteira estão no cerne da excitação e da doença sobre o "multiculturalismo" (MEYROWITZ, 2004, p. 27).

A pandemia confirmou e acelerou o movimento detectado por Meyrowitz oriundo de misturas eletrônicas, que mostram aproximações estreitas entre diversas variáveis surgidas dessas situações. Isso é evidente nas imagens por meio dos cruzamentos nas transmissões: público e privado; escritório e casa; marginal e *mainstream* e outros. Mas como definir tais marcas e mesclas com segurança?

Para nos aproximarmos empiricamente do objeto, escolhemos o caminho teórico-metodológico das Humanidades Digitais (HD) para o desenvolvimento da presente pesquisa. De acordo com o *Manifesto das Humanidades Digitais 2.0* (HUMANITIES BLAST, c2022), o campo das HD é diverso, podendo ser considerado um conjunto de práticas convergentes que exploram o contexto moderno no qual se produz e dissemina conhecimento de maneira multimídia, ampliando para além dos suportes exclusivamente impressos, contemplando assim ferramentas, técnicas e mídias digitais que alteram esse processo, em especial, nas ciências humanas e sociais. O viés metodológico das HD, entre outros aspectos, visa possibilitar um aprofundamento crítico e interpretativo dos incipientes fenômenos da modernidade por meio da adoção de ferramentas digitais que permitam amplificar compreensões acerca das Humanidades e/ou junto da Comunicação (BURDICK *et al.*, 2012). Logo, a investigação crítica elaborada a partir das HD inclui a busca, recuperação e processos facilitados por computadores, de materiais baseados nas humanidades, podendo esses serem de origem impressa, digital ou audiovisual, em seus mais variados formatos, catalogáveis e pesquisáveis eletronicamente (SCHREIBMAN; SIEMENS; UNSWORTH, 2008). Como aponta Berry (2012), as abordagens em HD são capazes de oferecer provocações, evidências, padrões, tendências ou estruturas que permitem entender e identificar processos sociais, políticos e culturais em larga escala.

Dentro dessa perspectiva, as análises que expandem o campo textual, atingindo o âmbito visual e imagético passam a ganhar destaque (SVENSSON, 2016). A "cultura das telas" propagada no século XXI faz com que as imagens sejam consideradas cada vez mais fundamentais para as pesquisas dentro das HD (BURDICK *et al.*, 2012). Nesse sentido, Manovich (2020) ressalta o que ele chama de "Analítica Cultural" (*Cultural Analytics*), conceito definido como: "[...] o uso de métodos computacionais e de *design* – incluindo visualização de dados, *design* de mídia e interação, estatísticas e aprendizado de máquina – para exploração e análise da cultura contemporânea em escala" (MANOVICH, 2020, p. 23, tradução nossa).

A partir dessa perspectiva foram propostas duas abordagens computacionais complementares, que visam amparar o processo interpretativo da presente proposta investigativa. O primeiro deles se baseou na visão computacional, que tem como principal objetivo a compreensão de imagens de forma automatizada utilizando, por exemplo, ferramentas que permitem a detecção de elementos em uma foto, como rosto, objetos, alimentos, roupas, enquadramentos etc. O *Google Vision* é um desses recursos computacionais, que disponibiliza uma ferramenta de inteligência artificial, previamente treinada para a identificação dos mais variados tipos de elementos visuais, chamada de detecção de rótulos (*label detection*), possibilitando a identificação rápida de milhões de categorias predefinidas, atualizadas de forma constante, presentes em um banco de imagens (GOOGLE, c2021). A segunda ferramenta, GENUS[7] (TEIXEIRA, c2021), oferece formas interativas de estruturação de um banco de imagens, permitindo, entre outras coisas, uma interpretação, análise e categorização manual das imagens, visualizadas em um mosaico interativo filtrável.

Cabe ressaltar que a abordagem metodológica das HD, apesar de permitir o caráter quantitativo, não exclui o viés qualitativo das análises, de relevância fundamental para as pesquisas do campo (BURDICK et al., 2012; SVENSSON, 2016; MANOVICH, 2020). As ferramentas computacionais visam oferecer recursos que permitam organizar e exibir dinamicamente um volume considerável de imagens, a fim de possibilitar uma ampliação interpretativa e a detecção de padrões por parte dos pesquisadores.

Nossa metodologia: descobrindo padrões com o auxílio de algoritmos para um olhar humano

Os procedimentos metodológicos que adotamos contam com três etapas fundamentais: a) coleta do banco de imagens; b) processamento do banco com visão computacional utilizando a API do *Google Vision*; c) interpretação e categorização manual a partir da visualização em mosaico das imagens com a ferramenta GENUS.

---

[7] Ferramenta idealizada e desenvolvida por um dos autores e adaptada para a presente pesquisa. Disponível em: https://www.ocarlosteixeira.com.br/genus. Acesso em: 14 mar. 2021.

Para as coletas das imagens, consideramos como amostra duas das maiores redes televisivas do país: Globo e Record. Foram selecionados quatro telejornais das duas emissoras, considerando como critério os contextos nacional e regional, além dos principais horários dos noticiários, meio-dia e final do dia. Desse modo, foram escolhidos os programas Jornal Nacional e Jornal do Almoço (edição Rio Grande do Sul), da Rede Globo e afiliada RBS TV; e Jornal da Record e Balanço Geral (edição Rio Grande do Sul), da rede Record. O período de coleta contempla os meses de março (que marca a chegada da Covid-19 ao Brasil) até outubro de 2020. Cabe ressaltar que nesse intervalo se estabeleceu a estética das videochamadas dentro das mídias televisivas convencionais, a partir da pandemia Covid-19.

As imagens das transmissões foram capturadas por meio da plataforma de *streaming Globo Play*,[8] para os telejornais da Rede Globo, e no site oficial da Rede Record.[9] A seleção das matérias utilizadas priorizou aquelas que contiveram entrevistas e momentos em que os principais personagens estivessem presentes de forma remota, como em residências ou espaços de trabalho, sendo então armazenada uma captura de tela da transmissão, totalizando 81 imagens entre as 726 edições transmitidas entre os quatro programas.

Com o estabelecimento do banco de imagens, foi realizado o processamento em visão computacional a partir das APIs do *Google Vision* e do programa na linguagem *Python Memespector*, possibilitando a identificação automatizada de 143 etiquetas únicas (*labels*), aplicadas 971 vezes (tendo em vista que uma mesma imagem pode ter até 10 etiquetas diferentes). Todavia, o processamento da visão computacional busca reconhecer o máximo de elementos presentes nas imagens, identificando itens que se referem às pessoas presentes nas transmissões, como cabelo, queixo, barba, óculos, camisa, paletó etc. Assim, foi realizada uma filtragem manual das etiquetas, considerando apenas aquelas que representavam os elementos que faziam

---

[8] Disponível em: https://globoplay.globo.com. Acesso em: 13 mar. 2022.
[9] Disponível em: https://www.r7.com. Acesso em: 13 mar. 2022.

parte da ambientação ou fundo da transmissão, totalizando então 71 etiquetas válidas.

A Figura 1, apresenta um resumo desse percurso metodológico preliminar, mostrando ao final uma nuvem de palavras com os objetos que foram identificados com maior frequência no cenário das transmissões.

Figura 1 – Processamento das imagens com visão computacional (*Google Vision*)

Fonte: Elaborado pelos autores a partir de uma versão preliminar (2022).

Depois disso, a listagem dos rótulos e suas respectivas imagens foram inseridas no GENUS, uma ferramenta customizada que permitiu a filtragem do banco de dados visual de maneira dinâmica e baseada em visualizações interativas. Por meio de mosaicos interativos de imagens, os rótulos automáticos previamente identificados com o *Google Vision* foram agrupados em categorias emergentes[10]. A partir daí, foi possível filtrar e gerar visualizações que possibilitaram uma interpretação mais aprofundada das temáticas presentes nos cenários das imagens coletadas.

Análise e resultados

Inicialmente foram identificados uma série de aspectos gerais, observados a partir de uma apreciação ampla dos programas durante as coletas das capturas de tela. Um aspecto relevante foram as diferentes características das entrevistas e das entradas a partir das residências conforme o perfil do programa. O Jornal Nacional e o Jornal da Record mantiveram o formato tradicional dos telejornais da noite, resumindo as principais notícias do dia, entrevistas em videochamadas com formato de tela horizontal, priorizando explanações de especialistas, políticos, artistas ou vítimas/testemunhas de eventos ou crimes.

O Jornal do Almoço, edição Rio Grande do Sul, resumiu as principais notícias locais, além de produzir matérias que visam à qualidade de vida e à solidariedade, temáticas exploradas com menor frequência nas coberturas nacionais. O Balanço Geral, noticiário regional da Rede Record, tem diferentes edições para cada região do país, além de versões internacionais em Moçambique e Cabo Verde. Diferente dos noticiários citados anteriormente, seu foco era de caráter mais popular, enfatizando o jornalismo criminal e comunitário.

Assim como o Jornal do Almoço, também foram constatadas uma variedade de formatos de tela, sendo a vertical mais predominante, apresentando entrevistados distintos, como moradores, vítimas de crimes, testemunhas, servidores públicos e policiais. Esse último em maior volume devido ao grande número de matérias criminais noticiadas. Além disso, pareceu existir uma menor preocupação com aspectos formais, o que permite inferir a busca por uma linguagem

---

[10] Disponível em: https://www.ocarlosteixeira.com.br/genus/projetos/mosaico/6. Acesso em: 15 mar. 2022.

popular, acessível às massas. Nesse sentido, as entrevistas à distância das transmissões regionais apresentaram mais variação, tanto de temáticas, quanto de convidados ou formato de tela. Destacamos, no entanto, que tais características não são o foco desta pesquisa.

Outro ponto importante observado entre os noticiários nacionais e regionais foi a diferença de tempo de resposta para a adoção de um novo modelo de participação por videochamadas. Foi possível identificar em várias edições dos quatro noticiários que esse processo aconteceu de modo gradual, de acordo com a realidade local. Tal inferência pode ser explicada pelo fato do Rio Grande do Sul ter registrado um crescente número de casos de Covid-19, depois dos estados de São Paulo e Rio de Janeiro, sedes das emissoras de alcance nacional. No início de março já haviam entrevistas noticiadas pelos jornais nacionais estrangeiros ou jornalistas da própria emissora em isolamento. Entretanto, a pandemia se alastrou no Brasil em meados de março.

Essa adoção das videochamadas em praticamente todos os veículos noticiosos possibilitou uma série de análises. A partir das coletas e da elaboração do banco de imagens, juntamente com os processamentos de visão computacional do *Google Vision* e as análises qualitativas através do GENUS, foi possível identificar oito categorias emergentes que contemplam os principais tipos de cenários identificados durante as videochamadas transmitidas. São elas:

a) **Estante de livros**. Imagens que mostram estantes de livros ao fundo – contendo os seguintes rótulos do *Google Vision*: livro (*book*), estante de livros (*bookcase*), estante (*shelf*), prateleiras (*shelving*).

b) **Quadros**. Imagens que mostram algum tipo de quadro ao fundo – contendo os seguintes rótulos do *Google Vision*: porta-retratos (*picture frames*), fotografia (*photograph*).

c) **Plantas**. Imagens que mostram algum tipo de vegetal ao fundo – contendo os seguintes rótulos do *Google Vision*: planta de casa (*houseplant*), planta (*plant*), árvore (*tree*), planta lenhosa (*woody plant*).

d) **Decoração**. Imagens em que havia uma preocupação estética na construção de um cenário ao fundo, utilizando ou apropriando-se de ambientes com objetos decorativos – contendo os seguintes rótulos do *Google Vision*: arte (*art*), iluminação (*lighting*).

e) **Informal**. Imagens que apresentam uma atmosfera informal, como quarto, cozinha etc., onde aparentemente foi gravada sem uma maior preocupação com o fundo – com os seguintes rótulos do *Google Vision*: quarto (*room*), conforto (*confort*).

f) **Institucional**. Foram consideradas imagens institucionais aquelas que apresentavam algum tipo de indicação da instituição representada ou potencialmente repassada em um ambiente institucional. Imagens categorizadas manualmente a partir da análise qualitativa utilizando o GENUS.

g) **Sofás**. Apesar de buscar certa neutralidade estética, continha também características informais por mostrar a pessoa claramente sentada em um sofá. Imagens categorizadas manualmente a partir da análise qualitativa utilizando o GENUS.

h) **Neutro**. Foram consideradas imagens neutras aquelas em que aparentemente havia a preocupação de colocar um fundo apenas com alguma textura ou parede. Imagens categorizadas manualmente a partir da análise qualitativa utilizando o GENUS.

A Figura 2 traz exemplos de imagens das categorias emergentes identificadas.

Figura 2 – Resultado da categorização a partir das análises no GENUS

Fonte: Elaborado pelos autores a partir de uma versão preliminar (2022).

Seis das oito categorias apresentam decorações domésticas esperadas, como porta-retratos e sofás. Estúdios caseiros arrumados, com produção e iluminação semelhante ao que é visto nos *feeds* de *youtubers* e *streamers* do *Twitch* não foram observados, embora seja possível interpretar a concepção dos cenários de fundo como sinais que indicam possíveis *status* econômicos ou profissões.

Figura 3 – Categorias por abrangência

Fonte: Elaborado pelos autores a partir de uma versão preliminar (2022).

A distinção entre noticiários regionais e nacionais foi enfatizada pela frequência, com os telejornais regionais tendo mais que o dobro de entrevistados on-line com cenários considerados informais, possivelmente refletindo uma menor orientação dos entrevistados por parte das equipes de produção. A diferença quase quatro vezes maior dos cenários neutros nas notícias nacionais corrobora com essa inferência. As estantes de livros também se destacam nacionalmente, contendo o dobro se comparadas às transmissões regionais, funcionando como um sinal visual de autoridade e de conhecimento (ver Figura 3).

Figura 4 – Categorias por emissora

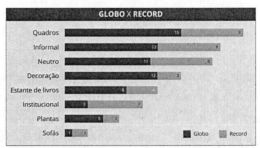

Fonte: Elaborado pelos autores a partir de uma versão preliminar (2022).

Há também uma divisão significativa entre as emissoras. A Rede Globo apresentou quase o dobro de porta-retratos, quatro vezes mais decoração, o dobro de estantes de livros e quase três vezes mais plantas em relação a Rede Record. No entanto, os sinais institucionais foram apresentados com mais destaque na Record, aparecendo quase duas vezes mais na Globo. Isso sugere uma diferença no perfil e nas audiências de cada emissora, com a Globo refletindo um apelo à classe média com gosto um tanto burguês e a Record privilegiando a cobertura jornalística de crimes pesados, apelando para uma audiência tradicional, refletida pela presença de policiais e juízes como fontes, com recursos visuais correspondentes (ver Figura 4).

Ao compreender as categorias visuais de forma mais abrangente, foi possível estabelecer duas metacategorias: a) planos sugerindo alguma preocupação para a composição, denominada ESTÉTICA (reunindo as categorias *estantes*, *molduras*, *decoração*, *plantas*, institucional e *neutra*); e b) planos que tratavam seu *layout* de fundo de forma mais casual, denominada DESPREOCUPADA (misturando as categorias informal e sofás) – ver Figura 5.

Figura 5 – Metacategorias: Estética x Despreocupada

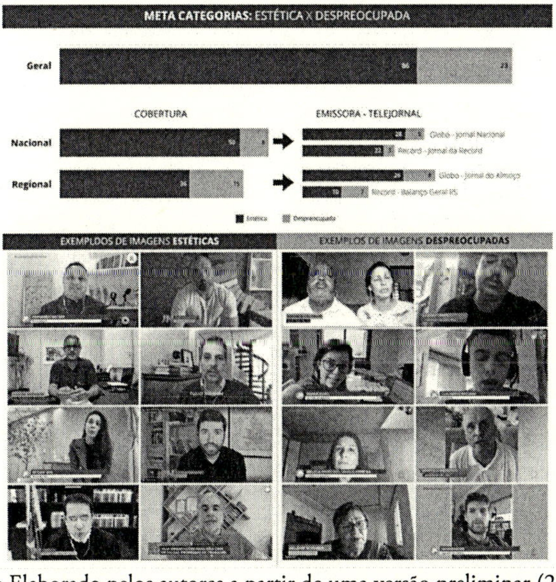

Fonte: Elaborado pelos autores a partir de uma versão preliminar (2022).

De um modo geral, a categoria Estética foi mais comum, com cerca de quatro em cada cinco fotos. No noticiário regional, cresce o caráter *despreocupado*, principalmente no programa de almoço da rede Record. Em ambas metacategorias, o que principalmente permaneceu constante foi a centralidade do entrevistado ou da fonte. Isso sugere a onipresença silenciosa de um recurso ergonômico da maioria dos dispositivos, em que a câmera frontal geralmente está no centro e, portanto, a calibração padrão do foco automático.

Considerações finais

A Covid-19 mudou as formas de produção e transmissão na televisão, descentralizando as equipes devido às recomendações da OMS, que passaram a conduzir entrevistas e comentários, principalmente, por meio de videochamadas on-line. Os espaços residenciais de jornalistas e entrevistados passaram a fazer parte das atuações dos profissionais, utilizando objetos pessoais como estantes, elementos decorativos e móveis para ajudar a construir uma persona pública e sugerir *status* social.

Um dos elementos definidores da separação entre o público e o privado é dado pela decoração. Um estúdio é, em essência, uma caixa vazia com iluminação e som controlados, sendo decorada conforme o programa ou filme a ser realizado. Dessa maneira, podemos afirmar que todos os elementos em cena tendem a ser pensados em uma estética coerente e convergente, especialmente, em telejornais. Meyrowitz (2001) define mídia como um canal de mensagens e a alfabetização a respeito como o conhecimento sobre as características relativamente fixas de cada meio através de análise comparativa. O autor especifica que as variáveis gramaticais podem ser manipuladas para alterar a percepção do conteúdo da mensagem, como enquadramento de tomadas, movimentos de câmera e edição na televisão.

A identificação dos padrões a partir da abordagem teórico-metodológico de Humanidades Digitais, sublinharam tanto o posicionamento das emissoras quanto dos programas. Em suma, os programas nacionais trazem imagens esteticamente mais cuidadosas que os regionais, e a Globo e sua afiliada buscam mais capricho visual que a Record.

A entrada dos diferentes espaços domésticos neste processo nos sugere que os padrões visuais recorrentes durante a pandemia da Covid-19 refletem uma mudança nessa gramática em que uma relação fundamental da produção audiovisual se inverteu: a reunião de papéis de comentarista/entrevistado e cinegrafista/operador de câmera. Tradicionalmente, estes papéis eram separados entre a equipe (quem registra) e quem falava (quem era registrado), mas a necessidade de isolamento e as videochamadas deram aos indivíduos um espelho tecnológico na forma da tela do dispositivo que os conscientizou de sua aparência e do seu entorno.

Isso fomentou as duas metacategorias, sendo Estética baseada nas operações retóricas de adição e permutação (incluir elementos, alterá-los para um resultado mais refinado) e *despreocupada* com a subtração (tirar o máximo possível do fundo). De qualquer forma, isso separa o indivíduo do cenário em diferentes camadas conceituais, pois ao participarem de um comentário ou entrevista dificilmente as pessoas interagiam fisicamente com o cenário de suas residências. Isto acontecia principalmente quando algo ou alguém da residência perturbava ou interrompia a participação, como animais de estimação passando em frente à câmera, por exemplo.

A pandemia confirmou e acelerou o movimento detectado por Meyrowitz decorrente das misturas eletrônicas, mostrando aproximações entre diversas variáveis decorrentes dessas situações. Para o autor, "à medida que as fronteiras se tornam mais porosas, mais permeáveis, mais transparentes, não estamos vivenciando uma simples homogeneização. Estamos experimentando novas formas de fusão e novas formas de desintegração" (2004, p. 27). Esse movimento fica evidente nas imagens por meio dos cruzamentos nas transmissões: público e privado; escritório e casa; marginal e *mainstream* etc. Assim, as notícias veiculadas a partir de casa incluem discursos visuais que nem sempre podem ser totalmente controlados pelos entrevistados ou fontes e comunicam mais do que sua resposta.

Referências

APABLAZA-CAMPOS, A. Social media live streaming y su impacto en los medios de comunicación: El caso de YouTube Live. **Hipertext.net**, [*S. I.*], n. 17, p. 118-128, 2018. https://doi.org/10.31009/hipertext.net.2018.i17.11

BERGESCH, W. **Os Televisionários.** Porto Alegre: Ardotempo, 2010.

BERRY, D. M. **Understanding Digital Humanities.** London: Palgrave Macmillan UK, 2012.

BURDICK, A.; DRUCKER, J.; LUNENFELD, P.; PRESNER, T.; SCHNAPP, J. **Digital_humanities**. Cambridge: MIT press, 2012.

CELULAR é o dispositivo mais utilizado por usuários de Internet das classes DE para ensino remoto e teletrabalho, revela Painel TIC Covid-19. *In*: **Comitê Gestor da Internet no Brasil.** [*S. I.*], 5 nov. 2020. Disponível em: https://www.cgi.br/noticia/releases/celular-e-o-dispositivo-mais-utilizado-por-usuarios-de--internet-das-classes-de-para-ensino-remoto-e-teletrabalho-revela-painel-tic-covid-19. Acesso em: 14 mar. 2022.

CUSHION, S. **Television Journalism** – Journalism Studies: Key Texts. 1. ed. Los Angeles: SAGE Publications Ltd., 2011.

CRESCE o uso de internet durante a pandemia e número de usuários no Brasil chega a 152 milhões, é o que aponta pesquisa do Cetic.br. *In*: **Comitê Gestor da Internet no Brasil.** [*S. I.*], 18 ago. 2021. Disponível em: https://www.cgi.br/noticia/releases/cresce-o-uso-de-internet-durante-a-pandemia-e-numero-de--usuarios-no-brasil-chega-a-152-milhoes-e-o-que-aponta-pesquisa-do-cetic-br/. Acesso em: 14 mar. 2022.

FIGARO, R.; BARROS J. V.; SILVA, N. R. da; CAMARGO C. A.; SILVA, A. F. M. da; Moliani, J. A.; KINOSHITA, J. O.; OLIVEIRA, D. F. de. Como trabalham os comunicadores na pandemia do Covid-19? **Revista Jurídica Trabalho e Desenvolvimento Humano**, Campinas, n. 3, p. 1-39, 2020. https://doi.org/10.33239/rjtdh.v.76.

GOOGLE. Detect Labels. Cloud Vision API. *In*: **Google Cloud**. [*S. l.*]: Google, [c2021]. Disponível em: https://cloud.google.com/vision/docs/labels. Acesso em: 14 jun. 2021.

GOOGLE. **Google Vision.** [*S. l.*]: Google, [c2021]. Disponível em: https://cloud.google.com/vision/docs. Acesso em: 14 mar. 2022.

GUTSCHE Jr., R. E. The State and Future of Television News Studies: Theoretical Perspectives, Methodological Problems, and Practice. **Journalism Practice**, [*S. I.*], v. 13, n. 9, p. 1034-10411, out. 2019. Disponível em: https://www.tandfonline.com/doi/full/10.1080/17512786.2019.1644965. Acesso em: 14 mar. 2022.

HARRIS, P. L. **Television Production & Broadcast Journalism.** 2. ed. Illinois: Goodheart-Willcox, 2011.

HOLM, G. N. **Fascination:** Viewer Friendly TV Journalism (Elsevier Insights) 1. ed. London: Routledge, 2012.

HUMANITIES BLAST. The Digital Humanities Manifesto 2.0. *In:* **Humanities Blast**. [*S. l.*], [c2022]. Disponível em: https://www.humanitiesblast.com/manifesto/Manifesto_V2.pdf. Acesso em: 5 jan. 2022.

LEÓN, L. P. Brasil tem 152 milhões de pessoas com acesso à internet. *In:* **Agência Brasil.** Brasília, 23 ago. 2021. Disponível em: https://agenciabrasil.ebc.com.br/geral/noticia/2021-08/brasil-tem-152-milhoes-de-pessoas-com-acesso-internet. Acesso em: 14 mar. 2021.

LINS CAJAZEIRA, P. E.; GOMES DE SOUZA, J. J. A nova práxis do telejornalismo na cobertura da pandemia da Covid-19. **Espaço E Tempo Midiáticos**, [*S. I.*], v. 3, n. 2, p. 49-55, 2020. Disponível em: https://sistemas.uft.edu.br/periodicos/index.php/midiaticos/article/view/10012. Acesso em: 14 mar. 2022.

MANOVICH, L. **Cultural Analytics.** Cambridge: MIT press, 2020.

MEYROWITZ, J. As múltiplas alfabetizações midiáticas. **Revista FAMECOS**, Porto Alegre, n. 15, p. 88-100, 2001. Disponível em: https://revistaseletronicas.pucrs.br/ojs/index.php/revistafamecos/article/view/3125/2397. Acesso em: 13 mar. 2022.

MEYROWITZ, J. Global nomads in the digital veldt. **Revista FAMECOS**, Porto Alegre, n. 24, p. 23-30, 2004. Disponível em: https://revistaseletronicas.pucrs.br/ojs/index.php/revistafamecos/article/download/3261/2521. Acesso em: 13 mar. 2022.

MINTZ, A. Amintz/image-network-plotter. *In*: *GitHub.* [202-]. Disponível em: https://github.com/amintz/image-network-plotter. Acesso em: 15 jan. 2021.

OWENS, J. **Television Production.** 17. ed. London: Routledge, 2019.

PAINEL TIC Covid-19. 3. ed. [*S. I.*]: CGI.br/NIC.br: Centro Regional de Estudos para o Desenvolvimento da Sociedade da Informação (Cetic.br), [2020]. Disponível em: https://cetic.br/pt/pesquisa/tic-covid-19. Acesso em: 14 mar. 2022.

PODGER, C. Understanding mobile journalism. Mobile Journalism Manual. *In*: **Mojo-Manual.** [*S. I.*], 27 set. 2020. Disponível em: https://www.mojo-manual.org/understanding-mobile-journalism. Acesso em: 14 mar. 2022.

RAND, P. **Design, Form and Chaos.** New Haven: Yale University Press, 1993.

RAND, P. **From Lascaux to Brooklyn.** New Haven: Yale University Press, 1996.

RECORD TV. Programação da Record TV RS. *In*: **Record TV RS.** [*S. I.*], [entre 2009 e 2021]. Disponível em: https://www.recordtvrs.com.br/programacao-local. Acesso em: 6 jun. 2021.

REDE GLOBO. RBS TV. Programação completa. *In:* **Rede Globo**. [*S. I.*], [entre 2000 e 2021]. DIsponível em: https://redeglobo.globo.com/rs/rbstvrs/programacao/#2021061411. Acesso em: 6 jun. 2021.

SCHREIBMAN, S.; SIEMENS, R.; UNSWORTH, J. **A Companion to Digital Humanities**. London: Wiley Blackwell, 2008.

SMITH, S. How virus has changed the way reporters work. *In*: **BBC News.** [*S. I.*], 26 mar. 2020. Disponível em: https://www.bbc.com/news/uk-scotland-52052447. Acesso em: 14 mar. 2022.

SODRÉ, N. W. **História da imprensa no Brasil.** 4. ed. Rio de Janeiro: Mauad, 1998.

SVENSSON, Patrik. **Big Digital Humanities**: Imagining a Meeting Place for the Humanities and the Digital. California: University of Michigan Press, 2016.

TEIXEIRA, C. R. G. **GENUS**. Versão 1.0. Porto Alegre, [c2021]. Disponível em: https://www.ocarlosteixeira.com.br/genus. Acesso em: 15 mar. 2022.

TIETZMANN, R.; TEIXEIRA, C.; KALIL, S.; SILVA, P. C. da; Breaking The News From Home: The Visual Features Of Brazilian Broadcast Journalism During The Pandemic. **Digital Culture and Education, [S. I.], Special issue Visualising the Shelfie Movement: Documenting digital materialities.** Vol. 14-2, p. 37-47. Disponível em https://www.digitalcultureandeducation.com/volume-14-2. Acesso em: 27 jun. 2022.

TUFTE, E. R. **Envisioning Information**. U.S.: Graphics Press, 1990.

TUFTE, E. R. **The Visual Display Of Quantitative Information**. U.S.: Graphics Press, fev. 1992.

TUFTE, E. R. **Visual Explanations**: Images And Quantities, Evidence And Narrative. U.S.: Graphics Press, 1997.

WORLD HEALTH ORGANIZATION. Advice for the public. *In:* **Who**. [*S. I.*], [ca. 2020]. https://www.who.int/emergencies/diseases/novel-coronavirus-2019/advice-for-public. Acesso em: 15 mar. 2022.

O *purposeful game* como ferramenta de combate à desinformação

Ana Paula Bourscheid[1]
André Fagundes Pase[2]

Introdução

A falta de qualificação por parte do público para identificar aquilo que é falso ou verdadeiro na internet, com destaque para os conteúdos publicados e consumidos nas redes sociais digitais, é uma das motivações para a disseminação de *fake news*. Essa expressão alcançou popularidade a partir da campanha eleitoral para a presidência dos Estados Unidos que resultou na vitória de Donald Trump em 2016. De maneira livre, indica uma notícia falsa e, sua popularidade crescente fez com que, em 2017, fosse selecionada pelo dicionário britânico Collins como a palavra do ano (FLOOD, 2017). *Fake news* são classificadas por Jorge (2017) como uma modalidade de informação que é distribuída em *sites* e em redes sociais digitais e, por sua vez, podem assumir formatos de notícias ou propagandas. Em seus estudos, a pesquisadora esclarece que as publicações falsas são principalmente difundidas em serviços de mensagens instantâneas, a exemplo do *WhatsApp* e *Telegram*.

Torna-se necessário esclarecer que *Fake News* não são um fenômeno novo, embora o termo tenha ficado famoso nos últimos anos por

---

[1] Jornalista, doutoranda em Comunicação na PUCRS e bolsista Capes-Prosuc. E-mail: bourscheidana@gmail.com

[2] Doutor, professor do Programa de Pós-Graduação da Escola de Comunicação, Artes e Design – Famecos da Pontifícia Universidade Católica do Rio Grande do Sul (PUCRS). Pesquisador do Laboratório de Pesquisa em Mobilidade e Convergência Midiática (Ubilab) e do Grupo de Pesquisa Jogos e Entretenimento Digital Interativo (Jedi). Bolsas de Produtividade em Pesquisa nível PQ-2 da Capes. Bolsista do programa Pesquisador Gaúcho da Fapergs. E-mail: afpase@pucrs.br

ser utilizado e repetido de maneira contínua por lideranças políticas e outros atores políticos em discursos e publicações nas redes sociais digitais, até mesmo em perfis oficiais. Esses conteúdos são tão antigos quanto a história da humanidade e podem ser compreendidos a partir de um termo já conhecido, a desinformação, pois objetivam em sua essência informar de maneira equivocada um indivíduo ou grupos de indivíduos. A novidade na disseminação desses conteúdos na contemporaneidade é a velocidade de produção, circulação e propagação, essa última é resultante do volume das conexões nas plataformas e da quantidade de indivíduos que dedicam sua atenção e reproduzem conteúdos inverídicos, amplificando o alcance de maneira orgânica.

Neste trabalho defendemos que o uso do termo *fake news* é equivocado, uma vez que, a notícia caracteriza-se pela verdade, portanto, aquilo que é falso não pode ser considerado notícia. Alsina (1993) define a notícia como uma representação social da realidade, cuja essência está na exposição de acontecimentos verdadeiros. Desse modo, o uso do termo "notícia falsa" é inadequado. Para tanto, adota-se a terminologia desinformação para fazer referência aos conteúdos falsos que são publicados e divulgados com o intuito de enganar, iludir e prejudicar a circulação de informações verdadeiras.

Em um cenário de proliferação deste problema, entendemos ser necessário pensar em estratégias para diminuir a circulação, o alcance e o número de vítimas da desinformação que circula tanto no mundo on-line como nos espaços off-line. Uma das primeiras ações consiste em fazer com que a temática seja debatida de forma pública para que possamos ampliar as reflexões sobre o tema com a finalidade de alcançar todas as parcelas da população.

Em relação à desinformação que habita as diferentes páginas da *web*, Ferrari (2018) sustenta que é crucial qualificar todos os indivíduos que integram a sociedade para aprender a conferir a origem e a veracidade dos conteúdos que consomem em suas *timelines*. Vale destacar que, para estimular no público a prática de analisar os conteúdos midiáticos que são consumidos, é preciso investir em ações educativas constantes e capazes de instrumentalizar o discurso de combate à desinformação.

A ação de educar pode ser facilitada através da utilização de recursos lúdicos, a exemplo dos jogos eletrônicos. Piaget (1990) destaca que o prazer lúdico proporcionado pelo ato de jogar é o que diferencia o jogo das atividades não lúdicas, fator que ocasiona a prática educativa a partir da utilização dos recursos do jogo. Mattar (2010) complementa a ideia de Piaget (1990) ao destacar que, no caso dos *games*, a imersão no jogo permite o exercício de tomadas de decisão.

É nesse sentido que surge a proposta deste artigo que tem como **temática** os *purposeful games*, compreendidos enquanto jogos intencionais, como ferramentas de combate à desinformação. O estudo tem como **objetivo geral** compreender a organização estrutural do *game Factitious 2020!* para averiguar se este pode ser classificado como exemplo de *purposeful game*.

Em relação aos **objetivos específicos**, estes visam: qualificar o termo *purposeful games*; investigar a proposta do jogo *Factitious 2020!*; mapear as fases que integram a narrativa; e descrever os desafios propostos ao jogador em cada uma das etapas do *game*. Para dar conta dos objetivos utiliza-se a análise de *games* proposta por Consalvo e Dutton (2006), método que consiste em um conjunto de ferramentas metodológicas criadas para o estudo qualitativo de jogos digitais.

Engana que eu gosto, engana que eu posto

Seis em cada 10 brasileiros afirmam que já acreditaram em conteúdos falsos. O dado, verificado através de pesquisa realizada pelo Instituto Ipsos em 27 países em 2018, apontou que entre os entrevistados, os brasileiros formam o grupo que mais acredita em desinformação. Nassif (2018) aponta que a pesquisa verificou que 62% dos brasileiros acreditam nestas publicações sem questionar. O fenômeno é global, pois a pesquisa constatou que 58% dos entrevistados na Arábia Saudita e Coreia do Sul, por exemplo, afirmaram já ter acreditado em uma publicação falsa.

A mesma investigação aponta que os brasileiros afirmam ter a compreensão da falsidade e mentira presente nestas publicações. No entanto, esse entendimento não é o suficiente para evitar que estas pessoas acreditem em informações falsas e também repassem o conteúdo, validando algo que não é verídico para seus amigos e familiares.

Um dos fatores que ajuda a compreender tal comportamento está na sensação proporcionada por este comportamento. Em entrevista concedida a Souza (2018), o psiquiatra e diretor da Associação Brasileira de Psiquiatria, Claudio Martins, classifica que a crença e o compartilhamento da desinformação causam no ser humano a mesma sensação ocasionada pelo uso de drogas.

Esse entendimento pode ser reafirmado quando são analisadas pesquisas que apontam os efeitos do uso da cocaína. Conforme dados divulgados pelo Centro Brasileiro de Informações sobre Drogas Psicotrópicas (Cebrid), essa substância causa uma intensa e rápida euforia logo após o seu uso, seguida pela depressão, tensão e necessidade de consumir mais. Além do que, seu uso causa no indivíduo a perda do medo e a sensação de poder. Semelhante ao que ocorre com quem recebe e compartilha uma publicação falsa.

Souza (2018) aponta que, de acordo com o psiquiatra Claudio Martins, no momento em que o indivíduo recebe um conteúdo falso, mesmo sabendo que este pode ser inverídico, mas agrada sua opinião, "[...] são estimulados os mecanismos de recompensa imediata do cérebro e dão uma sensação de prazer instantâneo, assim como as drogas." (MARTINS, 2018, on-line).

Na avaliação do psiquiatra, o sentimento de euforia motivado pela desinformação ocasiona a perda do senso crítico de quem recebe e acredita nessa modalidade de conteúdo. "Isso impulsiona a pessoa a transmitir compulsivamente a mesma informação para que seu círculo de amizades sinta o mesmo." (MARTINS, 2018, on-line). Fator que faz surgir o fenômeno dos compartilhadores compulsivos de desinformação.

Em 2020, com a pandemia de Covid-19, declarada em março de 2020 pela Organização Mundial de Saúde (OMS), doença causada pelo novo coronavírus, classificado como vírus SARS-CoV-2, o volume de conteúdos desinformativos foi intensificado na internet. De acordo com a pesquisa realizada pela organização internacional de petições que visa a mobilização dos usuários da internet acerca de temáticas contemporâneas, Avaaz (2020), de cada 10 brasileiros que participaram da pesquisa, nove afirmaram terem visto pelo menos um conteúdo falso sobre o vírus. Já a cada 10 brasileiros entrevistados, 7 acreditam em pelo menos um conteúdo falso relacionado à pandemia.

A pesquisa foi realizada pela internet no mês de abril de 2020 com indivíduos com idade entre 18 e 65 anos residentes no Brasil, Itália e Estados Unidos. Na oportunidade, foram selecionadas nove afirmações referentes ao novo coronavírus e apresentadas aos participantes da pesquisa em forma de texto. Dessas, duas eram verdadeiras e sete falsas. Cabe ressaltar que este levantamento foi realizado antes do desenvolvimento e aplicação das vacinas, que provocaram novas ondas de material duvidando da eficácia dos medicamentos e suscitando incerteza sobre efeitos colaterais.

Os dados identificados apontaram que os brasileiros acreditaram mais em mentiras relacionadas à pandemia do novo coronavírus em comparação à população dos Estados Unidos e da Itália. Uma vez que, 73% dos brasileiros acreditaram em ao menos um dos conteúdos falsos apresentados, avaliando a publicação como verdadeira. Já entre os estadunidenses esse número foi de 65% e, entre os italianos, 59%.

O estudo da Avaaz (2020) identificou que 59% dos entrevistados declararam ter visto ao menos um dos conteúdos falsos no *WhatsApp*. Outros 55% dos participantes da pesquisa destacaram que notaram a presença de pelo menos um dos 10 conteúdos inverídicos no *Facebook*. No final do estudo, o *WhatsApp* aparece como a fonte mais citada para quatro das sete publicações mentirosas apresentadas aos participantes da pesquisa.

Por fim, o mapeamento revelou que as publicações desinformativas em que os brasileiros mais acreditaram e consideraram como verdadeiras em relação à pandemia do novo coronavírus foram as seguintes:

1. O novo coronavírus foi criado em um laboratório secreto na China; 2. Tomar grandes doses de vitamina C pode retardar ou até impedir a infecção do novo coronavírus; 3. Especialistas em saúde recomendam beber água regularmente, pois isso levará o novo coronavírus para seu estômago, onde a acidez irá matá-lo. (AVAAZ, 2020, on-line).

Além da pandemia de Covid-19, o estudo destacou que o Brasil enfrenta uma infodemia, classificada pela Organização Pan-Americana da Saúde – OPAS (2020, on-line) como "[...] um excesso de informações, algumas precisas e outras não, que tornam difícil encontrar fontes idôneas e orientações confiáveis quando se precisa." A partir desta verificação, destaca-se que o cenário de infodemia é motivado pela quantidade elevada de desinformação que circula na internet, especialmente nas redes sociais digitais.

O combate à dependência desinformativa

Um vício. Amorós García (2018) classifica os conteúdos falsos que circulam nos ambientes digitais como uma droga, uma vez que causam dependência ao mesmo tempo em que satisfazem a necessidade humana, manifestada em sua essência de forma inconsciente, neste caso, de consumir informações que reafirmam opiniões e verdades pessoais.

Assim como ocorre quando há o consumo de drogas bioquímicas, o vício em desinformação possibilita que o indivíduo crie e fantasie um mundo paralelo ao real. Em seus estudos, Amorós García (2018) enfatiza que, a partir destes conteúdos falsos, o indivíduo cria uma vida ideal baseada em suas preferências particulares. Nesse caso, ocorre a fuga da realidade e a perda daquele que deve ser um dos aspectos que movem a existência humana, o bom senso amparado na reflexão crítica.

Um dos aspectos que reforçam a tese de Amorós García (2018) deve-se ao fato de estarmos inseridos em bolhas. Essas originam-se nos primeiros registros da civilização com a organização em comunidades e têm como característica unir indivíduos a partir de questões que são comuns a um grupo de pessoas, a exemplo da religião, da língua e da cultura. Esses pré-requisitos atuam como filtros que estabelecem a inserção ou a exclusão de indivíduos em determinados grupos.

Contudo, como aponta Lucia Santaella no prefácio do livro de Pollyana Ferrari (2018), com o surgimento da internet e a expansão das redes sociais digitais, a compreensão do termo bolhas foi redefinida, ampliada e passando a ser entendida, como "[...] atividade baseada em privacidade, personalização, prioridade, locação, ambiente, circunstâncias e tempo" (SANTAELLA, 2018, on-line). Tal conceito deriva da proposta inicialmente apresentada por Pariser (2012), que alertava sobre os perigos do filtro realizado por redes sociais e plataformas baseadas em preferências e registros de dados para selecionar quais informações são apresentadas para o usuário.

A tônica em relação ao termo era de que a internet e as redes sociais digitais seriam uma forma de libertação, através da democratização e descentralização do acesso e da produção informativa por todos os indivíduos inseridos no contexto digital. A autora lembra que, no início deste fenômeno, as bolhas eram classificadas como "[...] espaços de proteção e controle da privacidade, contra a invasão da vigilância." (SANTAELLA, 2018, on-line).

Todavia, a popularização das redes sociais digitais alterou de forma progressiva o conceito anterior. A autora lembra que essa mudança tem como elemento central a utilização de recursos das tecnologias da informação e comunicação. Deve-se em especial a adoção de algoritmos que consistem em sistemas lógicos de programação que definem e identificam ações, neste caso, referem-se a ações na *web*, especificamente nas redes sociais digitais. A evolução dos algoritmos possibilitou a identificação e o mapeamento dos perfis de cada usuário da rede, a partir dos seus gostos pessoais, das suas buscas no navegador, classificando cada indivíduo com base em questões políticas, econômicas e ideológicas.

Santaella (2018) atribui aos algoritmos a responsabilidade pela redefinição da compreensão do termo bolhas na sociedade contemporânea. Isso decorre do mapeamento criado por essas tecnologias, que nos fez divididos e inseridos em filtros de bolhas nas redes sociais digitais, fator que nos expõe diariamente em nossas *timelines* a publicações que reafirmam nossas preferências pessoais. A autora compreende que estamos inseridos em "bolhas midiáticas" e divididos nas redes sociais digitais em grupos de indivíduos que pensam de modo similar.

O perigo desta divisão consiste no fato de que, a partir do momento em que aquilo que consumimos na rede é definido por um algoritmo, estamos suscetíveis à manipulação e à perda da criticidade em relação ao conteúdo que consumimos. Santaella (2018) classifica a utilização de filtros informacionais nas plataformas digitais desvinculados do senso crítico como responsável pela epidemia contemporânea de conteúdos falsos, mentirosos, portanto, desinformativos, compreendidos pela autora como responsáveis por causar a alienação dos indivíduos.

No cenário de bolhas, Amorós García (2018) enfatiza que tem sido "[...] mais fácil enganar as pessoas do que convencê-las de que foram enganadas." (AMORÓS GARCIA, 2018, on-line, tradução nossa)[3]. Santaella complementa que estes episódios corriqueiros têm gerado "[...] percepções equivocadas e perigosas que tendem a comprometer a saúde social (tanto individual quanto coletiva) [...]." (SANTAELLA, 2018, on-line).

O espalhamento de desinformação tem causado a polarização social, ocasionando a proliferação de discursos de ódio, episódios de intolerância e violência. Situações que fazem com que os indivíduos percam a capacidade de conviver em sociedade, de dialogar, de tolerar diferenças e opiniões contrárias, além de causar uma guerra informativa.

---

[3] Citação original: "[...] es más fácil engañar a la gente que convencerla de que ha sido engañada" (AMORÓS GARCIA, 2018, on-line).

Purposeful games **versus desinformação**

Todo ato de jogar é compreendido por Caillois (1990[4]), como uma ação que possui determinada finalidade. Especificamente no caso de jogos digitais, além de ter uma motivação específica para sua produção e veiculação, também são entendidos por Flanagan e Nissenbaum (2018) como produtos que possuem valores próprios da vida em sociedade incorporados no resultado do produto. Na avaliação das autoras, esses valores podem ser percebidos como "[...] propriedades de coisas e estados de assuntos com os quais nos preocupamos e nos esforçamos para atingir" (FLANAGAN; NISSENBAUM, 2018, p. 21).

Games são definidos pelos autores como experiências estéticas, interativas e únicas. Na avaliação das pesquisadoras não existe um *game* neutro, visto que cada iniciativa é movida por um propósito e para um determinado fim. Cita-se como exemplo da proposta defendida pelas autoras de que todo *game* tem uma intenção clara para sua produção. A modalidade de *games* da categoria *purposeful*[5] que integram por sua vez o gênero compreendido como *Serious Games* – narrativas que de acordo com Alvarez e Michaud (2008) têm como característica central combinar o interesse público em determinado assunto com os recursos de *games*.

Em seus estudos, Staples (2011) aponta que *purposeful games* são projetados para não serem narrativas que servem única e exclusivamente para divertir o jogador. O pesquisador esclarece que *purposeful games* consistem em jogos digitais que tem como elemento basilar a interação do humano com a máquina. Ressalta se que a máquina neste caso, equivale a tecnologia computacional utilizada para produção da narrativa pode ser acessada e jogada a partir de suportes como a televisão, o computador ou o *smartphone*.

Assim, é possível compreender os *purposeful games*, eventualmente denominados também como *serious games*, como jogos que buscam

---

[4] Originalmente publicado em 1957.
[5] Termo compreendido neste trabalho como jogos intencionais.

sensibilizar o público a partir da inserção do jogador em um contexto. Nestes jogos é preciso pensar como se estivesse vivenciando um cenário específico, tomando decisões a partir da compreensão do contexto e das possibilidades do *gameplay*. Desse modo, o público deve raciocinar como se fizesse parte da situação, em um formato que permite aos *game designers* reforçar ou apresentar informações a partir da internalização destes dados pela audiência.

Staples (2011) ainda defende que essa modalidade de *game* é projetada especificamente para monitorar e coletar dados que podem ser "[...] potencialmente "extraídos" quando os humanos tomam decisões" (STAPLES, 2011, p. 10-11, tradução nossa)[6]. Após a coleta dessas informações, o autor esclarece que elas são armazenadas em bases de dados para análise e verificação dos resultados obtidos através da experiência do jogador ao longo da narrativa jogada.

Com base na coleta, Staples (2011) esclarece que é possível identificar o perfil do jogador e encontrar caminhos para soluções que podem ser aplicadas na vida cotidiana. É justamente esse quesito que torna a modalidade de *purposeful games* uma aliada no combate à desinformação, visto que os recursos dessa modalidade de narrativa possibilitam o desenvolvimento de uma linguagem *gamer* voltada para alfabetização midiática e informacional em relação com vista a identificar e evitar o espalhamento de conteúdos desinformativos.

Staples (2011) explica que um dos primeiros *games* criados da modalidade *purposeful,* foi o *ESP Game,* projetado em 2005 pelo professor de Ciência da Computação da universidade americana de Carnegie Mellon, Luis Von Ahn[7]. Conforme Staples, a proposta consistia em desafiar dois jogadores escolhidos de forma aleatória a encontrar as melhores palavras para descrever as várias imagens que apareciam na tela do *game*. A intenção da narrativa era levar o público a rotular imagens para torná-las mais fáceis de serem pesquisadas. Em 2006, o

---

[6] Citação original: "[...] specifically designed to monitor and collect the data that can potentially be "mined" when humans make decisions" (STAPLES, 2011, p. 10-11).

[7] Disponível em: https://www.businessinsider.com/luis-von-ahn-creator-of-duolingo-recaptcha-2014-3. Acesso em: 26 jan. 2022.

Google adquiriu o *game*, o renomeou e passou a ser conhecido como *Google Image Labeler*[8].

A partir das pesquisas realizadas na Carnegie Mellon, o professor Von Ahn classifica como jogos com um propósito os *games* projetados para divertir e desafiar o jogador a realizar tarefas a partir de recursos de tecnologia computacional. Vale destacar que as tarefas que precisam ser realizadas pelo jogador têm como essência serem úteis socialmente, além de apresentar soluções para problemas reais.

Na avaliação de Staples (2011), o estímulo para que o público jogue um uma iniciativa de *purposeful game* é o entretenimento. Como lembram Santaella e Feitoza (2009), o entretenimento e a diversão são elencados como os aspectos mais importantes de qualquer *game*, "[...] quanto mais a conexão entre *game* e jogador for estreita, mais divertidos eles serão" (SANTAELLA; FEITOZA, 2009, p. 61-62).

Staples (2011) avalia que, quanto mais um *purposeful game* divertir o jogador, maior o número de jogadores interessados em acessar e jogar a narrativa. Na visão do autor, quanto mais essa modalidade de jogo for produzida e jogada, mais dados com potencial para resolução de problemas serão coletados e poderão apontar caminhos e soluções para questões que permeiam a sociedade através do auxílio de computadores inteligentes e programados para contribuir com a evolução da espécie humana.

É possível ir além e expandir este olhar para jogos que não necessariamente resultarão em momentos divertidos, mas que convidem o jogador para explorar suas possibilidades e retenham a atenção, sobretudo através da sua proposta. Títulos como *That Dragon, Cancer* (2016) não são divertidos, longe disso, porém convidam o jogador para vivenciar a difícil jornada dos pais de uma criança com leucemia.

---

[8] De acordo com publicação do site Google Discovery, a iniciativa foi extinta em 2011 e relançada pelo Google em 2016. Na versão atual do Image Labeler os usuários possuem três opções para confirmar a tipificação da imagem: sim, não ou pular; caso não tenha certeza do que se trata a imagem. Disponível em: https://googlediscovery.com/2016/07/31/google-retoma-image-labeler-e-precisa-da-sua-ajuda/.Acesso em: 26 jan. 2022.

Assim como em um filme do gênero drama, transmitem a sua mensagem em busca da sensibilização do público.

Método de pesquisa: análise de *games*

Este trabalho tem como objetivo geral compreender a organização estrutural do *game Factitious 2020!* para averiguar se este pode ser classificado como exemplo de *purposeful games*. Como objetivos específicos, visa-se: qualificar o termo *purposeful games*; investigar a proposta do *game Factitious 2020!*; mapear as fases que integram essa proposta narrativa; e descrever os desafios propostos ao jogador em cada uma das etapas do *game*.

Para dar conta dos objetivos estabelecidos, utiliza-se como base metodológica a análise de *games* proposta por Consalvo e Dutton (2006). O método consiste em um conjunto de ferramentas metodológicas criadas especificamente para o estudo qualitativo de jogos digitais. Conforme os autores, uma série de elementos contribuem para proporcionar uma experiência de jogabilidade aos jogadores de *games* e alguns destes são considerados vitais para a experiência do jogador. "[...] os jogos podem conter um sistema simples ou complexo de objetos que são fundamentais para jogar e ganhar o jogo" (CONSALVO; DUTTON, 2006, on-line, tradução nossa)[9]. Exemplo disso, na avaliação de Consalvo e Dutton (2006), é que a maioria dos jogos digitais são compostos por avatares que "[...] podem ser controlados e que têm aparências que podem ser alteradas (ou não) pelo jogador" (CONSALVO; DUTTON, 2006, on-line, tradução nossa)[10].

Alguns *games*, na avaliação dos pesquisadores, possuem interfaces sofisticadas, compostas por *menus* na tela com indicadores das vidas que o jogador possui no *game*, além de informações que podem ser acessadas a partir deste mesmo *menu*. Alguns *games*, como indicam

---

[9] Citação original: "[...] games may contain a simple or intricate system of objects that are central to playing and winning the game" (CONSALVO; DUTTON, 2006).

[10] Citação original: "[...] that can be controlled and that have appearances that might be alterable (or not) by the player" (CONSALVO; DUTTON, 2006).

Consalvo e Dutton (2006), oferecem ao jogador ações com possibilidades de diálogos, escolha de ações ou direções que devem ser seguidas no decorrer da narrativa.

É a partir de diversos elementos que compõem o jogo digital, que Consalvo e Dutton (2006) propõem um método sistemático como forma de averiguar o modo como esses diferentes elementos do *game* operam, tanto isoladamente como em conjunto com a finalidade de construir o texto do jogo. "[...] delineamos e desenvolvemos um modelo para a análise qualitativa e crítica de jogos como "textos amplamente figurados." (CONSALVO; DUTTON, 2006, on-line, tradução nossa)[11].

Diante disso, os autores propõem quatro áreas para análise de jogos digitais:

a) inventário de objetos, consiste de acordo com Consalvo e Dutton (2006) na estruturação de um catálogo com todos os objetos que podem ser encontrados, adquiridos (comprados ou roubados) e criados ao longo do *game*. A categorização inclui as seguintes questões de análise:

> [...] se os objetos são de uso único ou múltiplo; as opções de interação para objetos: eles têm um uso (e o que é)?; os objetos possuem múltiplos usos (e quais são eles)?; esses usos mudam com o tempo?; o custo do objeto; uma descrição geral do objeto (CONSALVO; DUTTON, 2006, on-line, tradução nossa)[12].

b) estudo de interface, dedica-se, na classificação de Consalvo e Dutton (2006), a investigar ao longo do *game* as informações apresentadas ao jogador na tela do *game* relacionadas à:

---

[11] Citação original: "[...] constitute the "text" of a game, and what the larger significance of that game might then be. "[...] outline and develop a template for the qualitative, critical analysis of games as broadly figured "texts" (CONSALVO; DUTTON, 2006).

[12] Citação original: "[...] whether objects are single or multi use; The interaction options for objects: do they have one use (and what is it)?; Do objects have multiple uses (and what are they)?; Do those uses change over time?; The object's cost; A general description of the object" (CONSALVO; DUTTON, 2006).

> [...] vida, saúde, localização ou status do(s) personagem(s), bem como menus de batalha ou ação, menus aninhados que controlam opções como grades de avanço ou seleções de armas, ou telas adicionais que dão ao jogador mais controle sobre elementos manipuladores do jogo [...] (CONSALVO; DUTTON, 2006, on-line, tradução nossa)[13].

c) mapa de interação, para Consalvo e Dutton (2006) consistiu-se em examinar as escolhas oferecidas ao jogador em relação a sua interação com o *game*, contudo "[...] não com objetos, mas com outros personagens de jogadores e/ou com personagens não jogadores (NPCs)." (CONSALVO; DUTTON, 2006, on-line, tradução nossa)[14]. O método também possibilita, na avaliação dos autores, a compreensão de questões como a liberdade permitida ao jogador para que ele crie o seu próprio roteiro a ser seguido no jogo, bem como se os caminhos escolhidos por cada jogador possibilitam finais muitos diferenciados para cada um deles.

d) registo de jogabilidade, método voltado aos pesquisadores que buscam fatores inesperados dentro do *game*, além de verificar como o jogo é aberto para o jogador. Portanto, a jogabilidade é compreendida como fundamental para essa modalidade de investigação. Essa área de pesquisa e análise de *games* possibilita, conforme os autores, encontrar respostas para as seguintes perguntas:

> Como o jogo permite aos jogadores salvar seu progresso? Existem restrições para a atividade? Como e por quê?; É "salvar" como um mecanismo integrado de alguma forma no mundo do jogo para fornecer coerência, ou algum método mais invasivo é oferecido?; Existem situações em que os avatares podem "quebrar as regras" do jogo? Como e por quê?; Há situações que parecem

---

[13] Citação original: "[...] the life, health, location or status of the character(s), as well as battle or action menus, nested menus that control options such as advancement grids or weapon selections, or additional screens that give the player more control over manipulating elements of gameplay [...]" (CONSALVO; DUTTON, 2006).

[14] Citação original: "[...] not with objects, but with other player characters, and/ or with Non-Player Characters (NPCs)" (CONSALVO; DUTTON, 2006).

que os produtores provavelmente não pretendiam? Quais são eles e como eles funcionam?; O jogo faz referências a outras formas de mídia ou outros jogos? Como essas referências intertextuais funcionam?; Como os avatares são apresentados? Como eles se parecem? Caminhar? Som? Mover? Essas variáveis são mutáveis? Eles são estereotipados?; O jogo se encaixa em um certo gênero? Desafia seu gênero declarado? Como e por quê? (CONSALVO; DUTTON, 2006, on-line, tradução nossa)[15].

A análise de *games* proposta por Consalvo e Dutton (2006), especificamente a metodologia que envolve a área de registo de jogabilidade, será adotada como forma de responder os objetivos deste artigo. Deste modo, a metodologia de registo de jogabilidade objetiva responder às seguintes questões relacionadas ao objeto de estudo desta pesquisa, o *game Factitious 2020!*. Essas questões foram elaboradas com base na proposição de Consalvo e Dutton (2006): 1) Como se configura o *game* analisado? Possui trilha sonora? Qual proposta de desafio é apresentada ao jogador? 2) O *game* permite aos jogadores salvarem seu progresso no decorrer do jogo? De qual modo? Verifica-se restrições para o jogador realizar essa tarefa? 3) A ação de salvar o progresso ao longo da narrativa está integrada ao *game*, é coerente ou invade a liberdade do jogador? 4) O *game* é composto por avatares? Existem regras definidas para eles ao longo da narrativa? 5) O jogo faz alusão a outros jogos? Outras mídias? De qual modo? 6) O *game* pode ser classificado como pertencente a algum gênero? Por quê?

---

[15] Citação original: *How does the game allow players to save their progress? Are there restrictions to the activity? How and why?; Is "saving" as a mechanism integrated somehow into the game world to provide coherence, or is some more obtrusive method offered?; Are there situations where avatars can "break the rules" of the game? How and why?; Are there situations that appear that the producers probably did not intend? What are they and how do they work?; Does the game make references to other media forms or other games? How do these intertextual references function?; How are avatars presented? How do they look? Walk? Sound? Move? Are these variables changeable? Are they stereotypical?; Does the game fit a certain genre? Does it defy its stated genre? How and why?.* (CONSALVO; DUTTON, 2006).

Registo de jogabilidade e análise do *game Factitious 2020!*

Com base no método de análise de *games* criado por Consalvo e Dutton (2006) para área de registro de jogabilidade, verifica-se o primeiro dos seis aspectos – Como se configura o *game* analisado? Possui trilha sonora? Qual proposta de desafio é apresentada ao jogador? – em relação ao objeto de estudo desta pesquisa, o *game Factitious 2020!* (Figura 1), é resultado de uma parceria entre a *American University Game Lab* e o programa JoLT, financiado pela Fundação John S. e James L. Knight.

Figura 1 – Tela inicial do *game Factitious 2020!*

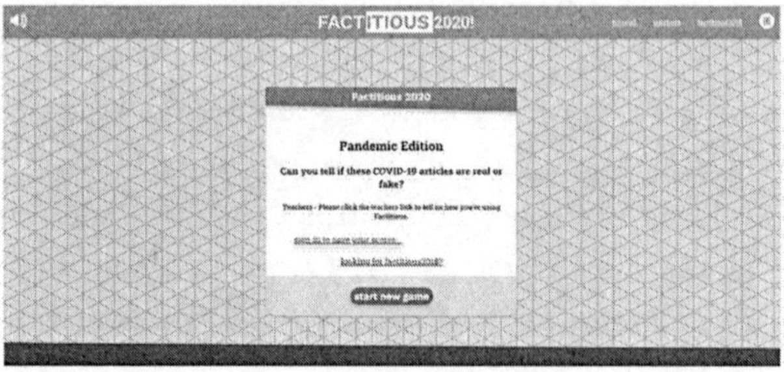

Fonte: Captura da tela do *game*.

Lançado em 2017, o *game* passou por uma atualização em 2018 e uma nova versão do jogo foi lançada em 2020. Em todas as versões, o *game* desafia o jogador para testar suas habilidades em identificar a veracidade de artigos noticiosos. O diferencial da última versão está no fato desta ser classificada como edição pandêmica que desafia o jogador a identificar conteúdos verdadeiros e falsos relacionados à Covid-19. A versão anterior, denominada *Factitious 2018,* não está mais disponível para acesso, embora seja apresentado o *hiperlink* para acesso na página inicial de *Factitious 2020!*. Este trabalho analisa a versão 2020 do jogo que está hospedada no endereço: http://factitious-pandemic.augamestudio.com/#/.

Ao acessar a narrativa, é apresentado ao jogador as seguintes informações que integram sua tela inicial: nome do jogo, *Factitious 2020!*

– edição pandêmica[16]; desafio do jogo: você pode dizer se esses artigos sobre Covid-19 são reais ou falsos? (FACTITIOUS, 2020, on-line, tradução nossa)[17]; solicitação ao jogadores que são professores para que se identifiquem e informem como estão utilizando o *game* em sala de aula; registro de *login* para que sejam salvas as pontuações no jogo; *hiperlink* para acessar a edição de 2018 do jogo; *start* que possibilita o início do *game*; e *hiperlink* que direciona para o tutorial que instrui o jogador a como jogar *Factitious 2020!*. No entanto, o tutorial apresenta informações baseadas na edição 2018 do jogo, portanto, para a edição de 2020, os comandos e as regras do jogo continuam seguindo os mesmos princípios apresentados na edição anterior.

O *game* conta com três fases e cada uma das fases é composta de cinco artigos que precisam ser verificados e identificados como verdadeiros ou falsos. Ao dar início ao jogo, o jogador é apresentado a um artigo composto por título, foto e texto. O jogador conta com a possibilidade de verificar a fonte da publicação como uma forma de auxiliar na identificação da resposta correta. Após optar por uma das respostas, o jogador deve marcar um dos dois botões que aparecem na tela, o botão verde corresponde à indicação de artigo verdadeiro e o botão vermelho a opção de artigo falso (Figura 2).

Figura 2 – Primeira fase do *game Factitious 2020!*

Fonte: Captura da tela do *game*.

---

[16] Citação original: "*pandemic edition*".
[17] Citação original: "*Can you tell if these Covid-19 articles are real or fake?*".

Após o jogador selecionar e indicar sua resposta, recebe do jogo uma devolutiva relacionada aos fatos que fazem com que a resposta esteja certa ou errada. Isso ocorre em cada uma das três fases do jogo. No caso de o jogador acertar a resposta, a pontuação atribuída é de 40 pontos por acerto. Há também a possibilidade de pontos extras, pois ao clicar no botão que mostra a fonte da informação, o jogador conquista 2 pontos e ao ler o artigo inteiro obtém 1 ponto extra. No caso da indicação errada da resposta, o jogador corre o risco de ir perdendo pontos que já foram conquistados em etapas anteriores, fator que faz com que o saldo da pontuação no final do jogo seja negativo.

Vale destacar que, diferente da edição de 2018 em que não havia uma sequência obrigatória definida pelo *game* e o jogo era concluído quando todas as fases fossem cumpridas, na versão pandêmica, o jogador não tem liberdade de optar por trilhar um caminho diferente daquele definido pelo jogo, assim, é obrigatório cumprir a sequência escalonada, iniciando pela fase 1 e finalizando o *game* na fase 3.

Em relação à trilha sonora, essa não é constante ao longo do jogo e pode ser compreendida como um alerta sonoro. Este alerta pode ser desativado na tela inicial do *game*, se for a vontade do jogador. Contudo, se não for desabilitado, o alerta aparece no momento que o jogador clicar em algum dos botões de comando. Sempre que o jogador seleciona sua resposta para o artigo que integra a fase, o alerta sonoro entra em cena.

São dois sons distintos, um evidenciado no caso de respostas corretas e outro indicando a apresentação de resposta errada. O alerta sonoro do *game* reaparece sempre que o jogador deixar o jogo, mas continua com a tela do *game* aberta em alguma janela do navegador. Nesse caso, de cinco em cinco minutos, o alerta volta a ser emitido, como forma de lembrar o jogador de que o jogo está a sua espera. O recurso também serve como um convite para que o jogo seja retomado e concluído pelo jogador.

Em relação ao segundo aspecto – O *game* permite aos jogadores salvarem seu progresso no decorrer do jogo? De qual modo? Verifica-se restrições para o jogador realizar essa tarefa? – destaca-se que é apresentada ao jogador a opção de criar um *login* para salvar a pontuação conquistada ao longo do jogo. A possibilidade aparece na tela inicial e permanece no menu do jogo que acompanha todas as fases do *game*. Ao cadastrar-se, o jogador é convidado a responder às seguintes questões: idade, gênero, educação e conhecimento sobre conteúdos noticiosos. As opções de respostas são objetivas, contudo, caso o jogador efetue seu cadastro, mas não queira responder às questões, há uma opção para pular a fase e seguir o jogo.

Atrelada à segunda questão, que integra o método que visa registrar a jogabilidade de *Factitious 2020!,* está o terceiro aspecto de verificação – A ação de salvar o progresso ao longo da narrativa está integrado ao *game*, é coerente ou invade a liberdade do jogador? Com base nas informações coletadas, verifica-se que o progresso do jogador vinculado à pontuação conquistada ao longo da partida está integrado ao *game*. A opção não invade a liberdade do jogador, uma vez que este tem a liberdade para realizar ou não seu cadastro. Entretanto, para participar do *ranking* de pontuação o jogador precisa realizar seu *login*, caso contrário sua pontuação não será computada.

Já a quarta questão – O *game* é composto por avatares? Existem regras definidas para eles ao longo da narrativa? – constata-se que como o *game* não possui avatares exclusivos e desenvolvidos para essa narrativa, uma vez que não é sua proposta, cabe ao jogador iniciar a criação do seu personagem no jogo. Como exemplo, cita-se o momento em que o jogador realiza seu cadastro para salvar a pontuação conquistada, neste instante é criado pelo próprio jogo um nome de usuário. Ressalta-se que o jogador não escolhe o nome que irá usar no *game*, a escolha e a definição é feita pelo jogo assim que um novo usuário é criado.

A quinta questão de pesquisa – O jogo faz alusão a outros jogos? Outras mídias? De qual modo? No caso de *Factitious 2020!*, o desafio de cada etapa é o mesmo: identificar a veracidade ou falsidade do artigo apresentado. Em relação a outras mídias, o design do *game* apresenta o artigo que precisa ser verificado pelo jogador de modo similar às matérias jornalísticas publicadas em portais de notícia. Nessas publicações, assim como no *game*, os títulos e os textos estão alinhados à esquerda e a fotografia alinhada à direita do texto.

Por fim, na última questão – O *game* pode ser classificado como pertencente a algum gênero? Por quê? – compreende-se que *Factitious 2020!* pode ser classificado como exemplo de *purposeful game*. Assim como defende Staples (2011), essa modalidade de narrativa não serve apenas para divertir o jogador. Como lembra o professor Von Ahn, sua criação tem sempre um propósito definido e que motivou sua criação[18], além de proporcionar ao jogador desafios que são facilmente identificados e aplicáveis em tarefas cotidianas. No caso desta edição do *game*, a problemática em questão é a desinformação desenfreada que afeta a sociedade contemporânea em todas as suas esferas e que registrou um preocupante aumento em relação a sua circulação e espalhamento no cenário da pandemia de Covid-19.

Considerações finais

Este artigo procurou compreender a organização estrutural do *game Factitious 2020!* para verificar se este pode ser classificado como exemplo de *purposeful games*. Nesse sentido, no decorrer do estudo também qualificamos o termo *purposeful games* para posteriormente investigar corretamente o objeto de estudo através do mapeamento das fases que integram a proposta narrativa.

Para tanto, foi aplicado o método de análise de *games* proposto por Consalvo e Dutton (2006), especificamente em relação ao registo de jogabilidade. Após a aplicação metodológica, constatamos que o *game Factitious 2020!* pode ser classificado enquanto uma narrativa de jogo digital da modalidade *purposeful games,* pois a base para sua concepção é a interação do humano com a máquina, como prevê Staples (2011). Em relação a apresentação de uma solução para a pro-

---

[18] Citação original: *"games with a purpose* (GWAPs)".

blemática da desinformação, verificamos que, a partir das respostas apresentadas pelos jogadores, os produtores do jogo conseguem reunir uma série de informações acerca do processo de tomada de decisão por parte dos jogadores em relação a identificar a veracidade dos conteúdos que integram cada fase.

Entre as possibilidades de informações coletadas, citamos a oportunidade de mapear o tempo que cada jogador leva para realizar a leitura do artigo e a relação que o tempo destinado à leitura tem com o acerto na verificação e checagem de cada artigo apresentado. Outros dados interessantes armazenados pelo *software* durante a sua execução são a quantidade de jogadores que de fato averiguam a fonte do conteúdo e o conhecimento que eles têm em relação aos veículos de comunicação que atuam no mercado com a proposta de vender ao público informação credível.

Entendemos que a modalidade de *purposeful games* apresenta, em sua essência, a alternativa de unir a narrativa dos *games* às discussões de pautas reais que permeiam a sociedade. Além de coletar dados relacionados a problemas que atormentam o cenário contemporâneo. Como é o caso do combate à proliferação da desinformação. Essa proposta de jogo digital também possui o potencial de atuar como ferramenta de alfabetização midiática e informacional, pois coloca o público de maneira segura diante de um desafio que é resolvido pela combinação do ato de jogar com o raciocinar sobre um conteúdo específico.

No entanto, há um aspecto fundamental que precisa ser considerado, estes jogos não podem deixar de aliar, em um único produto, o entretenimento, a capacidade de reter atenção e ao mesmo tempo transmitir ao público a mensagem que motivou a realização do jogo. No caso de *Factitious 2020!*, o alerta é direcionado para a necessidade da checagem e verificação das informações consumidas diariamente, especialmente na internet. Ao mesmo tempo, a narrativa precisa ser capaz de atrair e instigar os jogadores para permanecer e retornar ao jogo e estimular estes a divulgarem a experiência de jogabilidade entre seus pares para que outros jogadores possam acessar e jogar o game.

Compreendemos que esse é o principal aspecto que marca o objeto de estudo desta pesquisa, o *game Factitious 2020!*. Em vários momentos a narrativa torna-se cansativa, uma vez que o desafio segue sendo sempre o mesmo: identificar se o artigo publicado é verdadeiro ou falso. Para tanto, é possível destacar a monotonia do *game*, visto que não há um novo desafio que estimule o jogador a retornar ao jogo, além da possibilidade de compartilhar os resultados obtidos nas redes sociais digitais *Twitter* e *Facebook*.

Entreter, conscientizar e divertir o jogador não é tarefa fácil e não há uma receita pronta para essa modalidade de produção, em especial no caso dos *purposeful games*. A evolução dessa modalidade de produto passa por dois caminhos essenciais para alcançar a popularização da narrativa e o interesse dos jogadores: a tentativa e o erro. Quanto mais jogos digitais forem produzidos com o propósito de abordar pautas que afetam e refletem em toda a sociedade, maiores as chances de prosperarem e caírem no gosto popular, com vistas a conquistar o mercado *gamer* e contribuir na discussão e resolução de problemas como a desinformação.

Referências

ALSINA, Miguel Rodrigo. **La Construcción de la Notícia**. 2ª edição. Paídós, Barcelona, 1993.

ALVAREZ, Julian; MICHAUD, Laurent. **Serious games Advergaming, edugaming, training and more**. France: Montpellier Idate. 2008. Disponível em: https://ja.games.free.fr/ludoscience/PDF/EtudeIDATE08_UK.pdf. Acesso em: 01 fev. 2022.

AMORÓS GARCIA, Marc. **Fake News**. Edição do Kindle. 2018.

AVAAZ. **O Brasil está sofrendo uma infodemia de Covid-19.** 4 mai. 2020. Disponível em: https://secure.avaaz.org/campaign/po/brasil_infodemia_coronavirus/. Acesso em: 01 fev. 2022.

CAILLOIS, Roger. **Os Jogos e os Homens**: a máscara e a vertigem. Edições Cotovia: Lisboa, 1990.

CEBRID, Centro Brasileiro de Informações sobre Drogas Psicotrópicas. Cocaína. **Departamento de Psicobiologia – Unifesp/EPM**. Disponível em:

https://www2.unifesp.br/dpsicobio/cebrid/quest_drogas/cocaina.htm. Acesso em: 31 jan. 2022.

CONSALVO, Mia; DUTTON, Nathan. **Game Analysis**: Developing a Methodological Toolkit for the Qualitative Study of Games. Game Studies, v. 6, n. 1, 2006. Disponível em: http://gamestudies.org/06010601/articles/consalvo_dutton. Acesso em: 29 jan. 2022.

FACTITIOUS, game. **FACTITIOUS 2020!** – Pandemic edition. 2020. Disponível em: http://factitious-pandemic.augamestudio.com/#/. Disponível em: 27 jan. 2022.

FERRARI, Pollyana. **Como sair das bolhas**. Educ – Editora da PUC-SP. Edição do Kindle, 2018.

FLANAGAN, Mary; NISSENBAUM, Helen. **Values at Play**: valores em jogos digitais. Tradução de Alan Richard da Luz. 1ª edição digital. São Paulo: Blücher, 2018.

FLOOD, Alison. Fake news is 'very real' word of the year for 2017. In: **The Guardian**. 02 nov. 2017. Disponível em: https://www.theguardian.com/books/2017/nov/02/fake-news-is-very-real-word-of-the-year-for-2017. Disponível em: 28 jan. 2022.

JORGE, Thais de Mendonça. Notícia e Fake News: uma reflexão sobre dois aspectos do mesmo fenômeno da mutação, aplicada ao jornalismo contemporâneo. In: **Revista Latino-americana de Jornalismo**. João Pessoa-PB, 2017. Disponível em:

http://www.periodicos.ufpb.br/ojs/index.php/ancora/article/view/40094. Acesso em: 28 jan. 2022.

MARTINS, Claudio. É como usar drogas: por que as pessoas acreditam e compartilham notícias falsas?. [Entrevista cedida a] Felipe Souza. **BBC News Brasil**. 26 out. 2018. Disponível em: https://www.bbc.com/portuguese/brasil-45767478. Acesso em: 29 jan. 2022.

MATTAR, João. **Games em educação:** como nativos digitais aprendem. São Paulo: Person Prentice Hall, 2010.

NASSIF, Lourdes. Ipsos comprova: brasileiros são os que mais acreditam em fake news. **Jornal GGN**. 3 out. 2018. Disponível em:

https://jornalggn.com.br/sociedade/ipsos-comprova-brasileiros-sao-os-que--mais-acreditam-em-fake-news/. Acesso em: 31 jan. 2022.

PARISER, Eli. **O filtro invisível:** o que a internet está escondendo de você. Rio de Janeiro: Zahar, 2012.

PIAGET, Jean. **A formação do símbolo na criança:** imitação, jogo e sonho, imagem e representação. 3ª edição. Rio de Janeiro: LTC, 1990.

SANTAELLA, Lucia; FEITOZA. Mirna (orgs.). **O mapa do jogo:** a diversidade cultural dos games. São Paulo: Cengage Learning, 2009.

SANTAELLA, Lucia. Prefácio. Do clímax ao anticlímax das redes sociais. In: FERRARI, Pollyana. **Como sair das bolhas.** Educ – Editora da PUC-SP. Edição do Kindle, 2018.

SOUZA, Felipe. É como usar drogas: por que as pessoas acreditam e compartilham notícias falsas?. **BBC News Brasil.** 26 out. 2018. Disponível em: https://www.bbc.com/portuguese/brasil-45767478/. Acesso em: 29 jan. 2022.

STAPLES, Jeremy. **Serious and purposeful:** vídeo game environments. Master of Science in Computer Science, California State University, Northridge, 2011. Disponível em:http://citeseerx.ist.psu.edu/viewdoc/download?doi=10.1.1.864.4114&rep=rep1&type=pdf. Acesso em: 29 jan. 2022.

Cinema e audiovisual. Entre interseções tecnológicas, econômicas e sociais, imaginários da violência e a espectatorialidade feminina

Carina Schröder Waschburger[1]
João Guilherme Barone[2]

Na trajetória do Laboratório de Pesquisas Audiovisuais, LaPav, do PPGCOM, Tecnopuc-Tecna, a produção de conhecimento através de projetos de mestrado e doutorado é um processo de construção contínua, com efeitos diretos na consolidação de um ambiente de investigação dedicado aos fenômenos do campo dos Estudos de Cinema e Audiovisual em suas diferentes interseções. Há um conjunto de premissas teóricas que delimitam a amplitude dos caminhos a serem escolhidos e que amplificam os desafios, mas não estabelecem impedimentos. Há também a sintonia com novas perspectivas dos Estudos de Comunicação voltados para o audiovisual, para além da tradição das abordagens semiológicas.

É função do LaPav estabelecer olhares para a indústria audiovisual na sua amplitude global e nas suas dinâmicas locais, sobretudo a partir da perspectiva de entendimento do espaço audiovisual como um vasto e complexo território, organizado pelas interações entre fatores tecnológicos, econômicos e sociais (Metz, 1972) e seus decorrentes

---

[1] Doutor em Comunicação pelo PPGCOM da PUCRS, onde atua como docente e pesquisador. Desenvolve estudos sobre cinema e audiovisual, com ênfase em tecnologias, políticas e mercado. Tem dezenas de artigos e dois livros publicados. É coordenador do Laboratório de Pesquisas Audiovisuais, LaPav e Mestre em Comunicação e Indústrias Audiovisuais pela Universidade Internacional da Andaluzia, Espanha.

[2] Publicitária e Mestre em Comunicação Social pelo PPGCOM-PUCRS, tendo defendido sua dissertação "Protagonismo feminino no cinema de ficção científica: um estudo a partir da personagem Ellen Ripley" em 2020. Atualmente desenvolve pesquisa de doutorado sobre a condição feminina e relações de poder na indústria cinematográfica de Hollywood.

fenômenos multidimensionais. Outra premissa estruturante percebe o cinema como uma indústria de base tecnológica, desde o seu nascimento, cuja expansão resulta na indústria audiovisual como a conhecemos, uma perspectiva inspirada nos pressupostos de Harold Innis (1952) sobre um *bias* decorrente da natureza dos suportes e sistemas de informação nas relações de espaço e tempo, assim como de um agendamento cultural das sociedades como consequência. No espaço audiovisual, os processos criativos de produção e os sistemas de circulação e consumo decorrem de ambientes tecnológicos complexos e que sofreram transformações e rupturas profundas ao longo do tempo. A mediação absoluta do audiovisual na vida social do século XXI reforça as evidências das relações entre ambientes tecnológicos complexos que fortalecem sistemas econômicos de produção e consumo e geram transformações sociais profundas. Rupturas relativamente rápidas e cíclicas configuram o mundo do presente hiperaudiovisual e hiperconectado.

Impacto econômico global. Novos indicadores

Entre as Indústrias Criativas, a do audiovisual ocupa posição de destaque por suas dinâmicas de larga amplitude, geradoras de um impacto econômico global considerável. Trata-se de indústria que produz informação, arte e entretenimento, baseada nos avanços da ciência, da tecnologia e da inovação, cuja produção alcança larga permanência no espaço-tempo, caracterizada por um processo de comercialização *ad infinitum,* baseado no licenciamento da propriedade intelectual dos produtos.

A expansão do audiovisual está diretamente relacionada à implantação de novos ambientes tecnológicos em todos os processos de produção e circulação, especialmente a partir dos anos 2010. O cinema, a televisão e o *home video* adotaram padrões digitais universais nos processos de produção e distribuição, inaugurando uma nova era de desenvolvimento. São marcos tecnológicos essenciais deste período, a digitalização do circuito mundial de salas de cinema, com a norma *Digital Cinema Initiative-DCI* e o surgimento das plataformas de *streaming*, como Netflix e Amazon.

Ao longo de uma década, o cinema e as obras seriadas, consolidaram sua posição no topo da cadeia produtiva audiovisual, em função do crescimento exponencial do consumo, fenômeno constatado por um dos estudos mais relevantes já realizados sobre a indústria audiovisual, divulgado em 2021, realizado pela consultoria Olsberg SPI, Media Business Insight e Netflix, como pesquisa independente e com apoio da Associação Internacional de *Film Comissions*.[3]

Nesta pesquisa independente foi adotado um novo recorte para aferir o desempenho deste segmento denominado de *global screen production* (produção global para telas), contemplando somente a produção de filmes de longa-metragem e seriados para televisão (inclusive via *streaming*), não contendo, portanto, notícias, esportes e filmes publicitários. Esta metodologia permitiu alcançar indicadores inéditos sobre a performance e as dinâmicas dessa tipologia de produção que funciona como o eixo central da indústria.

Em 2019, este segmento investiu 177 bilhões de dólares em escala global, somente na produção de filmes e séries, gerando 14 milhões de postos de trabalho regulares. O impacto econômico global do segmento alcançou a marca de 414 bilhões de dólares. Foi possível mensurar o gasto mensal de uma produção de grande orçamento (*majors*) ao longo de 16 semanas de filmagens, chegando à média semanal de 10 milhões de dólares. Outro dado importante para entender o impacto econômico desse segmento, revela que 67% de todos os gastos de filmagem são direcionados a outros segmentos econômicos, como transporte, alimentação, vestuário, hospedagem, telecomunicações, entre outros.

A pesquisa aferiu também o impacto da pandemia do SARS-CoV-2, constatando uma perda de 10 milhões de empregos regulares na cadeia produtiva e uma redução de 145 bilhões de dólares

---

[3] A pesquisa foi divulgada no Brasil pelo Latin American Training Center, LATC, em 2021, http://www.latamtrainingcenter.com/.

de impacto econômico, durante os primeiros seis meses de 2020. O estudo revelou ainda a força deste segmento como um poderoso instrumento de recuperação econômica em diferentes territórios, o que vem sendo reconhecido por diversos governos que estão adotando políticas públicas neste sentido. Tal constatação está ancorada nos dados que demonstram a capacidade do setor de injetar somas consideráveis de recursos nas economias locais, num curto espaço de tempo, em decorrência dos gastos de produção.

Ao longo de 2021, um mapeamento preliminar indicou diversas iniciativas governamentais na América Latina e Europa, voltadas para o fortalecimento da indústria audiovisual. Há exemplos na Argentina e Colômbia, mas especialmente na Itália e Espanha. O Ministério da Cultura italiano anunciou investimentos de milhões de euros na revitalização dos estúdios da *Cinecitá,* infraestrutura localizada em Roma, construída na década de 1930, incluindo estúdios, cidades cenográficas, laboratórios de som e imagem. O projeto prevê a atualização tecnológica da infraestrutura de produção e a construção de mais 20 estúdios de filmagens. O Primeiro Ministro espanhol compareceu ao Festival de San Sebastian para anunciar também um projeto de construção de um parque tecnológico dedicado a produção audiovisual, com investimentos de milhões de euros na construção de dezenas de novos estúdios, reconhecendo a produção de filmes e séries como um novo e importante vetor para o desenvolvimento[4].

Tecnologias da violência. Um experimento

Em 2021, segundo ano da pandemia, marcado ainda pelo distanciamento social, um filme mereceu atenção e provocou um experimento de pesquisa. *A Clockwork Orange*, de Stanley Kubrick (Laranja Mecânica, 1971), completava 50 anos de seu lançamento, estimulando reflexões sobre relações que são próprias do cinema, enquanto expressão de linguagem e produto de tecnologias que constroem imagi-

---

[4] Divulgado pelo boletim *Variety* dos Festivais de Veneza e San Sebstian, em 2021.

nários refletindo o modo de vida da sociedade no tempo e no espaço[5]. A versão cinematográfica de Kubrick para a novela homônima de Anthony Burgess oferecia possibilidades de reflexões sobre questões que emanam do filme para a vida atual, trazendo uma visão impactante e sombria do futuro, marcada pela violência, inscrita na tradição narrativa do cinema que constrói imaginários do futuro. Especialmente, oferecia possibilidades de novas imersões na procura pelo nexo das relações entre as tecnologias no e do cinema e seus desdobramentos no espelhamento dos comportamentos sociais, atravessados por interseções também políticas e culturais.

Durante a campanha de lançamento de *A Clockwork Orange*, o filme foi anunciado como hiperviolento, marca que sempre o acompanhou ao longo do tempo e que, de certa forma, estimulou uma nova abordagem da obra. Uma aproximação inspiradora com o livro *As Tecnologias do Imaginário*, de Juremir Machado da Silva (2002), abriu um caminho para um experimento conceitual sobre os imaginários da violência no cinema e sobre o que denominamos como tecnologias da violência. Um recorte para reflexões sobre a violência que emana do filme, coerente com seu gênero, sua temática e seu argumento, mas que se constrói também como um sistema organizado, através de marcas das trajetórias de seus personagens, cada um carregando seu próprio imaginário, quase sempre oculto pelo que é explícito pela imagem[6]. Algo relacionado com a ideia de Gilbert Durand sobre "um lugar onde residem todos os pensamentos humanos."

Uma observação sobre obra de Kubrick, bastante diversificada, permite identificar a recorrência de imaginários do futuro, situações violentas e a tecnologia como elemento organizador da narrativa em três filmes. *A Clockwork Orange* é o filme realizado após a produção de *2001: A Space Odissey* (2001: uma odisseia no espaço, 1968), o qual foi precedido por *Dr. Strangelove, or How I learned to Stop Wor-*

---

[5] Relato deste experimento foi apresentado no XXIV Encontro SOCINE, em 28/10/2021 e foi tema de artigo publicado no Caderno de Sábado do Correio do Povo, 20/3/2021, pag. central.

[6] Sobre o tema comunicação e violência ver: JORON, Philippe. Mídia e Violência, tradução de Clélia Pinto, in Revista Famecos, no. 29, Porto Alegre, PUCRS, abril de 2006.

rying and Love the Bomb (Dr. Fantástico *1964*). Buscamos aqui uma relação entre os três filmes, servindo a um recorte bidimensional, tratando da tecnologia que é específica para a produção da obra, como ferramenta da criação imagética, ao lado de outra, a tecnologia que é personagem da história e sustenta a ambientação espacial da narrativa.

Em *Dr. Strangelove*, filme anterior a 2001, a recorrência da tecnologia e do futuro, leva a uma hipótese de que esses filmes poderiam compor uma espécie de trilogia centrada nas relações entre as tecnologias e a condição humana, estabelecendo suas narrativas com variações temporais em relação ao futuro[7]. Em o *Dr. Fantástico*, a tecnologia da bomba nuclear é a causa do fim da humanidade, num futuro tão próximo que é quase o presente. A metáfora de Kubrick, em tom de comédia surrealista, é sobre o holocausto nuclear, no auge da Guerra Fria e após a crise dos mísseis soviéticos em Cuba, em 1962.

Já em 2001, a tecnologia anuncia a esperança de um futuro para a humanidade fora do planeta. Uma perspectiva de renascimento. Um poema sinfônico cinematográfico, com deslocamentos temporais narrativos que vão do surgimento da humanidade a um futuro longínquo, indeterminado e construído por diversas elipses temporais, refletindo o projeto da conquista espacial e a competição para levar o primeiro humano à Lua, o que aconteceria somente em 1969, um ano após o lançamento do filme.

Em *Laranja Mecânica*, a tecnologia cria ferramentas para o controle social, a partir da modificação mecânica do comportamento do indivíduo. É o estado autoritário oferecendo o Método Ludovico como intervenção radical para neutralizar em definitivo o comportamento ultraviolento humano, numa sociedade bizarra que aboliu as artes, a religião, o entretenimento e os valores morais, produzindo a exacerbação da delinquência juvenil pela compulsão da violência. É o terror das gangues de rua, os *"droogs"*, que buscam diversão nas saídas noturnas e encontram satisfação em sessões de espancamento, estupro e morte. Uma história sombria e satírica sobre as tecnologias de con-

---

[7] Uma abordagem semelhante pode ser vista no canal Cinema Tyller, no YouTube.

trole social e a violência urbana, ambientada num futuro próximo, que poderia ser a década dos anos de 1980.

Figura 1: Da esquerda para a direita, imagens de *Dr. Strangelove* (2001) e *A Clockwork Orange*.

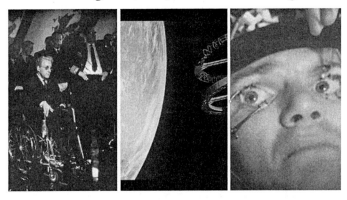

Fonte: material de divulgação dos filmes disponível em IMDB e https://www.youtube.com/watch?v=Il8fSKa5Y5c&t=193s.

Duncan (2003) registra o fascínio de Kubrick pela novela sombria de Burgess e o começo da intenção de adaptá-la ainda durante as filmagens de 2001, embora já houvesse recusado anteriormente uma proposta para adquirir os direitos de adaptação do livro, escrito em 1962. O sucesso de bilheteria alcançado com 2001, com 31 milhões de dólares de receita em apenas um ano, para um orçamento de 10,5 milhões de dólares[8], havia renovado a sua carta branca para novos projetos com a MGM, uma das *majors* de Hollywood. Importante observar, entretanto, que nesse novo filme, Kubrick optou por um projeto de baixo orçamento para os padrões da indústria, 2,2 milhões de dólares, cerca de 20% do orçamento de 2001, negociando um contrato com a Warner Brothers, no qual, pela primeira vez, teria controle total sobre a obra, o que significa assinar a produção, o roteiro e a direção e aprovar a edição final do filme, prerrogativa de poucos diretores da grande indústria.

---

[8] 2001 recebeu o Oscar de Efeitos Especiais, em 1969, o único atribuído a um filme de Kubrick.

Kubrick também controlava a estratégia de distribuição, ficando com 40% dos lucros e, cabe destacar que a receita de *A Clockwork Orange* foi da ordem de 40 milhões de dólares. Evidências de um realizador consagrado no *mainstream* e que há cinquenta anos, pela primeira vez controlava a tecnologia e a economia de seu filme.

Ainda segundo Duncan, Kubrick estava decidido a adotar uma tipologia de produção inspirada nos filmes B e no cinema independente norte-americano, ou seja, equipe reduzida e recursos técnicos limitados[9], o que seria uma nova experimentação criativa para um cineasta consagrado, reconhecido como inovador e perfeccionista. Mas os relatos de Duncan sobre a escolha desta tipologia de produção para o projeto de *Laranja Mecânica*, revelam as motivações de Kubrick por um novo tipo de cinema, cuja maior influência veio de *Easy Rider*, de Denis Hopper (Sem Destino, 1969), cujo sucesso abriu caminho para novos filmes que tratavam sexo e violência com uma liberdade até então nunca vista nas telas. Ao longo dos anos de 1960, uma parte do cinema norte-americano acompanhava os movimentos sociais, as lutas pelos direitos civis contra a segregação racial, a consciência sobre o extermínio dos povos indígenas, assim como a liberação feminina e a guerra do Vietnã, o que levou a uma ruptura com o Código Hays, o sistema de censura criado pela própria indústria do cinema. Na esteira de *Easy Rider*, vieram filmes de John Schlesinger, Sam Peckimpah, Ken Russel e outros, classificados como pornográficos e sem méritos artísticos, mas que faziam dinheiro e ganhavam *Oscars* e, portanto, eram cobiçados pelo *mainstream*.

Em *Laranja Mecânica*, a violência protagonizada por Alex de Grange, interpretado por Malcom McDowell, ganha potência pela estética adotada por Kubrick. O filme efetivamente dialoga com a tradição de um cinema da violência, que originalmente nasce entre os territórios da literatura *pulp,* das crônicas e *trailers* policiais que alimentaram o cinema *noir,* gerando influências nos diversos gêneros

---

[9] Durante as filmagens, Kubrick operou uma segunda câmera portátil. A maioria das cenas foram filmadas em locações em Londres, apenas duas cenas utilizaram estúdios.

cinematográficos. A construção imagética de Alex, apresentado na sequência inicial com um movimento de *zoom-in* lento, produz a identificação dúbia pelo fascínio e a maldade intrínseca do personagem. O uso do *slow-motion* na cena em que Alex espanca violentamente seus próprios companheiros de gangue[10], potencializa o ato de violência, reforça o protagonismo do vilão narrador da história e apaga possíveis traços cômicos de sua figura. Os atos de espancamento seguem em progressão ao longo da narrativa, combinados com o estupro e morte de uma mulher dedicada a arte erótica. A potência das imagens alcançada por Kubrick na realização do filme transita entre o hiper-real e o surrealismo de Buñuel em *Un Chien Andaluz* (Um Cão Andaluz, 1927), especialmente na sequência em que Alex é submetido ao tratamento do Método Ludovico, com intervenção física para manter seus olhos abertos. Impacto imagético da mesma força do *close* de Buñuel para mostrar a navalha que corta o olho da personagem (uma jovem), em fusão com a Lua cheia, na sequência magistral deste curta-metragem, reverenciado como marco na ruptura do cinema moderno[11]. Em *Laranja Mecânica*, podemos observar a imanência de traços ou marcas da maldade humana subjetivamente relacionados com a violência contemporânea e que parecem amplificar um imaginário de violência construído pela experiência do cinema. Tais elementos, como em muitos outros filmes, estão escondidos por uma arquitetura narrativa e estética, decorrente das escolhas do diretor e estão relacionadas com o que Morin[12] denomina como a alma do cinema, referindo-se a uma frase emblemática de Abel Gance: "a imagem revela tudo, mas o que conta é a alma da imagem".

---

[10] Efeito utilizado também por Sam Peckimpah, no western *The Wild Bunch (Meu ódio será tua herança, 1969)* e por John Sturgess em *The Magnificent Seven* (Sete homens e um destino, 1960) durante os tiroteios.

[11] Nesse curta-metragem, Buñuel trabalhou o roteiro em parceria com Salvador Dali.

[12] Ver MORIN, Edgard. A Alma do cinema. IN: O Cinema ou o homem imaginário (Apud) XAVIER, Ismail, A experiência do cinema. Graal-Embrafilme: Rio de Janeiro, 1983.

Figura 2: À esquerda, Alex é submetido ao Método Ludovico (*A Clockwork Orange*, 1971). À direita, a jovem que terá o olho cortado pela navalha (*Un Chien Andaluz*, 1929). Fonte: IMDB.

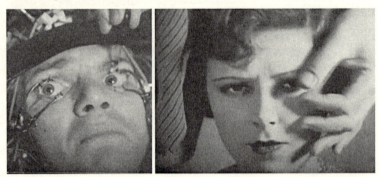

A estetização da violência, assim como a exacerbação das cenas de espancamentos, estupros e mortes, de grande impacto à época do lançamento do filme, marca uma nova etapa da expansão das representações violentas no cinema. Na obra de Martin Scorcese, desde *Taxi Driver* (Motorista de Táxi, 1976), a escalada da violência é constante e, mais recentemente, alcança sofisticações notáveis, como em Quentin Tarantino, como exemplo das gerações mais novas de diretores, estreantes na década de 1990, potencializa o ato violento já em seu primeiro filme, *Reservoir Dogs* (Cães de Aluguel,1992), e aprofunda a estetização em *Pulp Fiction* (Pulp Fiction: Tempo de Violência,1994), consagrado em Cannes. Um exemplo recente, a série Godless[13], escrita e dirigida por Scott Frank (Netflix, 2017) retoma o gênero *western* para tratar da violência de personagens, majoritariamente femininas, marcadas por traumas de eventos trágicos em suas vidas, cuja expressão se organiza como um sistema movido pelo mal e marcado pela injustiça. A série apresenta um novo posicionamento da condição feminina, em conexão com uma agenda social do presente, ao contar a

---

[13] Sinopse e *trailer* oficiais em https://www.imdb.com/video/vi4233541913?playlistId=tt5516154&ref_=tt_ov_vi

história de um matriarcado numa pequena cidade do Novo México, nos anos de 1890[14].

Aclamado pela crítica mundial em seu lançamento, *Laranja Mecânica* arrecadou cerca de 26 milhões de dólares, somente nos Estados Unidos e Canadá. Sua estetização da ultraviolência causou controvérsia, especialmente no Reino Unido. Após a condenação de dois jovens por assassinato, em 1972, alguns magistrados declararam nas sentenças que o filme incitava a violência e ao crime. A repercussão foi intensa, provocando manifestações e ameaças a Kubrick e sua família[15]. O diretor respondeu publicamente aos magistrados, explicando que a arte não tem o poder de determinar e conduzir os acontecimentos da vida e que sua função é, ao contrário, refletir sobre a vida. Mas, diante das pressões, decidiu solicitar a *Warner Brothers* que suspendesse a exibição pública do filme no Reino Unido, em 1974. *Laranja Mecânica* voltaria aos cinemas britânicos somente em 2001, dois anos após a morte de Kubrick. Em seus relançamentos, nunca houve uma versão diferente da original, já que todas as sobras do material filmado foram destruídas por ordem do diretor.

A expansão da intensa violência no cinema, tende a acompanhar a violência da vida social do presente, enquanto as tecnologias da violência organizam grande parte do nosso cotidiano hiperconectado. E, se há dúvidas sobre a ação do tempo sobre a força da metáfora de *A Clockwork Orange*, vale resgatar a convicção de Kubrick sobre a validade da mensagem da novela de Burgess, em entrevista a *Sight and Sound* (1972): "é necessário que o homem possa escolher entre o bem e o mal, ainda que escolha o mal. Privá-lo dessa escolha é transformá-lo em algo que é menos que humano – uma laranja mecânica."

---

[14] Ver The look and the touch of evil. Notes on Technologies of violence in Godless, Revue Sociétés, 2021.

[15] Após o término de 2001, em 1968, Kubrick deixou Nova York para residir com a família em Londres, fugindo da violência que assolava a cidade.

A espectatorialidade feminina em uma sociedade masculina[16]

A violência e o desejo fazem parte do espectro de emoções humanas que, ora próximas, ora extramemente opostas, podem representar aquilo que é mais visceral e primitivo em nossas vivências. Muitas vezes pensamos em telas de cinema como lentes para um mundo imaginário, um par de óculos que colocamos para representar aquilo que não vivenciamos em nosso dia a dia. Porém, as telas podem também ser vistas como lupas para pequenos momentos rotineiros. As telas de cinema são como espelhos da sociedade que ela está representando ou para quem ela está sendo apresentada.

Ao analisarmos a indústria cinematográfica e as obras por ela produzidas como um resultado de seu contexto espaço-temporal, é inevitável que olhemos para as produções audiovisuais através da mesma estrutura patriarcal e capitalista que a nossa sociedade está submetida. Como tratado por Federici (2017), a perda de poder social das mulheres e a nova divisão sexual do trabalho reestruturou as relações entre homens e mulheres por volta dos séculos XVI e XVII e, consequentemente, a maneira como esses eram vistos na sociedade e nas obras que os representavam. Enquanto "por um lado, construíam-se novos cânones culturais que maximizavam as diferenças entre as mulheres e os homens [...]. Por outro lado, foi estabelecido que as mulheres eram inerentemente inferiores aos homens" (p.201).

A descrição de telas de cinema como espelhos que refletem a sociedade ali representada é muito discutida através dos estudos de recepção, que buscam compreender a espectatorialidade, as audiências dos filmes e como elas se comportam e se enxergam nas representações audiovisuais. Pelo costume de servir a uma estrutura patriarcal, a história da espectatorialidade feminina cinematográfica ainda está sendo escrita. É apenas por volta das décadas de 70 e 90, entre a segunda e terceira onda do feminismo, que vemos acontecer uma maior movi-

---

[16] Texto desenvolvido durante pesquisa em andamento para tese de Doutorado no PPGCOM/PUCRS: "Estruturas de Poder em Hollywood – uma análise sobre a relação de propriedade dos grandes estúdios sobre as atrizes da Era de Ouro" (título provisório)

mentação nos estudos de Teoria Feminista do Cinema, com autoras como Laura Mulvey, Mary Ann Doane e Teresa De Lauretis.

Para compreendermos mais profundamente a relação entre essas espectadoras e as obras produzidas no contexto de uma hegemonia da indústria cinematográfica, como é o caso de Hollywood, é necessário analisar seus textos de maneira crítica através de um viés feminista.

Desejo e emoção no cinema

Mulvey (1974) trabalha com os três pontos de vista do cinema: a câmera, o diretor e o ator. Esses elementos trabalham em conjunto para levar ao espectador a emoção de sentir-se dentro da tela e da obra observada. Uma vez que os filmes analisados pela autora trazem em grande parte obras realizadas por homens, cujos pontos de vista levam em consideração especificamente o espectador masculino e isso se reflete nas narrativas vistas na tela. As mulheres são meras personagens secundárias não somente no filme, mas também na plateia.

Enquanto os personagens masculinos levam a ação da narrativa adiante, personagens femininas congelam a ação e são utilizados como objetos de prazer visual. O desejo despertado ao assistir a uma obra é criado pelo diretor e pelo movimento de câmera, bem como pela interpretação do ator que está emprestando o seu ponto de vista para o espectador dentro da sala de cinema. Esse prazer, extraído pelo ato de observar algo ou alguém, é chamado de escopofilia, um ato que é bastante explorado durante o filme *Vertigo*, de Alfred Hitchcock (Um corpo que cai, 1958).

Figura 3: Kim Novak, como Judy/Madeleine é observada por Scottie, em Vertigo (1958).

Fonte: Young, Fine Arts Museums of San Francisco.

Mulvey analisa brevemente, em "Prazer visual e cinema narrativo", o filme e a maneira como a obsessão do detetive Scottie (James Stewart) pela personagem Madeleine (Kim Novak) oscila entre a escopofilia fetichista e o sadismo voyeurístico, e como o diretor trabalha a posição do espectador como alguém de fato ciente de sua espectatorialidade. Mulvey analisa o texto do filme apenas a partir do ponto de vista do próprio protagonista masculino, o que acaba, em partes, sendo reducionista ao não analisar todo o contexto da narrativa do filme e a sua importância para as espectadoras femininas.

Apesar da importância de "Prazer visual" para os estudos de gênero no cinema, é também necessário que a teoria feminista ultrapasse o foco apenas no olhar. Em seu artigo *The look: narrativity, and the female spectator in Vertigo* (1987), Karen Hollinger realiza essa crítica da análise proposta por Mulvey, dizendo que "está na hora da crítica feminista e psicoanalística ir além de uma concepção do cinema como dominado pelo lugar do olhar"[17]. A autora salienta a importância de considerar também uma análise narrativa sobre os filmes, de modo

---

[17] Tradução da autora. No original, em inglês: "*It is time for feminist and psychoanalytic criticism to move beyond a conception of cinema as dominated by "the place of the look."*"

que as espectadoras, assim como as atrizes na tela, não sejam reduzidas a objetos de contemplação passiva.

Em *Afterthoughts* (1989), Mulvey tenta corrigir a concentração da sua análise nesse lugar do olhar e volta sua atenção para a espectadora feminina. Ao analisar o filme "Duelo ao sol" (*Duel in the sun,* 1946), a autora analisa a protagonista desse *melodrama* e pensa na audiência como oscilante entre as narrativas femininas e masculinas. Ao mesmo tempo em que a espectadora consegue se enxergar na narrativa da protagonista, ela apenas alcança a identificação através da metáfora masculina.

A protagonista Pearl (Jennifer Jones) encontra-se em um triângulo amoroso entre dois homens: Jesse (Joseph Cotten), o mocinho e Lewt (Gregory Peck), o *bad boy*. O primeiro representa um caminho correto e adequado para a protagonista em sua condição de donzela indefesa e de sexualidade passiva – aquilo que é esperado das protagonistas femininas, especialmente durante a década de 1940. Já o segundo, desperta elementos de uma masculinidade regressiva, na qual a protagonista tem a possibilidade de se mostrar mais agressiva em uma mistura de rivalidades e brincadeiras.

Figura 4: Pearl ao lado de Jesse (esq.) e Pearl ao lado de Lewt (dir.)

Fonte: IMDb

Essas oscilações na narrativa e no próprio desejo da personagem representam algo antes adormecido na espectadora, que precisa ser satisfeito através das narrativas. Para a audiência feminina, suas fantasias de poder e prazer estão correlacionadas aos personagens masculinos com quem Pearl está se relacionando. A identificação com o masculino acorda sua fantasia ativa de que as demandas da feminilidade devem ser reprimidas. A ação encontra sua expressão através da metáfora da masculinidade. Ela salienta que o cinema popular não apenas possui um prazer visual, mas também herdou tradições de contar histórias através de outras fascinações, para além do olhar. Essas fascinações envolvem a elaboração do texto narrativo a partir da situação desconfortável da espectadora na posição do sujeito masculino.

Assim como Mulvey, Teresa de Lauretis volta seu olhar para a espectadora feminina e a sua identificação com os sujeitos na tela, afirmando que há uma dupla identificação entre o olhar masculino ativo e a figura feminina passiva. A autora avalia a maneira como o cinema é estudado como um "aparato de representação", como se fosse uma máquina desenvolvida para construir imagens e visões da realidade social e do lugar dos espectadores nela. Em *Alice doesn't*, Lauretis cita:

> [...] na medida em que o cinema está diretamente implicado na produção e reprodução de significados, valores e ideologia tanto na sociabilidade quanto na subjetividade, deve ser melhor compreendido como uma prática significante, uma obra de semiose: uma obra que produz efeitos de sentido e percepção, autoimagens e posições de assunto para todos os envolvidos, marcadores e visualizadores (p. 37).[18]

A partir dessa noção que o cinema precisa ser compreendido como uma prática significante, a autora ressalta como a representação da mulher como imagem, objeto, espetáculo ou visão da beleza e prazer visual é extremamente difundida em nossa cultura – desde muito antes do surgimento do cinema, que é visto como um ponto de partida para a compreensão da "diferença sexual e seus efeitos ideológicos

---

[18] Tradução da autora. No original, em inglês: *"[...] as cinema is directly implicated in the production and reproduction of meanings, values, and ideology in both sociality and subjectivity, it should be better understood as a signifying practice, a work of semiosis: a work that produces effects of meaning and perception, self-images and subject positions for all those involved, markers and viewers".*

na construção dos sujeitos sociais, sua presença em todas as formas de subjetividade"[19].

Assim como Hollinger o faz em sua análise de "Prazer visual", Jackie Stacey levanta a questão sobre como a teoria feminista do cinema, por muito tempo, focou na relação texto-espectador através da semiótica e psicanálise, deixando de lado uma análise histórica, identidades sociais e contextuais. É necessário, portanto, também levar em consideração o subtexto por trás das narrativas visuais apresentadas no cinema. Stacey pergunta: seria a masculinidade a única opção?

A pesquisadora Christine Geraghty contribui, através dos Estudos Culturais, para esse debate sobre a relação dos textos e a feminilidade tradicional como base para o prazer. A teoria feminista do cinema demonstra essa preocupação com estereótipos negativos em relação às mulheres em Hollywood, que serão explorados mais adiante no artigo, ao mesmo tempo em que começa a lançar novos olhares para a maneira como as personagens femininas servem também como um "modelo" para as mulheres da audiência.

Apesar do padrão para as protagonistas femininas ainda não ter desaparecido completamente, há uma preocupação na maneira como a feminilidade está sendo construída para mulheres. Além do "lugar do olhar" é analisado através do ponto de vista masculino, precisamos observar também como o ponto de vista feminino é construído através de convenções narrativas e trabalho de câmera, construído através de um conjunto muito mais amplo de experiências.

Para quem é o melodrama?

Antoine de Baecque traz, em seu ensaio *Rir, chorar e ter medo do escuro* para a coleção *História das emoções* (Corbin, Courtine e Vigarello, 2020) uma reflexão a respeito da perspectiva cognitivista do cinema e seus riscos em relação à forma, por apresentar certo relati-

---

[19] Tradução da autora. No original, em inglês: "*it necessarily constitutes a starting point for any understanding of sexual difference and its ideological effects in the construction of social subjects, its presence in all forms of subjectivity*", DE LAURETIS, TERESA, (1984, p. 37).

vismo às narrativas e subjetividade dos textos apresentados. O autor afirma que, no momento em que todos os filmes se parecem e seguem os mesmos esquemas emocionais, podemos identificar e classificá-los através de uma taxionomia rigorosa. Porém, pouco importa de qual filme estamos falando e qual o seu gênero: "o que importa é o estudo dos próprios processos emocionais, não a forma do filme" (p. 583).

Essas emoções fazem parte de um processo essencial, para não se dizer intrínseco, da interpretação das obras cinematográficas. Elas produzem uma interpretação de mundo, o que torna ainda mais importante que essas emoções sejam contextualizadas em seu próprio tempo. Aqueles que estão assistindo às obras precisam decifrá-las a partir de suas próprias bagagens emocionais, sociais e culturais. Baecque cita Eisenstein e como o autor analisa a montagem como o centro do que ele chama de "[...] fábrica das emoções, retendo a atenção do artista por sua dimensão pulsional, como se Eisenstein quisesse fazer gozar o filme e assim provocar a captura emocional do seu espectador". É através dessa montagem e seu manifesto artístico que o autor propõe uma superação da linguagem racional, através de complexos estímulos que transmitem uma ideia através de uma emoção. O cineasta, nesse caso, explora essa ampla gama de emoções que se traduzem nos textos que serão recebidos por seus espectadores.

Baecque segue explorando esse campo teórico das emoções, levantando como a história é estruturada através de três grandes gêneros: a comédia, o melodrama e o terror. Cada um deles é sua própria fábrica particular de emoções, que trabalha com os estímulos físicos e emocionais do riso, lágrimas e medo. Nosso foco aqui é, especificamente, o melodrama por conta da maneira como o gênero é explorado no texto e também pelo seu histórico como um gênero voltado a espectadoras femininas.

O gênero melodrama, por se tratar de códigos e clichês que trabalham as emoções de maneira generosa, era empregado de maneira pejorativa. "Sob o diminutivo francês "melô", uma intriga ao mesmo tempo improvável e estereotipada com efeitos acentuados, com sentimentalismo evidente, quase obsceno" (p. 594). O autor atribui, ainda, ao melodrama a funcionalidade de "fazer chorar", quase como se não houvesse mais nenhuma utilidade a um filme que explora as emoções de tristeza.

Os melodramas eram criticados por sua pobre qualidade de emoção, uma vez que elas eram demonstradas em tela de maneira curta e rápida, como se fossem logo esquecidas ao longo da narrativa. O autor também cita que obras do gênero dependem de uma capilaridade muito simples, uma vez que o contágio emocional é desencadeado facilmente entre os espectadores por motivos comuns e estereotipados.

Parte dos gêneros considerados *women's pictures*[20], o melodrama entrava em categoria semelhante a *soap operas*, as "novelas" americanas. Esses gêneros eram associados às mulheres por apresentar personagens femininas que muitas vezes acabavam caindo nas armadilhas de limitações de papeis que representassem gênero e feminilidade como algo frágil e delicado. O foco de muitos desses filmes eram as mulheres e seus dramas diários, sua vida, por vezes doméstica, ou o conflito de uma vida doméstica e o mercado de trabalho, bem como o trabalho emocional dessas personagens.

É interessante notar como o gênero melodrama, apesar de extremamente popular no início do século XX era alvo de tanto desdém. O gênero era muito conhecido como "filme de mulher", não apenas por conta das personagens protagonistas, mas também por terem um alto nível emocional e seu principal público-alvo: as mulheres. Um exemplo disso é quando, ao tratar dos gêneros da emoção, Antoine de Baecque descreve o gênero melodrama como algo "efêmero, contagioso, estereotipado, pavloviano, popular e feminino", afirmando que a emoção é considerada "fácil" e, portanto, não possui boa fama.

Não apenas se desdenhava do gênero cinematográfico, como também das emoções despertadas por ele: o jogo patético de sentimentalismo despertado era associado apenas às performances das atrizes que estrelavam os filmes. Citando as que Baecque menciona em seu texto, Joan Crawford, Ingrid Bergman, Joan Fontaine e Jane Wyman,

---

[20] Tradução: filmes de mulher.

não parecem merecer o mesmo tipo de reverêmcia quanto os diretores homens do mesmo gênero, apesar de serem renomadas e terem muitas vezes sido premiadas por papéis nesses mesmos filmes tão desprezados.

Figura 5: Joan Crawford, Ann Blythe e Bruce Bennet, em Mildred Pierce (1945)

Fonte: IMDb

Uma vez que o gênero é reavaliado a partir do final do século XX, o autor nota como os "defensores" do gênero "encontraram seus grandes mestres – Chaplin, Eastwood, Griffith, Almodóvar, Murnau, Guédiguian, Henry King, Fassbinder [...] Frank Borzage, Douglas Sirk e King Vidor". Tiramos dessa análise do autor algo que, apesar de muitas vezes não intencional, é muito comum nas críticas de cinema – as emoções femininas e suas performances não têm um valor tão alto quanto as emoções masculinas. Esses "grandes mestres" citados por Baecque são ditos como tendo um olhar sensível a esse "kitsch assumido". Às mulheres, protagonistas das histórias, se reserva a definição de uma emoção fácil e clichê, enquanto que os homens que as produzem são sensíveis e comoventes.

As críticas à mulher, vistas como "pouco razoáveis, vaidosas, selvagens, esbanjadoras" (Federici, 2017) evocam a violência de uma sociedade patriarcal e capitalista que há séculos exerce um poder opressivo sobre os corpos femininos que, quando não exercem a fragilidade esperada por elas, são vistos como "instrumentos de insubordinação".

Essa dicotomia entre homens nobres e mulheres histéricas é um reflexo direto do que é visto também nas próprias telas – enquanto os homens são os protagonistas e têm histórias complexas e desenvolvidas, as mulheres são vistas como exageradas, sentimentais e passivas, meros objetos de contemplação para satisfazer o desejo e prazer visual de uma audiência masculina que irá julgar e culpabilizá-las quando não agirem de acordo com as normas de controle estabelecidas por uma hierarquia machista.

Entretanto, enquanto as emoções e as lágrimas femininas são patéticas e exageradas, o homem culto, por sua vez "aceita se comover", transformando uma atitude que antes era ridícula em uma qualidade e virtude que "transforma em poética da fatalidade de uma extrema lucidez". Isso se traduz tanto durante as produções audiovisuais – os atores que decidem se emocionar são corajosos e sensíveis, as atrizes são clichês estereotipados. Quando Baecque utiliza "feminino" como um adjetivo pejorativo ao gênero de melodrama, ele faz uma clara distinção e julgamento de valor. O que é masculino é culto, o que é feminino, é barato.

Esse desprezo apresentado pelo melodrama, gênero tão associado a espectadoras femininas, nos faz retomar ao pensamento de Giorgio Agamben (2017) a respeito do capital simbólico do gosto – bom gosto é algo que se *tem*, não se sente. Na nossa sociedade, o gosto permite que o sujeito tenha acesso ao prazer e também ao julgamento do seu prazer e dos outros.

É preciso avaliar, portanto, quem é o sujeito do saber? Uma vez que o gosto se torna uma relação de poder, esse excedente de saber e conhecimento, que forma o gosto, acaba por formar também a sociedade. As pessoas que decidem o que é "bom" e o que é "ruim", são também as que exercem influência no que é visto com bons olhos pela sociedade.

Se a sociedade julga negativamente obras que têm como foco as espectadoras femininas, compreendemos como a indústria do cinema funciona como um reflexo das estruturas patriarcais que encontramos em nosso dia a dia. Assim como nas telas de cinema, as mulheres são vistas apenas como objetos de contemplação, nas salas de cinema elas são vistas como "meras espectadoras" – suas emoções são exacerbadas e histéricas, e de longe tão nobres quanto a de um homem culto e sensível. As narrativas que exibem personagens femininas em lágrimas ao descobrirem que foram traídas, seu puro sofrimento não é de tanta qualidade quanto a sensibilidade de um homem derramando uma lágrima por sua amada perdida.

Baecque reafirma que as emoções precisam ser partilhadas. Sentimo-nos mais próximos às pessoas que estão assistindo a uma obra audiovisual ao nosso lado quando sorrimos, choramos e rimos juntos – mas por que apenas quando essas emoções são direcionadas aos homens que elas são tidas como de "bom gosto"?

Seria realmente a masculinidade a única opção? Levando em consideração as críticas de Baecque aos "filmes de mulher", pode-se parecer que sim. Os melodramas, em seu auge nos anos 1940 e 1950, ao serem tratados como um gênero barato e de maneira pejorativa, ao mesmo tempo em que eram associados a espectadoras e protagonistas femininas, trazem para o público a impressão de que os filmes feitos para mulheres não têm uma qualidade tão alta quanto os filmes criados com os espectadores masculinos em mente. O que faz de um western mais digno de apreço do que um melodrama? Não seriam ambos histórias estruturadas a partir de clichês narrativos?

Não podemos negar que vivemos em uma sociedade patriarcal, portanto, é quase que óbvio que qualidade será muito mais associada à masculinidade do que feminilidade. Apesar de sabermos que o poder está no espectador, que, através do seu sentimento e suas emoções, media o que está sendo apresentado no cinema, podemos facilmente presumir que esse espectador é masculino.

Mulheres são muito mais associadas ao sentimentalismo e emoções do que homens, e, portanto, a banalização dessas sensações nessas espectadoras é muito mais fácil do que nos espectadores homens. O julgamento dos filmes de melodrama é uma demonstração da maneira como uma sociedade patriarcal aplica diferentes medidas entre homens e mulheres, até mesmo em sua apreciação de filmes. Enquanto atrizes fazem parte desse jogo patético e exagerado, diretores são considerados grandes mestres pelos revisionistas e defensores do gênero.

A maneira como a sociedade julga negativamente filmes realizados com espectadoras femininas em mente mostra como a capitalização do gosto ainda é enraizada nas estruturas patriarcais definidas pela Europa capitalista do início do século XVI. O modelo de feminilidade que apresenta a mulher e esposa ideal como obediente, passiva, casta e parcimoniosa ainda é priorizado em detrimento da mulher com voz ativa sobre suas ações e sentimentos. A obra produz efeitos de sentido e percepção (Lauretis, 1984) e o cinema está diretamente ligado à produção e reprodução de significados e valores. A sociabilidade e subjetividade devem ser também avaliadas no momento em que se propõe analisar os efeitos de uma obra sobre audiência feminina.

Ao mesmo tempo em que as mulheres representam um imaginário para os espectadores masculinos, elas também precisam ser avaliadas como personagens próprias e que atingem as pessoas da audiência, com suas "bagagens emocionais". Trazendo novamente a análise de Mulvey a respeito de personagens masculinos ativos e femininas passivas, não é difícil entender por que tantas autoras feministas têm seu foco na maneira como as mulheres são olhadas. Se não consideramos que as obras cinematográficas são feitas para elas, nem ao menos aquelas que retratam as próprias em suas narrativas, é preciso se questionar como são percebidas as espectadoras femininas.

A análise de Jackie Stacey mostra que é preciso encontrar uma maneira de ultrapassarmos as análises semióticas e psicanalíticas, junto de análise histórica, identidades sociais e contextuais.

A história das emoções não teria o mesmo significado se não fossem pelas mulheres, porém precisamos ultrapassar a ideia de que emoções vindas de espectadoras femininas são menos valiosas do que as emoções masculinas. Explorando essa necessidade de avaliarmos as experiências das espectadoras para além de suas posições como objetos de contemplação ao olhar masculino, é preciso também ponderar o que essas espectadoras trazem para a sala de cinema e esperam enxergar nos filmes que assistem.

A concepção de que um gênero é "pior" por ser direcionado a mulheres e trabalhar com emoções consideradas "fáceis" precisa ser superada. Assim como narrativas criadas por homens têm seu valor, narrativas criadas para mulheres também têm. O poder de julgar uma obra a partir de seu público, especialmente quando ele é feminino, é diretamente ligado à sociedade patriarcal, da qual não consegue superar limitações que consideram mulheres como seres de gosto inferior aos homens.

Por conta disso, os estudos de espectatorialidade sobre a audiência feminina precisam, também, ir além do "lugar de olhar" que considera todas as obras cinematográficas como primeiramente masculinas, tanto na sua concepção quanto na sua recepção. A teoria feminista do cinema também tem a responsabilidade de enxergar a maneira como as mulheres se relacionam com as obras como um ser ativo que vai muito além da masculinidade.

Referências

AGAMBEN, Giorgio. **Gosto**. Rio de Janeiro: Autêntica, 2017.

BARONE, João Guilherme. **Cinema & audiovisual escritos:** trajetória de reflexões e pesquisas. Curitiba: Appris Editora, 2021.

BARONE, João Guilherme. The look and the touch of evil. Notes on technologies of violence in Godless. IN: **Sociétés**, 2021/4 n° 154 | pag. 75 à 83. De Boeck Supérieur: Paris, 2021. https://www.cairn.info/revue-societes-2021-4-page-75.htm.

BENJAMIM, Walter. **L'œuvre d'art à l'époque de sa reproductibilité technique** (1936), Allia, Paris, 2003.

CASTORIADIS, Cornelius. **L'institution imaginaire de la société**, Seuil, Paris, 1975.

BAECQUE, Antoine de. "Rir, Chorar E Ter Medo Do Escuro." **História Das Emoções: Do Final Do Século XIX Até Hoje**, by et al., Sao Paulo, Brasil, Vozes, 2020.

DE LAURETIS, Teresa. **Alice doesn't**. 1984. Google Books, Palgrave Macmillan UK, 2011, p. 229.

DUNCAN, Paul. Stanley Kubrick. A filmografia completa. Tradução Carlos Sousa de Almeida. Taschen: Lisboa, 2003.

DURAND, Gilbert. **Les structures anthropologiques de l'imaginaire**. Dunod: Paris, 1962.

FEDERICI, Silvia. **Calibã e a bruxa**: mulheres, corpo e acumulação primitiva. Elefante: São Paulo, 2017.

FOX-KALES, Emily. **Body Shots. Google Books**. New York, Excelsior Editions, 2011.

GERAGHTY, C. 1996. Feminism And Media Consumption. *In*: CURRAN, J.; MORLEY, D.; WALKERDINE, V. (Eds.). **Cultural Studies and Communications**. New York, St. Martin's Press.

HAMSEN, Miriam. Benjamin, cinema e experiência. A Flor Azul na terra da Tecnologia, IN: **Benjamin e a obra de arte**. Contraponto: Rio de Janeiro 2012

HOLLINGER, Karen. "'The look,' narrativity, and the female spectator in vertigo." Journal of Film and Video, vol. 39, no. 4, 1987, pp. 18-27. *JSTOR*, www.jstor.org/stable/20687791. Accessed 30 June 2021.

INNIS, Harold A. **The bias of communication**. University of Toronto Press: Toronto, 1991.

MACHADO DA SILVA, Juremir. **As Tecnologias do imaginário**. Sulina: Porto Alegre, 2003.

METZ, Cristian. **Linguagem e Cinema**. Tradução Marilda Pereira. Perspectiva: São Paulo, 1971.

MORIN, Edgard. **Le cinéma ou l'homme imaginaire**. Minuit: Paris, 1956.

MULVEY, Laura. "Afterthoughts on 'visual pleasure and narrative cinema' inspired by king vidor's duel in the sun (1946)." **Visual and other pleasures**, 1989, pp. 29-38.

MULVEY, L. 1999. Visual Pleasure and Narrative Cinema. In: Thornham, S. (Ed.). **Feminist film theory**: *a reader*. New York, New York University Press.

STACEY, Jackie. **Star gazing**. 1994, New York, Routledge, 2006.

Filmes e séries

Laranja mecânica *(A clockwork orange)*. Direção Stanley Kubrick, EUA, 1971, 2h16 min., cor.

Alma em suplício *(Mildred Pierce)*. Direção Michael Curtiz. EUA, 1945, 1h 51min, cor.

Cães de aluguel *(Reservoir dogs)*. Direção Quentin Tarantino. EUA, 1992,1h32 min., cor.

Casablanca *(Casablanca)*. Direção Michael Curtiz. EUA, 1942, 1h42min, p&b.

Dr. Fantástico (*Dr. Strangelove, or How I learned to Stop Worrying and Love the Bomb*). Direção Stanley Kubrick, EUA, 1964, 1h 35 min., p&b.

Duelo sob o sol *(Duel in the sun)*. Direção King Vidor. EUA, 1946, 2h 9min, cor.

Sem destino *(Easy Rider)*. Direção Denis Hopper. EUA, 1969, 1h35 min., cor.

Godless *(Godless)*. Direção Scott Frank. EUA, 2017, série Netflix, 7h52 min., cor.

Meu ódio será tua herança *(The Wild Bunch)*. Direção Sam Peckimpah. EUA, 1969, 2h 15 min., cor.

Taxi driver – motorista de táxi (*Taxi Driver*). Direção Martin Scorcese, EUA, 1976, 1h 54 min., cor.

O Irlandês *(The Irishman)*. Direção Martin Sorcese, EUA, 2019, 3h29 min., cor.

Pulp Fiction: tempo de violência *(Pulp Fiction)*. Direção Quentin Tarantino, EUA, 1994, 2h34, cor.

Sete homens e um destino *(The Magnificent Seven)*. Direção John Sturgess. EUA, 1960, 2h 08 min., cor.

Um cão andaluz *(Un chien andaluz)*. Direção Luis Buñuel. Espanha, 1929, 6 min., P&B.

Um corpo que cai *(Vertigo)*. Direção Alfred Hitchcock. EUA, 1958, 2h 8 min, cor.

2001: uma odisseia no espaço (*2001: A Space Odyssey*). Direção Stanley Kubrick, EUA, 1968, 2h 28 min., cor.

Consumo televisivo e novas configurações de "ver juntos": as dinâmicas contemporâneas da audiência

Vanessa Scalei[1]
Mágda Rodrigues da Cunha[2]

As articulações teórico-metodológicas da pesquisa em comunicação para conhecer o público tornam-se a cada dia mais complexas. Numa escala temporal, o que era adequado antes da pandemia do SARS-CoV-2, por exemplo, pode exigir outras estratégias para chegar, pelo menos, perto de uma resposta. Alguns aspectos passam por intensa transformação como a relação social com o ambiente desenhado por algoritmos, a definição do que vem a ser o conhecido horário nobre, com as mudanças nos hábitos cotidianos da audiência, além dos comentários e das conversações que ocorrem simultaneamente ao acompanhamento de uma programação. São variáveis que, somadas, acabam também por proporcionar o questionamento sobre os meios, se ainda podem ser definidos como sempre foram, em um cenário no qual os sujeitos desenham as suas próprias grades de programação. Estudar esses aspectos, sem isolá-los, relacionando-os ao contexto, compreendendo-os na perspectiva individual e coletiva, torna-se um grande desafio.

Esta aproximação complexa se desenha nas muitas camadas da história na qual são acrescentadas possibilidades de consumo de infor-

---

[1] Jornalista, doutoranda em Comunicação na PUCRS e bolsista Capes-Prosuc.
[2] Jornalista, doutora em Letras pela PUCRS, Professora titular, Pesquisadora no Programa de Pós-Graduação em Comunicação Social (PPGCOM) e coordenadora de Pesquisa da Escola de Comunicação, Artes e Design – Famecos, da Pontifícia Universidade Católica do Rio Grande do Sul (PUCRS).

mação. O cinema teve seu papel reduzido, como reconhece Milanesi (1978), no confronto com outros meios, pela mensagem nem sempre explícita e poucas vezes vinculada de imediato à realidade. Ao estudar, ainda no início dos anos 1970, a "criação de fenômenos novos" com a presença da televisão no contexto de mudança de uma cidade do interior de São Paulo, o autor cita que jornais e revistas foram suplantados pelo rádio que, por sua simultaneidade, rompeu com o fator tempo e com o obstáculo do analfabetismo, tornando-se popular e indispensável. Na década de 1960, este lugar passa a ser da TV como o mais completo veículo de informação quanto às suas possibilidades (MILANESI, 1978).

Em todo o processo, no entanto, seja na fase do ecossistema de mídia, em que conviviam como protagonistas jornais, rádio e televisão, ou posteriormente com a ampliação das alternativas de conversação, é fundamental ter em conta as táticas dos usuários (SCOLARI, 2018). Ao analisar sob a perspectiva da interface, o autor aponta que todas as estratégias dos desenhistas são negociadas, criticadas e reinterpretadas. No cenário de negociação permanente, ampliam-se as variáveis e os riscos no conjunto dos problemas de investigação. Chega-se ao ponto da mediação de tudo, com formas de engajamento digital que vão além dos gêneros tradicionalmente delimitados de informação e entretenimento e que abrangem todas as dimensões da vida pública e privada das pessoas (LIVINGSTONE, 2019). As audiências são necessariamente sociais, inseridas na sociedade e na história de muitas maneiras para além de sua relação com a mídia, relembra Livingstone (2019), para quem a análise crítica das audiências não pode ser satisfeita com a inclusão esporádica de observações de comportamento descontextualizadas ou percentagens de pesquisas escolhidas. Deve se envolver com o público de forma significativa em e através dos contextos de suas vidas.

A indissociabilidade entre significações e significado das vidas das pessoas está na raiz desta discussão, quando são analisadas as reelaborações diferenciadas entre diferentes agentes sociais de um mesmo conteúdo culturalmente hegemônico (LEAL, 1986). Mesmo que a investigação olhasse para a audiência diária de uma telenovela específica, em *A leitura social da novela das oito*, (Leal, 1986, p. 15) aponta-se para a multiplicidade das mediações ao tratar das "imagens da televisão e, sobretudo, das imagens das pessoas a respeito daquelas imagens e das minhas imagens sobre estes imaginários."

Nas camadas de transformação do ambiente de mídia, nas relações indissociáveis do consumo com o contexto da vida dos sujeitos, é desafiador observar as articulações, negociações e reinterpretações. Esses movimentos exigem um olhar para uma situação dinâmica, que muda, mas carrega consigo as características originais. É um aprendizado que permitiu às pessoas uma vivência social durante o distanciamento físico, por conta da pandemia da Covid-19.

As dinâmicas e táticas dos sujeitos, no trajeto de suas escolhas, são foco das investigações do grupo CNPq intitulado *Comunicação, tecnologia e o sujeito conectado*. Neste texto, a escolha é por observar o fenômeno do "ver juntos", quando abordado o consumo televisivo. Se o sofá da sala, com hierarquias muito bem definidas sobre a decisão de programação e as conversações, era o lugar de assistir, agora, com as redes sociais na internet e os grupos de WhatsApp, entre outros fatores, o lugar da troca de ideias se ampliou.

Evolução nas formas de ser e estar audiência

O ambiente midiático contemporâneo expõe os sujeitos a novas formas de acessar os conteúdos. A imagem de uma família reunida em frente a um televisor, instalado na sala de casa, aguardando o último capítulo da novela começar, é uma cena que faz parte do imaginário popular sobre o que significa ser audiência de TV, mas já não configura a única possibilidade de "ver juntos". Em um contexto de transformações, no qual a mídia se desenha como ecossistema, é mais comum presenciar pessoas que moram juntas vendo televisão sozinhas, cada uma em seu quarto. Em situação de mobilidade, sujeitos assistem a programas pelo celular no transporte público ou acessam suas séries preferidas pelo computador no intervalo do trabalho. Situações assim foram viabilizadas pelo desenvolvimento dos novos modos de distribuição de conteúdos audiovisuais. Do modelo de compromisso do sistema *broadcasting*, com dia e horário marcados, passou-se à liberdade de escolha proposta pelos serviços de *streaming*, em que cada um de nós pode determinar o quê, quando e onde assistir.

Para Orozco Gómez (2011), ser audiência hoje exige conexão constante e necessita de contato com múltiplas telas. E é essa interação com as telas que faz a audiência ser ativa e permite a uma única pessoa ser audiência de diferentes formas. Mas esse cenário nem sempre foi assim. Dos primórdios da televisão, naquele tempo com poucas emissoras produzindo conteúdo para um público amplo, até finais do século XX, quando a TV a cabo se consolidou, os sujeitos não tinham muitas opções. Restava sentar-se à frente da tela – que ainda não havia deixado o espaço doméstico – e assistir aos programas preferidos conforme os horários preestabelecidos pelas empresas (a não ser que se tivesse um videocassete em casa). Mesmo neste contexto, não se pode considerar a audiência como inerte, mas passiva por não ter como interagir ou interferir nas obras (OROZCO GÓMEZ, 2011a; SCOLARI, 2014). Era passiva por cumprir com seu papel de espectadora, ainda que os sentidos dados ao conteúdo assistido sempre tivessem influência dos contextos a que estavam expostos, inclusive antes do ato da recepção em si.

A audiência pode ser entendida historicamente, conforme Bailén (2002), em três fases distintas, sempre vistas em relação com os meios de comunicação, mas aqui tomadas com foco especial na televisão: massa, grupo e indivíduos. O primeiro período coincide com a era da escassez (ELLIS, 2000), rede (LOTZ, 2014) ou "paleotelevisão" (ECO, 1986), com poucos canais distribuindo conteúdo a um público massificado, visto como uma multidão homogênea de pessoas. A segunda fase relaciona-se à era da diversidade, da transição multicanal ou da "neotelevisão", que viu a emergência da TV e dos canais segmentados voltados para grupos específicos ou nichos de consumidores. Nesse ponto, a audiência já não é mais considerada como uma massa uniforme, mas como um agrupamento de pessoas com personalidades distintas. Por último, junto com a era da abundância, da pós-rede e da "hipertelevisão" (SCOLARI, 2009) – ou como contextualiza Anderson (2006), a era da cauda longa, com muito conteúdo sendo produzido e posto em circulação, especialmente via internet, visando chegar a distintos indivíduos – vive-se a era da personalização da audiência. Assim como vem acontecendo com o meio de comunicação, a audiência televisiva personalizada não acabou com as demais. Massa, nicho e indivíduo coexistem e coabitam no mesmo ambiente comunicacional, especialmente nas estratégias de circulação adotadas pelas empresas.

No começo do primeiro período, também chamado de comunicação de "um para muitos", a audiência era vista por alguns teóricos e profissionais de propaganda como uma grande massa, passível de ser manipulada. Naquela época, entendia-se que o público recebia a programação televisiva, bastante escassa, sem poder participar do processo. Esse momento histórico, coincide com as primeiras teorias sobre comunicação, nas quais a massa, embora fosse "um grupo heterogêneo", era "tratada como se fosse *[um grupo]* uniforme, desorganizado, desestruturado, sem regras que lhe autorregulem e carente de um projeto comum unificador (BAILÉN, 2002, p. 24-25, tradução nossa[3]).

Nesse período inicial, governos utilizaram a televisão como meio de promover ideias de identidade nacional. A palavra-chave era fazer as pessoas se reconhecerem naquilo a que assistiam. Por isso, as programações precisavam ser pensadas para mostrar aquela localidade para onde seu sinal seria distribuído. A audiência enquanto massa era (e segue sendo) a base para um modelo de negócio que tenta agradar à maioria. Naquela época, a ideia de "ver juntos" determinados programas televisivos estava inserida em temporalidades coletivas, pois ao mesmo tempo que se assistia à TV com a família em casa, também se

---

[3] Do original: "Se trata de un grupo heterogéneo pero tratado como si fuera uniforme, no organizado, desestructurado, sin normas que le autoregulen y carente de un proyeto común unificador" (BAILÉN, 2002, p. 24-25).

estava assistindo conjuntamente com outras pessoas que paravam em frente ao televisor naquele mesmo momento.

A partir do final da década de 1970, um pouco antes de começarem a surgir os primeiros canais de televisão a cabo, a audiência passa a ser considerada (pela indústria e pela academia) como aquela formada por grupos segmentados, conforme seus interesses específicos. Assim, os processos de identificação podem ser múltiplos. Para Bailén (2002), nesse período, avançou a produção de pesquisas com enfoque sociológico e psicológico apontando que os indivíduos de um grupo respondiam aos conteúdos midiáticos de formas semelhantes entre si mas distintas de outros grupos. Retomando McQuail (1997), a autora pondera que, embora se fale em nichos, a indústria ainda pensa em massa, pois mesmo com oferta fragmentada, o que se objetiva é ter o máximo de retorno econômico possível e isso somente será obtido quando se atinge a uma grande quantidade de pessoas.

Posteriormente a esse entendimento das audiências enquanto grupos, surgem trabalhos que começam a perceber o público enquanto indivíduo. Para alguns é a era da personalização. O interesse pelo indivíduo não significa que o macrossocial tenha sido deixado de lado, pois "se considera o indivíduo como um elemento coletivo" (BAILÉN, 2002, p. 38) que atua sobre a sociedade e é influenciado por ela. Desde o começo da década de 2000, quando o consumo passa a ser individualizado, também aparecem os primeiros questionamentos sobre se a personalização dos conteúdos tiraria o caráter social do meio, pois "a televisão do futuro surge com uma empresa distribuidora de serviços ou experiências destinadas a saciar as necessidades individuais (clientes) (BAILÉN, 2002, p. 43, tradução nossa[4]). No seu estudo, feito do final dos anos 1990 até 2001, a pesquisadora espanhola já falava que "no futuro" os estudos de audiência passariam a levar em conta a questão das experiências, pois o público estaria mais interessado em

---

[4] Do original: "la televisión del futuro se plantea como uma empresa distribuidora de servicios o experiencias destinadas a saciar las necesidades individuales (clientes)" (BAILÉN, 2002, p. 47).

ter acesso aos conteúdos e em interagir com eles (BAILÉN, 2002, p. 42). Jenkins (2009 e 2014) demonstrou como a cultura da convergência transformou essa questão da experiência em uma espécie de manual de sobrevivência para a indústria televisiva, especialmente a do entretenimento.

Canclini (2017a) afirma que a grande mudança reside justamente na passagem do "ter" para o "acessar". Conforme o teórico, poder ter acesso a conteúdos sem necessariamente adquiri-los, transformou radicalmente as formas de interação entre meios e pessoas, rompendo barreiras geográficas e aproximando indivíduos. No entanto, criou um espaço ainda maior de diferenciação por faixas etárias, sem contar nas implicações econômicas disso. Canclini (2017) também se refere aos movimentos de compartilhamento, base da economia solidária que podem se traduzir em atitudes como dividir o pagamento de assinaturas de serviços VOD ou compartilhar a identificação pessoal para dar acesso a terceiros, como amigos e familiares.

Reconfigurações dos modos de ser audiência foram impulsionadas pelo processo de crescente midiatização do cotidiano, especialmente na relação contínua com interfaces (BAILÉN, 2015; OROZCO GÓMEZ, 2010, 2011b; SCOLARI, 2014, 2018). Hoje, ao estar audiência, o público transita entre vários *status* diferentes: consumidor, usuário, produtor. Nesse sentido, citando Jensen (2005), Orozco Gómez (2011b) diz que a interatividade modifica o "ser audiência", pois assim os sujeitos passam a ser também usuários que agem e refletem sobre esse agir. No entanto, o próprio autor pondera que, embora esse *status* de usuário possa ser vivido, ele não será constante.

Além disso, Orozco Gómez (2011b) considera que nenhuma audiência nasce pronta, ela é construída e pode se transformar. Em seus textos, o teórico sempre fala em duas condições de audiências que são distintas e complementares: "ser" e "estar" audiência. Assim, a forma como se "está audiência" pode contribuir para o "ser audiência". Tomando o contexto contemporâneo, se o sujeito "está" interagindo e participando ele "é" um usuário (OROZCO GÓMEZ, 2011, p.

90). Foi assim que passamos de audiências passivas, de indivíduos que contemplavam a programação disponível – uma vez que não havia recursos de interatividade disponíveis –, para audiências ativas. Scolari (2014) reforça que as audiências se tornaram ativas e fluídas com a segmentação dos canais e, posteriormente, com o vídeo sob demanda. Com as novas potencialidades disponíveis, as temporalidades coletivas – aquelas do ver junto, quando um mesmo programa é assistido por milhões de pessoas simultaneamente –, vão perdendo centralidade para temporalidades mais individualistas.

Hoje, a audiência consegue acessar conteúdos transnacionais sem muita dificuldade, especialmente pelos serviços de *streaming*, e mesmo que a personalização do consumo seja quase uma regra, a condição social da televisão segue muito presente. Se, antigamente, o hábito de assistir a um programa junto da família era presente no cotidiano, agora esse hábito foi ressignificado, para um "ver junto" que pode ter outras temporalidades e espacialidades. A prática da segunda tela, por exemplo, permite que alguém que esteja espacialmente assistindo a uma série sozinho em seu quarto, possa estar coletivamente comentando sobre ela em redes sociais (SCALEI; CUNHA, 2019). Para além disso, desde 2020, a necessidade de distanciamento social, imposta pela pandemia do coronavírus, contribuiu para que habitantes de uma mesma residência passassem a conviver por mais tempo juntos. Isso permitiu que, mesmo na era da personalização do consumo, o sofá e a sala voltassem a ganhar importância na hora de assistir à televisão.

Novas configurações do "ver juntos"

As novas possibilidades de assistir à televisão reorganizaram as configurações desse "ver juntos", sobre o qual nos falam Martín-Barbero e Rey (2001). Na busca por mapear como as dinâmicas de consumo se articulam atualmente, foi realizada uma pesquisa em 2021[5],

---

[5] A pesquisa empírica mencionada refere-se ao trabalho de campo para a tese "Cartografia do consumo televisivo: as dinâmicas cotidianas da audiência em um cenário convergente", defendida em março de 2022, no programa de pós-graduação em Comunicação Social da PUCRS, pela pesquisa-

que apontou como a emergência de novas temporalidades e espacialidades reconfiguraram esse modo de ver coletivo. Acompanhamos os integrantes de oito residências[6], localizadas em Porto Alegre (RS), e pedimos que anotassem seu consumo televisivo em diários[7]. Por meio deles, foi possível perceber como os sujeitos transitam por diferentes modelos de distribuição de conteúdo, quais os programas vistos, os horários preferenciais de assistência e os modos de ver. Esses dados foram complementados com outras informações obtidas em dois ciclos (um pré e outro pós-produção dos diários) de entrevistas semiestruturadas realizadas de maneira virtual, com todos os integrantes da pesquisa[8].

Para a análise dos dados, recorremos ao modelo teórico-metodológico das mediações proposto por Martín-Barbero (2003) em sua última versão, apresentada em 2017 (MARTÍN-BARBERO; RINCÓN, 2019). Com isso, para o debate proposto aqui, vamos nos concentrar no eixo Temporalidades – Espacialidades, que estrutura o cotidiano e permite compreender as configurações do modo de "ver juntos" contemporâneo e, especialmente, modificado no contexto de pandemia.

A relação dos entrevistados com a televisão está diretamente ligada em como eles a incorporam no seu dia a dia. Historicamente, a TV tem sido uma companhia diária para a audiência – pode servir a momentos de lazer e entretenimento, como fonte de informação ou ser "a voz de fundo" que dá a sensação de casa cheia. Os rituais estabelecidos

---

dora Vanessa Scalei. A discussão que trazemos neste artigo é um recorte de um dos pontos abordados na tese.

[6] Nossa amostra está composta por oito residências e 16 pessoas, assim distribuída: Residência 1 (1 moradora, 41 anos), Residência 2 (3 moradoras, sendo mãe e filhas com 57, 23 e 17 anos, respectivamente), Residência 3 (3 moradores, sendo pai, mãe e filha, com 61, 59 e 26 anos, respectivamente), Residência 4 (2 moradores, homens, namorados com 35 e 31 anos), Residência 5 (2 moradores, mãe e filho, com 29 e 5 anos – o garoto não integrou a pesquisa), Residência 6 (1 moradora, 26 anos), Residência 7 (2 moradoras, namoradas com 29 e 24 anos) e Residência 8 (3 moradores, sendo pai, mãe e filha, com 64, 62 e 33 anos, respectivamente).

[7] Dividimos a amostra em dois grupos. O primeiro, composto por quatro residências e nove pessoas, anotou seu consumo em diários por sete dias em junho de 2021. Já o segundo, com quatro residências e sete pessoas, fez os registros por 14 dias em agosto do mesmo ano.

[8] Nos casos das residências com mais de um morador, optamos por fazer entrevistas conjuntas com todos os membros que participaram da pesquisa.

com o meio se transformaram ao longo da história, mas ele sempre esteve presente no cotidiano dos sujeitos desde a sua popularização. Com o distanciamento social, nos deparamos com o cotidiano modificado, no qual as pessoas viveram momentos de isolamento, passaram por períodos de trabalho e estudo remotos e, consequentemente, aumentaram o tempo de permanência dentro de casa. Ainda assim, em 2021, no segundo ano de convivência com o coronavírus, algumas rotinas estavam mais estabelecidas após um primeiro ano de várias transformações. Embora o consumo de mídia tenha aumentado significativamente no período, aos poucos, os momentos do dia reservados a ela foram sendo redefinidos. Este é o caso da televisão.

No quadro a seguir, que aponta o total de horas de programação consumido e o número de dias vistos pelos nossos entrevistados, podemos perceber que assistir à TV segue como hábito cotidiano, uma vez que o consumo registrado pela maioria somou cerca de dois terços do período da pesquisa. Outro ponto importante a se mencionar, é que em média, os participantes consumiram algum tipo de conteúdo televisivo entre 1 hora (os perfis com menor consumo) e 7 horas por dia (os perfis com maior consumo).

Quadro 1 – Total de horas consumidas e dias com marcação

Residência/quem[9]	Total horas vistas	Nº dias com consumo	Total de dias do diário
R1/Lídia	31:55	6	
R2/Camila	26:38	7	
R2/Érika	10:22	5	
R2/Lurdes	22:22	3	7 dias
R3/Brenda	12:15	5	
R3/Leila	37:10	8	
R3/Magno	16:00	5	
R4/Domenico	07:16	6	* OBS: Residên-
R4/Davi	08:24	5	cia 3 fez 8 dias
R5/Marina	30:45	9	
R6/Thelma	28:37	9	
R7/Betina	24:32	13	
R7/Estela	22:58	12	
R8/Verena	84:15	13	
R8/Vitória	93:37	14	14 dias
R8/Raul	99:04	14	

Fonte: a autora

Martín-Barbero (2010) afirma que o tempo também é espaço, num sentido de espaço habitado que dita o ritmo das nossas vidas. Trabalho e estudo são os principais fatores que estabelecem as rotinas dos entrevistados. O consumo de programas audiovisuais insere-se nesse contexto pautando os momentos de lazer e entretenimento. Isso foi potencializado na pandemia, principalmente nos períodos críticos de isolamento social, quando o descanso ficou restrito ao ambiente caseiro e as telas conectadas tornaram-se o espaço por onde era possível manter contato seguro com o mundo exterior. Nesse sentido, é importante perceber também os momentos do dia nos quais a TV

---

[9] Para preservar a identidade dos entrevistados, os nomes apresentados aqui são fictícios e baseados na novela *Amor de Mãe*, apresentada pela Globo entre 2019 e 2021. Essa foi uma das tramas que teve gravações paralisadas durante a pandemia e chegou a ficar um ano sem exibição de capítulos inéditos.

se encaixa nas rotinas dos entrevistados. Em nossa pesquisa, a noite apareceu como o período preferencial de consumo televisivo, pois, normalmente, é nesse período que eles gozam de momentos de folga, destinando tais horários ao lazer e ao entretenimento.

Tradicionalmente, a noite é o horário nobre da televisão mundial. Uma característica que não se perdeu com a chegada dos novos modelos de distribuição. No entanto, pelos diários, foi possível perceber que os entrevistados substituíram a programação da TV aberta por outros modos de acesso, com destaque para o *streaming*. A liberdade de escolher o próprio "horário nobre", sobre a qual falava Negroponte (1995), está sendo usada não para alterar os momentos do dia em que se assiste, uma vez que o trabalho segue sendo a principal condicionante das rotinas, mesmo com a pandemia. Nesse caso, o trabalho não parou, mas migrou para a modalidade remota, feita de casa. Assim, o sentido de "horário nobre", que incluía o "em qualquer lugar" na proposição do teórico, voltou para o sofá ou o que ele possa representar nesse momento completamente diferente do começo dos anos 2020. A casa foi justamente o local onde a totalidade dos participantes da pesquisa assinalou ter feito o seu consumo.

Juntando os dados que emergem dos diários e aprofundando com o que foi dito pelos pesquisados durante as entrevistas, percebe-se como essa distinção entre tempo de ver TV e tempo de trabalho ou estudo está muito presente. Em todas as residências, apontaram para o fator da temporalidade do trabalho destacando-se na organização da rotina. Alguns entrevistados, aqueles que estavam em teletrabalho durante o estudo, afirmaram que a televisão também pode ser uma companhia no *home office,* como apontou Thelma, da residência 5, quando disse que fica "o tempo inteiro vendo YouTube" *[na televisão],* "parece que é uma companhia por estar sozinha em casa". Assim como já era para as donas de casa (Leila, da residência 3, e Marina, da residência 5) que, enquanto estão em seus afazeres domésticos, deixam o aparelho ligado, algo que já acontecia antes da pandemia e foi retratado em estudos históricos de audiência, como os de Silva (1985), Leal (1986) e Lopes; Borelli; Resende (2002).

A rotina de ver TV à noite, no tempo reservado ao descanso e ao lazer, é tangenciada por outras temporalidades, como os tempos individuais e coletivos – esse pode ser um coletivo interno da residência ou o coletivo externo, relativo ao restante do mundo. Percebemos que várias vezes os entrevistados assistiram aos programas individualmente. E aqueles que moram com outras pessoas dividem bem esse tempo de ver sozinho – inclusive, separando conteúdos específicos e preferidos para esses momentos – com o tempo de ver junto. Abaixo, reunimos como cada respondente inseriu no diário seu modo de ver – sozinho ou acompanhado.

Quadro 2 – Modos de ver

Residência/quem	Sozinho	Acompanhado
R1/Lídia	10	0
R2/Camila	32	4
R2/Érika	1	4
R2/Lurdes	5	0
R3/Brenda	6	4
R3/Leila	26	6
R3/Magno	2	5
R4/Domenico	1	7
R4/Davi	3	6
R5/Marina	12	8
R6/Thelma	10	10
R7/Betina	8	15
R7/Estela	5	16
R8/Verena	37	8
R8/Vitória	18	69
R8/Raul	13	69

Fonte: a autora

Com esse quadro, queremos mostrar como esses modos de assistir, sozinho ou acompanhado, estão distribuídos nas residências. Por ele, vemos os casais dando preferência ao consumo conjunto e os filhos e algumas mães preferindo o individualizado. O quadro permite destacar que a pandemia pode ter, de fato, levado à uma retomada da TV como um "ver juntos" (MARTÍN-BARBERO; REY, 2001) dentro dos lares, que havia perdido importância desde que a individualização das formas de ver ganhou protagonismo, como explicitaram os trabalhos de Scolari (2009), Lotz (2014) e Orozco Gómez (2017). Tal constatação surgiu durante as conversas com nossos entrevistados, como é possível ver nos trechos a seguir:

> Durante a pandemia, a gente ficou muito tempo junto em casa, daí a gente acabou assistindo a muita coisa juntos, que é algo que a gente não fazia tanto antes. Antes da pandemia, o Domenico assistia as coisas dele e eu, as minhas. Só que como a gente começou a estar em casa o tempo todo, passou a assistir mais coisas juntos. Daí, acabou alterando o que a gente normalmente assistia, mudou um pouco os gêneros, porque tinha que agradar os dois, né? (Davi, residência 4).

> No começo da pandemia até tivemos um período de olhar um pouquinho mais, pois parecia que tínhamos mais tempo. Antes *[da pandemia]*, a gente se encontrava tarde. Eu estudava de noite, chegava em casa tipo 10. Daí olhávamos tipo um "epzinho" de série antes de dormir. Hoje a gente olha mais, porque começa a olhar mais cedo (Estela, residência 7).

Mas a ideia do "ver juntos" não esteve restrita às residências. Em tempos de pandemia, as temporalidades coletivas foram intensificadas também quando os entrevistados disseram assistir a programas que estavam sendo muito falados em redes sociais ou foram encontrados nas listas de "em alta" ou "mais vistos" nas plataformas de *streaming*. Como disse Bailén (2015), as audiências contemporâneas e digitais são movidas por esse sentimento de pertencimento ao que ela chamou de uma "comunidade em rede", ainda que o consumo possa ser estritamente individual. Foram os modelos de distribuição televisivos tradicionais e seus fluxos de programação ininterrupta que configuraram essa possibilidade do "ver juntos" contemporâneo.

Martín-Barbero e Rey (2001, p. 36-37) salientaram, no começo dos anos 2000, que o "paradigma do fluxo" estava promovendo novas sociabilidades cotidianas, no qual os encontros estavam deixando de ser reais, de acontecer pelas cidades, nos bairros, na escola ou no trabalho. O que promovia uma anonimização do público, ao mesmo tempo em que o fazia se sentir pertencente a uma coletividade. Foi o aprendizado proporcionado pelos anos de consumo televisivo tradicional que possibilitou às audiências chegarem no período da pandemia preparadas para uma conexão apenas virtual com o mundo, acreditando estarem inseridas em um tempo coletivo. No mesmo sentido, Boyd (2008) e Bailén (2015) anteciparam que a atuação dos sujeitos nos novos ecossistemas midiáticos se modifica conforme os usuários percebem as dinâmicas do próprio sistema e aprendem a gerenciar sua atividade dentro dele conforme o seu uso é intensificado.

Essa temporalidade coletiva contemporânea e pandêmica é movida pelas plataformas digitais, sejam elas as dos serviços de *streaming* ou das redes sociais, portanto, é uma temporalidade que Martín-Barbero (2010) chama de "tempo capitalista", que instiga conversações rapidamente e, da mesma forma, torna-as obsoletas. Para inserir-se nessa temporalidade é preciso estar dentro do fluxo de conversações midiáticas, ou seja, é necessário estar nesse espaço produzido pelo ecossistema televisivo (RINCÓN, 2019). Ainda assim, sabemos que o tempo coletivo não é mais necessariamente um tempo síncrono, no qual toda a audiência assiste ao mesmo programa no mesmo horário, embora tal situação siga sendo a razão de ser da programação de eventos esportivos (caso da olimpíada), dos telejornais, das novelas e dos *reality shows* (exemplos do *The Masked Singer* Brasil, *The Voice* e *Big Brother* Brasil). Esse tempo coletivo síncrono e assíncrono, agora mais estimulado pelo consumo via serviços sob demanda, reforça a sensação do eterno presente, pois o que importa é se manter conectado "nesse *continuum* de imagens, que não faz distinção dos programas e constitui a forma da tela acesa" (MARTÍN-BARBERO e REY, 2001, p. 36). Como lembram Martín-Barbero e Rincón (2019), é o tempo do audiovisual, que também promove um desordenamento nas espacialidades, uma vez que a ideia de presença se transformou nesse cenário comunicacional emergente.

Sobre essas novas concepções de espacialidade, retomando os diários de consumo, podemos percebê-las de duas formas: os lugares onde os participantes assistiram e a transição por telas, canais e serviços que eles fizeram. A primeira tem estreita relação com os modos de ver, especialmente nesse cenário de distanciamento social, no qual a totalidade dos programas foi vista em casa. Assim, a transição de espaços habitados foi da sala para o quarto ou cozinha.

Na pesquisa, percebemos que a sala é o local de assistência de televisão por excelência para 10 dos 16 entrevistados. O espaço é o mais utilizado por quem gosta de assistir aos programas acompanhado e por alguns dos que têm baixo consumo, mas disseram preferir não ter TV no quarto para não atrapalhar o sono. O quarto é o local daqueles que mais assistem ou preferem assistir sozinhos. Por esses dados, é possível ver como as integrantes da residência 2 têm um consumo realmente distinto dos demais, pois têm o quarto como local privilegiado e o modo de ver principal é o individual. Na residência 3, outra distinção: Leila, a mãe, é a que mais ocupa a sala, uma vez que a TV serve como uma companhia enquanto ela realiza seus afazeres domésticos. O marido, Magno, e a filha, Brenda, usaram mais o espaço dos quartos. Nas residências onde há apenas um morador ou naquelas em que os casais costumam assistir à televisão juntos, a sala é o espaço privilegiado. Nas dinâmicas de consumo das residências desta pesquisa a sala segue como sinônimo do modo "ver junto". Esse é um reflexo da pandemia, pois esses casais aumentaram o "ver junto" durante esse período. Em um contexto pré-pandêmico, com rotinas de trabalho fora de casa, talvez tais dinâmicas poderiam acontecer de outras formas, com mais consumo individualizado.

Aquilo que Martín-Barbero e Rincón (2019) chamam de espaço habitado foi reduzido em tempos de pandemia. As pessoas deixaram de circular pela cidade como antes e a casa passou a ser o local onde a vida aconteceu nesse período. Rotinas passaram a ser virtualizadas e as relações cotidianas precisaram se estabelecer por meio de dispositivos tecnológicos e pelos meios de comunicação. Foi a potencialização do que Deuze (2012) denominou de uma "vida na mídia". Nesse ponto, chegamos ao espaço produzido do qual falam Martín-Barbero e Rincón (2019), mas que, entre 2020 e 2021, referiu-se apenas àquele tecido pelos deslocamentos virtuais, visto que os reais foram suprimidos do dia a dia da maioria da população e, consequentemente, dos entrevistados nesta pesquisa.

"Ver juntos": experiência em permanente negociação

Ao olhar para as audiências hoje, o pesquisador precisa aceitar o desafio de fazer um trabalho que contemple camadas e instâncias que se articulam na constituição do consumo. Quando falamos em consumo televisivo contemporâneo estamos diante de um fenômeno complexo, uma vez que o trânsito dos sujeitos por telas, conteúdos e modos de acesso distintos é fluído e acelerado. Hábitos foram sendo reconfigurados nesse cotidiano ressignificado que permite aos sujeitos serem audiências quase que o tempo todo, como lembram Orózco Gómez (2011 e 2018) e Bailén (2015).

Como vimos anteriormente, o período de distanciamento social reordenou temporalidades e espacialidades e levou à retomada de um ritual antigo, que teve início com a televisão analógica, que é o modo "ver juntos", ainda que com outras configurações. Novas temporalidades (individuais e coletivas) atuam nesses novos consumos televisivos e podem ser experienciadas, muitas vezes, de maneira simultânea. Além disso, o espaço habitado tornou-se muito mais virtualizado nessa "vida na mídia" (DEUZE, 2012) contemporânea e pandêmica, num processo constante em que as estratégias das empresas midiáticas são sempre negociadas e reinterpretadas pelas táticas das audiências em busca do que assistir (SCOLARI, 2018).

"Ser" e "estar" audiência televisiva são comportamentos que os sujeitos constroem a partir das vivências cotidianas, enquanto (re)conhecem e incorporam as possibilidades presentes no ecossistema televisivo contemporâneo. Essa relação carrega uma construção histórica de aprendizados, que não são apagados quando novidades aparecem e, ao mesmo tempo, permitem que as pessoas estejam preparadas para transitar em cenários que parecem desconhecidos. Os entrevistados na pesquisa que sustenta nossa argumentação aprenderam a transitar por distintas temporalidades, incorporando individualidades e coletividades quando decidem ver um programa. Para eles, hoje, é natural estar no sofá de casa vendo uma série enquanto fala sobre ela em redes sociais. Da mesma forma, a ambiência televisiva se expandiu e adentrou em distintas espacialidades.

Desde as décadas finais do século passado, vivemos sob a hegemonia da cultura audiovisual, que ganhou mais relevância conforme a televisão passava por transformações e avanços tecnológicos surgiam. Nesta pesquisa, nos propusemos a olhar para as complexas relações estabelecidas entre audiência e televisão, aqui vista a partir da perspectiva de um ecossistema em expansão gradual e contínua. Meio e audiências acompanharam os avanços da sociedade, da tecnologia e das culturas, tornando-se reflexo disso. Martín-Barbero e Rey (2001) ponderam que as "gramáticas do ver" são atualizadas nessas articulações produzidas pelas vivências cotidianas e em como os sujeitos conseguem organizar um fluxo de programação personalizado, que atende às suas motivações e necessidades.

As dinâmicas de consumo contemporâneas, portanto, são estabelecidas através de uma rede de elementos que se cruzam, se expandem e se contraem. Seria impossível percebê-las sem entender esses arranjos complexos que as constituem.

Referências

ANDERSON, C. **A Cauda longa: do mercado de massa para o mercado de nicho**. Rio de Janeiro: Elsevier, 2006.

BAILÉN, A. H. **La audiencia investigada**. 1ª ed. Barcelona: Gedisa Editorial, 2002.

BAILÉN, A. H. **Yo soy audiencia: ciudadania, público y mercado**. Versão ebo ed. [s.l.] Editorial UOC, 2015.

BOYD, D. **Taken out of context: american teen sociality in networked publics**. [s.l.] University of California, 2008.

CANCLINI, N. G. Del consumo al acceso: Viejos y jóvenes en la comunicación. **Comunicacao Midia e Consumo**, v. 14, n. 41, p. 10-30, 2017.

DEUZE, M. **Media Life**. Cambridge: Polity Press, 2012.

ECO, U. TV: La transparencia perdida. In: **TV: La transparencia perdida**. Barcelona: Lumen, 1986.

ELLIS, J. **Seeing things**. Londres: I.B. Tauris, 2000.

LEAL, O. F. **A leitura social da novela das oito**. Petrópolis: Vozes, 1986.

LIVINGSTONE, S. Audiences in an Age of Datafication: Critical Questions for Media Research. **Television and New Media**, v. 20, n. 2, p. 170-183, 2019.

LOPES, M. I. V. DE; BORELLI, S. H. S.; RESENDE, V. DA R. **Vivendo com a telenovela: mediações, recepção e teleficcionalidade**. São Paulo: Summus Editorial, 2002.

LOTZ, A. D. **The television will be revolutionized**. 2ª edição ed. Nova York: NYU Press, 2014.

MARTÍN-BARBERO, J. **Dos meios às mediações**. Rio de Janeiro: Editora UFRJ, 2003.

MARTÍN-BARBERO, J.; REY, G. **Os exercícios do ver: hegemonia audiovisual e ficção televisiva**. São Paulo: Editora Senac, 2001.

MARTÍN-BARBERO, J.; RINCÓN, O. Mapa insomne 2017: ensayos sobre el sensorium contemporáneo. Un mapa para investigar la mutación cultural. In: RINCÓN, O. et al. (Eds.). **Un nuevo mapa para investigar la mutación cultural. Diálogo con la propuesta de Jesús Martín-Barbero**. Quito: Ciespal, 2019.

MILANESI, L. A. **O paraíso via Embratel**. São Paulo: Paz & Terra, 1978.

NEGROPONTE, N. **A vida digital**. São Paulo: Companhia das Letras, 1995.

OROZCO GÓMEZ, G. **Audiencias ¿siempre audiencias? Hacia una cultura participativa en las sociedades de la comunicación**. Santa Fé, México: [s.n.].

OROZCO GÓMEZ, G. La condición comunicacional contemporânea: desafios latino-americanos de la investigación de las interaciones em la sociedade red. In: JACKS, N. (COORD. et al. (Eds.). **Análisis de recepción en América Latina: un recuento histórico con perspectivas al futuro**. Quito: Ciespal, 2011a.

OROZCO GÓMEZ, G. Estar como audiencia y Ser audiencia en el siglo XXI. In: PIÑÓN, F. J. (Ed.). **Indicadores Culturales 2010 – Cuadernos de Políticas Culturales**. 1ª ed. Caseros-ARG: Universidad Nacional de Tres de Febrero, 2011b. p. 87-97.

OROZCO GÓMEZ, G. La múltiple audienciación de las sociedades contemporáneas: desafíos para su investigación. **Anuario electrónico de estudios en Comunicación Social "Disertaciones"**, v. 11, n. 1, p. 13-25, 8 dez. 2017.

RINCÓN, O. Mi Invención – sobre el mapa para comprender el sensorium de la contemporaneidad. In: JACKS, N. (Ed.). **Un nuevo mapa para investigar la mutación cultural. Diálogo con la propuesta de Jesús Martín-Barbero**. [s.l: s.n.]. p. 263-274.

SCALEI, V.; CUNHA, M. R. DA. As armadilhas do "horário nobre é o meu". **Revista Latinoamericana de Ciencias de la Comunicación**, v. 17, n. 31, p. 72-82, 2019.

SCOLARI, C. A. This is the end. Las interminables discusiones sobre el fin de la televisión. In: CARLÓN, M.; SCOLARI, C. A. (Eds.). **El fin de los medios masivos: el comienzo del debate**. 1ª ed. Buenos Aires: La Crujía, 2009. p. 189-208.

SCOLARI, C. A. ¿Adónde van las audiencias que no se quedaron? In: OROZCO GÓMEZ, G.; SCOLARI, C. A. (Eds.). **TVMorfosis 3. Audiencias audiovisuales: consumidores en movimiento**. Guadalajara: Tintable, 2014.

SCOLARI, C. A. **Las leyes de la interfaz: Diseño, ecología, evolución, tecnología**. Barcelona: Gedisa Editorial, 2018.

SILVA, C. E. L. DA. **Muito além do jardim botânico:** um estudo sobre a audiência do Jornal Nacional da Globo entre trabalhadores. 3ª ed. São Paulo: Summus Editorial, 1985.

Imagens e nostalgia no documentário
De longe, ninguém vê o presidente

Márcio Zanetti Negrini[1]
Cristiane Freitas Gutfreind[2]

Introdução

A vocação das imagens em movimento para a política remonta às origens do cinema. Em 1896, o filme de reportagem realizado para o registro da coroação do Czar Nicolás II estabelece um vínculo entre a nova descoberta tecnológica e a criação de registros históricos, sob o ponto de vista edificante de personalidades políticas. Ao longo dos séculos XX e XXI, o desenvolvimento tecnológico e a acessibilidade aos meios de produção cinematográfica uniram-se à inventividade estética, ao criar filmes que se distanciam da perspectiva laudatória de governantes. Através das diversas configurações estilísticas do documentário, narrativas apologéticas sobre governos e autoridades públicas dividem espaço com filmes que abordam a política, segundo o questionamento do Estado e seus excessos. Em contrapartida, há quem diga, também, que todo filme é um filme político.

Para Vincent Pinel (2009), o documentário não é um gênero cinematográfico, mas um conjunto de estilos que se ramifica, por exemplo, em filmes de cunho histórico, militante e de intervenção social. O documentário é uma categoria fílmica que atua de modo propositivo ao fazer sobressair o seu contexto de enunciação, uma vez que os fatos,

---

[1] Doutor e mestre pelo PPGCOM/PUCRS onde atualmente realiza estágio de pós-doutorado. Integra o Grupo de pesquisa em comunicação, estética e política (Kinepoliticom) e o Grupo de pesquisa em cinema, audiovisual, tecnologias e processos formativos.

[2] Doutora em Sociologia pela Université René Paris Descartes Sorbonne. Professora titular da Escola de Comunicação, Artes e Design – Famecos. Bolsista produtividade do CNP e líder do grupo de pesquisa Cinema e Audiovisual: comunicação, estética e política – Kinepoliticom (CNPq).

em si mesmos, não abarcam uma completude. François Niney (2015) aponta para a potencialidade do cinema em recortar os fatos e remontá-los de forma a encontrar e atribuir sentidos de maneira reflexiva. Os acontecimentos possuem diferentes graus de realidade e modos de existência; assim, os filmes documentários refletem o posicionamento ético-estético daquele que filma frente ao mundo filmado e ao espectador.

O documentário não se caracteriza pelo caráter probatório através de imagens supostamente objetivas. Ver não é uma análise de dados objetivos, mas uma interpretação de descobertas (NINEY, 2015). Destacamos, portanto, as potencialidades dos documentários em agenciar imagens e imaginários políticos, que atuam para a criação e a compreensão da realidade social.

O cinema produz agenciamentos que promovem a legibilidade crítica da história (KRACAUER, 2001). Isso ocorre devido à potencialidade poética das formas fílmicas em comunicar e promover conhecimentos sobre o processo histórico, organizando os saberes e a memória social. Nesse sentido, os documentários destacam-se pela capacidade de testemunhar fatos políticos do passado e do presente, revelando personagens e acontecimentos emblemáticos. Segundo essa perspectiva, a presença do personagem histórico de Luiz Inácio Lula da Silva em documentários brasileiros chama especialmente atenção, considerando sua atuação democrática, seu legado social e a perseguição política que marcou a trajetória do ex-presidente nos últimos anos[3].

Lula foi alçado à cena política e cinematográfica a partir de sua destacada atuação como dirigente do *novo movimento sindical*, no contexto das grandes greves do ABC Paulista, entre 1979 e 1980. Naquele momento, a luta por melhores condições de trabalho dos metalúrgicos somou-se às crescentes aspirações democráticas de grande parcela da sociedade brasileira, extenuada pelos anos de repressão política e crimes contra a humanidade.

---

[3] Desde o início da carreira política de Lula até a atualidade, identificamos 28 filmes entre curtas e longas-metragens.

Em 1980, Lula ajudou a fundar o Partido dos Trabalhadores (PT) e tornou-se o primeiro presidente dessa legenda partidária, que congregou trabalhadores, intelectuais, estudantes, artistas, religiosos e ex-militantes da luta armada contra os governos militares. Ao longo da década de 1980, período de expressiva efervescência democrática, Lula foi um dos principais articuladores para criação da Central Única dos Trabalhadores (CUT), atuou na organização da campanha pelas eleições diretas, elegeu-se deputado constituinte com o maior número de votos no país e quase tornou-se Presidente da República na primeira grande eleição após mais de duas décadas de ditadura militar.

Embora não tenha obtido êxito em sucessivas candidaturas presidenciais ao longo dos anos 90, Lula atuou como voz preponderante na luta por garantias sociais e contra políticas econômicas recessivas. Entre 2003 e 2011, tornou-se presidente em consecutivos mandados, governando o país em um período marcado por grande desenvolvimento econômico e social – ao deixar o cargo, o petista possuía inédita margem de aceitação pública de seu legado presidencial.

Em 2018, o ex-presidente foi preso no âmbito da controversa *Operação Lava Jato*. Segundo o jurista Lenio Streck (2017, p. 504), no Brasil, o estado democrático de direito tornou-se ameaçado pela "[...] postura de juízes e membros do Ministério Público que, num cenário de desgaste dos políticos e seus partidos, começam a se apresentar como salvadores da pátria". Em consequência disso, setores do judiciário passaram a operar conforme uma moralidade autoritária, promovendo o escândalo político-midiático como semblante da prova jurídica, o que imputou a Lula condenações por suposta centralidade na articulação de desvios de verba pública[4].

Após 580 dias preso, impedido de candidatar-se novamente à Presidência na eleição de 2018[5], Lula obteve liberdade devido à votação

---

[4] De acordo com Albuquerque, Meimaridis e Quinan (2020), a midiatização da *Operação Lava Jato* ganhou abordagens tendencialmente virtuosas inclusive na forma ficcional, a partir da série *O Mecanismo,* que foi dirigida por José Padilha e é exibida pela *Netflix* desde 2018. Segundo os autores, Lula e Dilma são representados de maneira caricata e figuram como os grandes artífices do esquema de corrupção desvelado pela operação.

[5] Naquele contexto, as pesquisas de opinião pública indicavam o favoritismo de Lula para o terceiro

do Supremo Tribunal Federal, que julgou a inconstitucionalidade da detenção do petista sem que os recursos jurídicos do acusado fossem esgotados. Em 2021, os processos contra Lula foram anulados pelo STF, que considerou haver parcialidade na condução do inquérito e no julgamento. Com a polarização política articulada pela ação político-midiática da *Operação Lava Jato,* pelo impeachment de Dilma Roussef e pela eleição de Jair Bolsonaro para a Presidência da República – o qual se coloca frontalmente contra o legado político-social do PT e as instituições democráticas –, Lula aparece como um político capaz de congregar, tanto apoiadores eloquentes, quanto efusivos detratores.

No cinema brasileiro, observamos a diversidade temática e estética dos documentários em que figuram os personagens de Lula. Podemos indicar três categorias interpretativas do conjunto de curtas e longas-metragens, segundo o período de realização dos filmes e a abrangência da carreira política de Lula ao longo das últimas quatro décadas: a abertura política e o líder sindical; a estabilização democrática e o Presidente da República; Lula e a nova crise democrática. Destacamos a terceira categorização, que constitui um recorte com dois grupos divergentes de filmes produzidos a partir do golpe institucional de 2016.

O primeiro grupo apresenta narrativas apologéticas sobre os responsáveis pela articulação a favor do impeachment de Dilma Rousseff. Esses documentários atribuem aos sucessivos governos petistas uma suposta derrocada moral da política brasileira. Sob essa perspectiva, a abordagem enviesada da biografia política de Lula é preponderante para o argumento de que o ex-presidente seria o personagem protagonista na condução de uma política corrupta e antiliberal, que conduziria o país rumo a um regime autoritário de esquerda. Além disso, notamos em parte desses filmes o revisionismo histórico, que ameniza o terror de Estado promovido pela ditadura militar. São representativos desse primeiro conjunto de documentários títulos como *Impea-*

---

mandato presidencial (DATA FOLHA, 2018; IBOPE, 2018).

chment: do apogeu à queda (Brasil Paralelo, 2017)[6], *Impeachment, o Brasil nas ruas* (Beto Souza e Paulo Moura, 2017) e *Não vai ter golpe!* (Alexandre Santos e Fred Rauh, 2019).

Por outro lado, o segundo grupo é composto por documentários que refletem sobre o contexto político-social do golpe e sua vinculação com o passado autoritário brasileiro, considerando os desdobramentos que incluem a prisão de Lula e a consolidação eleitoral de um governante com as características autoritárias de Jair Bolsonaro. Os filmes denunciam os atores sociais implicados no golpe institucional; nesse viés, revelam como setores da mídia, políticos, militares, polícia federal, judiciário e parcela expressiva da população aderiram ao novo ciclo autoritário de extrema-direita. Alguns exemplos que compõem esse recorte de documentários são: *De longe, ninguém vê o presidente* (Renã Tardin Barros, 2018), *O processo* (Maria Augusta Ramos, 2018) e *Democracia em Vertigem* (Petra Costa, 2019).

Nesse segundo grupo, alguns filmes indagam a trajetória recente da esquerda nacional, questionando sobre os seus desafios frente às novas condições políticas e sociais. Sob essa ótica, observamos documentários marcados por uma perspectiva acentuadamente nostálgica diante do atual impasse quanto ao futuro da democracia brasileira.

Andreas Huyssen (2014) chama a atenção para a tendência da modernidade ocidental em cultuar ruínas como elaboração discursiva acerca da memória e do trauma. Para o autor, o imaginário do início do século XXI foi moldado por meio de ruínas. Assim, o acesso ao passado acontece a partir de seus fragmentos. Huyssen também destaca que as manifestações nostálgicas entremeiam a lamentação de uma perda à reivindicação crítica do passado, a fim de elaborar alternativas para o futuro.

A nostalgia aparece como efeito estético em alguns filmes que apresentam o personagem de Lula no contexto atual de declínio da democracia brasileira, articulando imagens de arquivo de acontecimen-

---

[6] A direção não é identificada no filme. Lançado nos cinemas, o documentário é o sexto episódio de uma série disponível nos canais digitais da produtora Brasil Paralelo.

tos históricos sem que disso emerjam citações meramente ilustrativas do passado. Esses documentários confrontam o presente e o passado para que atuem um sobre o outro, promovendo interrogações sobre os conflitos políticos de nossa época (NINEY, 2009).

Nesse sentido, o documentário *De longe, ninguém vê o presidente* (Ren á Tardin Barros, 2018) possibilita compreendermos como as imagens configuram uma atmosfera nostálgica, que rememora o passado a fim de refletirmos sobre as condições atuais e futuras da militância democrática vinculada à classe trabalhadora. Esse é um dos primeiros documentários que aborda a prisão de Lula no contexto da campanha presidencial de 2018. O filme sugere pensarmos sobre a detenção do ex-presidente como parte de um processo histórico em que sobressaem forças políticas antidemocráticas, que assumem posições regressivas quanto aos direitos dos trabalhadores.

Imagens e nostalgia

De longe, ninguém vê o presidente apresenta o último discurso de Lula antes da prisão, pronunciamento que foi realizado em frente ao Sindicato dos Metalúrgicos do ABC Paulista, em São Bernardo do Campo. Embora possamos escutar a voz do ex-presidente, o filme não mostra as imagens de Lula no ato público acompanhado pela militância. A narrativa desenvolve-se a partir de uma distância promovida pela ausência das imagens de Lula no palanque em 07 de abril de 2018. Distância e ausência são aspectos centrais para a produção do efeito nostálgico observado no documentário.

Outro traço preponderante para o efeito nostálgico é a utilização pela montagem fílmica de alguns fragmentos imagéticos produzidos no passado, apropriando-se de imagens do longa-metragem *ABC da Greve,* dirigido por Leon Hirszman em 1979 e lançado em 1990. Esse documentário foi realizado em um período politicamente efervescente, momento caracterizado pela ascensão do *novo sindicalismo*, que visava à renovação de projetos políticos e sindicais da esquerda. Naquele momento o país vivia o horizonte da abertura política com o final da ditadura militar.

O filme de Leon Hirszman surgiu no contexto cinematográfico do cinema militante brasileiro das décadas de 1970 e 1980, período em que foram produzidos documentários com uma vinculação orgânica com o movimento sindical (XAVIER, 1985). Esses filmes registraram imagens emblemáticas de multidões de trabalhadores, lutando por direitos e atuando como agentes democráticos em grandes votações a respeito da condução das greves. Em *De longe, ninguém vê o presidente*, tais registros aparecem como imagens de arquivo, fragmentos que rememoram a liderança de Lula junto à performance pública dos trabalhadores.

Segundo Andreas Huyssen, a nostalgia comumente é relacionada a algo distante que ficou no passado: "No corpo da ruína, o passado está presente nos resíduos, mas ao mesmo tempo não está mais acessível, o que faz da ruína um desencadeante especialmente poderoso da nostalgia" (2014, p. 91). As imagens do passado observadas no documentário de Rená Tardin Barros mostram Lula frente aos operários do setor metalúrgico em um espaço repleto de manifestantes, em 1979. Avistamos o Estádio Municipal da Vila Euclides, palco de grandes reuniões do movimento grevista naquela época. Por outro lado, o que escutamos é o discurso do ex-presidente antes da prisão, em 2018.

Para Vincent Pinel (2008), os filmes criados a partir dos materiais de arquivo sobrepõem diferentes temporalidades, revelando imagens de outrora com uma perspectiva histórica marcada pela subjetividade diante do tempo presente. Nesse sentido, a nostalgia aparece no documentário pela configuração criada entre as imagens de arquivo, a falta das imagens de Lula durante o seu discurso antes da prisão – que remete ao cárcere como a imposição da ausência do então candidato à presidência na cena pública – e as imagens filmadas para o documentário, em 2018.

Enquanto escutamos a voz de Lula, além das imagens de arquivo, visualizamos imagens realizadas em São Bernardo do Campo na atualidade. O Estádio Municipal da Vila Euclides aparece vazio, e uma linha de montagem da Mercedes-Benz conta com poucos trabalhadores em contraste com as máquinas. Notamos o esvaziamento de transeuntes no cotidiano das ruas da cidade. Chama a atenção o homem que, ao deixar a fábrica, caminha solitário por uma longa avenida em que circulam alguns automóveis.

A nostalgia revela-se no filme segundo a relação entre o tempo e o espaço. Observamos a multidão de trabalhadores nas imagens do passado e escutamos o discurso de Lula diante do vazio dos postos de trabalho na atualidade. O documentário não prioriza demonstrar a presença dos milhares de apoiadores que acompanharam o pronunciamento do ex-presidente antes da prisão. Por isso, apresenta algumas tomadas em planos de conjunto que mostram apenas parte da militância.

Dessa maneira, o filme propõe indagarmos sobre o futuro da classe trabalhadora como agente democrático diante da perseguição política e da prisão de um dos líderes mais emblemáticos dessa classe. Isso aconteceu na conjuntura em que uma reforma trabalhista, implementada após o golpe institucional de 2016, impôs o enfraquecimento financeiro das organizações sindicais, além de consequências vinculadas à desregulação e à precarização dos elos trabalhistas.

Através dos enquadramentos de câmera, o movimento dos planos fechados para os planos abertos estabelece uma noção de distanciamento temporal, que é intensificado pelas imagens de arquivo e pela sobreposição da voz de Lula, que narra a sua experiência nos movimentos grevistas do ABC de 1979/80. Com a espontaneidade que lhe é característica, Lula aponta para alguns exemplos de seu legado social junto às classes populares, assim como para a necessidade de resiliência de seus apoiadores frente ao momento político atravessado pelo país.

A trilha sonora utiliza recursos instrumentais e eletrônicos, criando uma atmosfera que marca o esvaziamento dos espaços quanto à presença da massa de trabalhadores. A repetição de planos do estádio de futebol vazio, apresentada pela montagem, intensifica as diferenças entre o contingente de operários do presente considerando as imagens do passado. Há um dissenso entre o discurso eloquente de Lula, que visa à mobilização da militância, e o vazio das ruas, da linha de montagem e do canteiro de obras.

Nas imagens de arquivo, chama a atenção o ponto de vista subjetivado de Lula em direção à multidão de trabalhadores durante a reunião grevista realizada no estádio da Vila Euclides. A montagem relaciona esse plano do ex-presidente às imagens atuais em plano geral de um grande canteiro de obras com poucos trabalhadores. Essa contraposição das imagens do passado e do presente intensifica o efeito nostálgico, possibilitando pensarmos sobre os desafios sociais e de resistência democrática frente às políticas recessivas, que extinguem postos de trabalho e desarticulam a organização da classe trabalhadora.

Para esses enfrentamentos, o documentário não propõe uma análise com comentários sobre as perspectivas socioeconômicas do país. A estratégia narrativa do filme privilegia a observação dos espaços de trabalho e de mobilização pública na atualidade, relacionando-os com as imagens de arquivo. A temporalidade da montagem executa transições lentas entre as sequências, intensificando o espaço de subjetividade dedicado ao trabalho de memória dos espectadores. A marca da subjetividade em *De longe, ninguém vê o presidente* agencia imagens e imaginários políticos, produzindo um contraponto ao excesso de informações midiáticas características do atual contexto tecnológico e comunicacional.

Nesse sentido, podemos contextualizar a produção e o lançamento do filme de Rená Tardin Barros em uma época caracterizada pela desinformação. Para François Niney (2009), a desinformação não se restringe à subtração dos fatos de uma determinada realidade, mas também é consequência do apagamento do processo histórico pelo excesso de informação próprio ao atual momento tecnológico e midiático. Disso resulta a alienação do histórico pelo instantâneo. Segundo o autor, em geral, a história aparece nas mídias através de imagens comemorativas e *remakes*.

Por sua vez, *De longe, ninguém vê o presidente* expressa a nostalgia como contrafluxo ao excesso informacional, posicionando imagens do passado diante do presente de modo a questionar o atual estágio do processo histórico em nosso país. O filme distancia-se de uma perspectiva que utiliza as imagens de arquivo com o intuito triunfalista.

Desse modo, não convoca as imagens de grandes êxitos do passado a serviço da construção de uma narrativa laudatória sobre a resistência política nas circunstâncias da prisão de Lula.

Forma e o conteúdo atuam politicamente no documentário, que cria para a história o seu testemunho sobre o avanço do autoritarismo na atualidade. Além disso, o filme intervém neste momento histórico na medida em que produz indagações sobre o futuro da democracia brasileira. Segundo Siegfried Kracauer (2001), as imagens do cinema refletem fantasmas não conjurados. Nesse sentido, o fantasma do autoritarismo histórico brasileiro faz-se presente em filmes criados para que possamos compreender as consequências dos regimes discricionários vivenciados ao longo do século XX. Desde o golpe institucional de 2016, encontramos novos documentários que trazem à tona o nosso passado ditatorial, para refletirmos sobre o novo ciclo autoritário que se estabeleceu no país.

A capacidade poética do cinema em elaborar imageticamente experiências sociais traumáticas permite defrontarmo-nos com nossos medos e negações das condições históricas do presente. Diante disso, a nostalgia que caracteriza *De longe, ninguém vê o presidente* figura como um recurso estético, revelando um impasse entre o passado, o presente e o futuro da democracia brasileira. Conforme Andreas Huyssen (2014, p. 91), o contemporâneo contém "[...] a saudade de uma era anterior, que ainda não havia perdido o poder de imaginar outros futuros". Em um momento caracterizado pela perseguição de oponentes políticos e enfraquecimento da democracia, a nostalgia atua no documentário para acessarmos o passado, lembrando de um tempo em que sonhávamos com um futuro democrático.

Considerações finais

O caráter nostálgico do filme de Rená Tardin Barros dialoga com outros documentários realizados no mesmo período. Devido à utilização das imagens de arquivo, *Democracia em vertigem* (Petra Costa, 2019) é o que apresenta uma correspondência mais próxima. O longa-metragem de Costa recorre aos filmes de família da realizadora, mostrando fragmentos de um momento de alegria e entusiasmo na comemoração da primeira vitória eleitoral de Lula para a Presidência da República. O filme direciona o olhar para as condições históricas que levaram às circunstâncias políticas atuais, considerando o golpe institucional de 2016 e os seus desdobramentos.

Assim como em *De longe, ninguém vê o presidente,* a presença das imagens de arquivo no documentário *Democracia em vertigem* não atua para a construção idealizada de um passado vitorioso. Dessa maneira, a nostalgia aparece como uma marca subjetiva da própria diretora, correspondendo-se com o social à medida que busca elaborar a experiência traumática do presente.

As imagens de arquivo observadas em *De longe, ninguém vê o presidente* são fragmentos imagéticos que aparecem como ruínas (HUYSSEN, 2014) e criam um efeito nostálgico uma vez que evocam no presente um passado de lutas e conquistas democráticas, frente ao enfraquecimento da democracia brasileira e sua perspectiva de futuro. A marca da subjetividade no documentário cria uma forma de elaboração social da experiência estarrecedora que é vivenciar o avanço do autoritarismo histórico.

No filme, o efeito nostálgico opera a partir da relação entre as imagens de arquivo, as imagens filmadas no contexto da prisão de Lula e a voz distante do ex-presidente. Desse modo, o documentário sugere indagarmos sobre a história do presente, isto é, os efeitos do processo histórico na atualidade. A memória é um passado reconstruído em função do presente. Portanto, a nossa consciência histórica no presente depende estritamente do conhecimento que temos sobre o passado (NINEY, 2009).

O efeito nostálgico observado em *De longe, ninguém vê o presidente* mostra acontecimentos do passado, porém não utiliza as imagens de arquivo como recordação ilustrativa dos fatos pregressos. O filme não se corresponde com documentários que utilizam as imagens de arquivo para promover ilustrações de discursos exteriores às imagens. As imagens-ruína presentes no filme de Rená Tardin Barros agenciam novas imagens, que configuram questionamentos sobre o momento vivenciado no país e seus desafios políticos e sociais. A história aparece no documentário como uma tensão entre o presente e o passado, ou seja, a interrogação que essas temporalidades exercem uma sobre a outra. Essa ação entre um tempo e outro cria o exercício simultâneo entre o testemunhar e o recordar.

De longe, ninguém vê o presidente é um documentário de cunho histórico, pois explora o seu potencial memorialístico apresentando-se como um documento fílmico sobre as circunstâncias da prisão de Lula e o recrudescimento do autoritarismo no Brasil. O filme torna-se, ele mesmo, um arquivo imediato do seu tempo (NINEY, 2009). Além disso, pode ser compreendido como um filme político na medida em que propicia que indaguemos sobre a atual situação da militância democrática vinculada historicamente à classe trabalhadora, agenciando a consciência social. O documentário é capaz de suscitar reflexões sobre os excessos do Estado brasileiro e a tomada do poder por um movimento antidemocrático, considerando as relações entre o golpe institucional de 2016, o veto à participação de Lula no pleito de 2018 e a criação de condições para a eleição de Jair Bolsonaro.

Referências

ALBUQUERQUE, A. MEIMARIDIS, M. QUINAN, R. O *Mecanismo* e a midiatização ficcional da Operação Lava Jato. **Questões Transversais,** São Leopoldo, Brasil, v. 8, n. 16, 2021. Disponível em: http://revistas.unisinos.br/index.php/questoes/article/view/19584. Acesso em: 28 fev. 2022.

DATA FOLHA. Preso, Lula mantém liderança em disputa pela presidência. Data Folha Instituto de Pesquisas, 2018. Disponível em: http://datafolha.folha.uol.com.br/eleicoes/2018/04/1965039-preso-lula-mantem-lideranca-em--disputa-pela-presidencia.shtml Acesso em: 28 fev. 2022.

HUYSSEN, A. **Culturas do passado-presente:** modernismos, artes visuais, políticas da memória. Rio de Janeiro: Contraponto: Museu de arte do Rio, 2014.

IBOPE. Lula fica à frente na disputa pela presidência da República, no cenário com Haddad como opção do PT Bolsonaro aparece na liderança. Ibope Inteligência, 2018. Disponível em: http://www.ibopeinteligencia.com/noticias-e-pesquisas/lula-fica-a-frente-na-disputa-pela-presidencia-da-republica-no-cenario--com-haddad-como-opcao-do-pt-bolsonaro-aparece-na-lideranca/ Acesso em: 28 fev. 2022.

KRACAUER, S. **Teoria del cine**. Barcelona: Paidós Ibérica, 2001.

NINEY, F. **La prueba de lo real en la pantalla**: ensayo sobre el principio de realidade documental. Cidade do México: Universidade Nacional Autônoma do México, 2009.

_____. **El documental y sus falsas apariencias.** Cidade do México: Universidade Nacional Autônoma do México, 2015.

PINEL, V. **Los géneros cinematográficos:** géneros, escuelas, movimentos y corrientes del cine. Barcelona: Ediciones Robinbook, 2008.

STRECK, L. L. Luz, câmara, ação: a espetacularização da Operação Lava Jato no caso Lula ou como o direito foi predado pela moral. In: **O caso Lula: a luta pela afirmação dos direitos fundamentais no Brasil.** MARTINS, C. Z.; MARTINS, V. T.; VALIM, R. (org.). E-book. São Paulo: Editora Contracorrente, 2017.

XAVIER, I. Do golpe militar à abertura política: a resposta do cinema de autor. In: XAVIER, I; BERNARDET, J.; PEREIRA, M (Orgs.). **O desafio do cinema:** a política do Estado e a política dos autores. Rio de Janeiro: Jorge Zahar Editor, 1985, p. 7-46.

Lista de filmes

ABC da Greve (Leon Hirszman, 1990)

De longe, ninguém vê o presidente (Rená Tardin Barros, 2018)

Democracia em vertigem (Petra Costa, 2019)

Impeachment: do apogeu à queda (Brasil Paralelo, 2017)

Impeachment, o Brasil nas ruas (Beto Souza e Paulo Moura, 2017)

Não vai ter golpe! (Alexandre Santos e Fred Rauh, 2019)

O processo (Maria Augusta Ramos, 2018)

Fone: 51 99859.6690

Este livro foi confeccionado especialmente para a
Editora Meridional Ltda.,
em AdobeGaramondPro, 11,5/15 e
impresso na Gráfica Odisséia.